Gasgrill Grillbuch und Dutch Oven Rezeptbuch

Das große 2-in-1 Kochbuch mit leckeren Rezepten für ein meisterhaftes Outdoor-, Indoor- oder Camping-Erlebnis! Perfekt für Anfänger und Fortgeschrittene

Inhalt

Gasgrill **12**

Vorwort **12**

Funktionsweise eines Gasgrills **13**

Aufbau 13

Gasarten 14

Zündung und Temperaturregelung 15

Vorteile 17

Auswahl eines Gasgrills **18**

Größe und Kapazität 18

Material und Haltbarkeit 19

Leistung und Brenneranzahl 20

Zusätzliche Funktionen und Zubehör 22

Tipps und Tricks **23**

Auswahl der richtigen Grillmethode 23

Marinieren und Würzen des Grillguts 24

Empfohlene Garzeiten und Temperaturen 26

Hinweis zu den Rezepten **28**

Leckere Vorspeisen **29**

Gegrillte Paprika mit Ziegenkäse 29

Scampi-Spieße in Knoblauchöl 30

Avocado-Häppchen auf Grillbrot 31

Grillgemüse-Crostini 32

Mini-Flammkuchen mit Räucherlachs 33

Grillierte Zucchini-Röllchen 34

Gefüllte Champignons à la Grill 35

Garnelentacos mit Avocado 36

Bruschetta mit gegrillten Tomaten 37

Feta-Päckchen mit Kräutern 38

Mediterrane Hauptgerichte 39

Mediterrane Hähnchenspieße 39

Grill-Lachs auf Zedernholz 40

Italienische Grillpizza Margherita 41

Lammkoteletts mit Kräutermarinade 42

Grilliertes Ratatouille 43

Thunfischsteak mit Oliven-Tapenade 44

Paella vom Grill 45

Kalbssteak mit Rosmarinkartoffeln 46

Sardinen in Zitronenöl 47

Gefüllte Auberginen mit Lammhack 48

Grill-Abenteuer aus Asien 49

Teriyaki-Hähnchenspieße 49

Szechuan-Rindfleischspieße 50

Thailändischer gegrillter Tintenfisch 51

Satay-Spieße mit Erdnusssauce 52

Koreanisches BBQ-Rippchen 53

Pekingente vom Grill 54

Gegrillter Oktopus mit Ponzu-Sauce 55

Scharfe Hähnchenflügel „Bangkok Style" 56

Grilliertes Bok Choy 57

Asia-Burger mit Teriyaki-Sauce 58

Würzige Mexikanische Köstlichkeiten **59**

Chili con Carne Burger 59

Garnelentacos mit Mango-Salsa 60

Quesadillas vom Grill 61

Maiskolben mit Chilibutter 62

Tequila-Limetten-Hähnchen 63

Gegrillte Nachos mit Guacamole 64

Chorizo-Tacos mit Koriander 65

Mexikanische Grillkartoffeln 66

Avocado-Burger mit Pico de Gallo 67

T-Bone-Steak mit Tomatensalsa 68

Vegetarische Delikatessen **69**

Grilliertes Gemüse mit Tofu 69

Portobello-Pilze mit Gorgonzola 70

Süßkartoffel-Boote vom Grill 71

Gefüllte Paprika mit Quinoa 72

Gegrillte Avocado mit Tomatensalsa 73

Maiskolben mit Kräuterbutter 74

Grillspieße mit Halloumi und Gemüse 75

Grillkäse mit Kräutermarinade 76

Bunte Gemüsepäckchen 77

Gegrillte Aubergine mit Zitronenquark 78

Deftige Deutsche Klassiker **79**

Grillbratwurst „Thüringer Art" 79

Schweinshaxe vom Grill 80

Grillkartoffeln mit Quark 81

Nürnberger Rostbratwürstchen mit Sauerkraut 82

Kassler auf Sauerkraut vom Grill 83

Bierhuhn „Münchner Art" 84

Rostbraten mit Zwiebeln 85

Grillforelle „Schwarzwald Style" 86

Leberkäse-Burger „Bayern Deluxe" 87

Gegrillter Spargel mit Schinken 88

Fruchtige Grilldesserts **89**

Gegrillte Ananas mit Honig..89

Schokobananen vom Grill 90

Gegrillte Pfirsiche mit Zimtcreme 91

Apfel-Crumble vom Grill 92

Gegrillte Wassermelone mit Feta 93

Grillierte Erdbeeren mit Schokolade 94

Kokos-Ananas-Spieße 95

Gegrillte Mango mit Vanilleeis 96

Beerenspieße mit Puderzucker 97

Gegrillte Birnen mit Gorgonzola 98

Fisch und Meeresfrüchte **99**

Gegrillter Lachs mit Zitronen-Dill-Butter 99

Garnelenspieße mit Knoblauchbutter 100

Gegrillte Forelle mit Kräutern..101

Tintenfischspieße mit Limetten-Chili-Sauce 102

Hummer vom Grill 103

Mediterrane Muschelpfanne 104

Jakobsmuscheln auf Zitronengras 105

Grilliertes Thunfischsteak 106

Fischburger mit Tartarsauce 107

Sardinen „Grill Deluxe" 108

Niedrigtemperatur-Spezialitäten **109**

Pulled Pork „Low & Slow" 109

Rinderbrisket mit BBQ-Glasur 110

Lammkeule mit Rosmarin und Knoblauch 111

Gegrillter Schweinebauch 112

Spareribs „Sweet & Smoky" 113

Beef Ribs „Texas Style" 114

Gegrilltes Entenbrustfilet 115

Lachs auf Zedernholzbrett 116

Short Ribs mit Honig-Senf-Glasur 117

„Midnight" Bacon Bomb 118

Gesunde Salate vom Grill **119**

Gegrillter Caesar Salad 119

Halloumi-Salat mit Grillgemüse 120

Gegrillte Wassermelone mit Feta 121

Caprese Salat mit gegrillten Tomaten 122

Warme Grillkartoffeln auf Feldsalat 123

Mediterraner Salat mit gegrillter Aubergine 124

Gegrillter Spargelsalat 125

Steak-Salat mit Rucola und Parmesan 126

Gegrillter Mais-Salat mit Limettendressing 127

Salat mit gegrillten Pfirsichen und Ziegenkäse 128

Schlusswort...**129**

Dutch Oven..**130**

Vorwort...**130**

Einführung **131**

Grundlagen...**134**

Kochtechniken **139**

Verwendung bei Outdoor-Aktivitäten....................................**142**

Fleischgenuss vom Feinsten..**144**

Schmackhafter Gulasch im Dutch Oven...................................144

Süß-sauer glasierte Hühnchenkeulen 145

Dutch Oven Schweinebraten..146

Zartes Rindergulasch mit Rotwein 147

Knuspriges Zitronen-Knoblauch-Hähnchen..............................148

Dutch Oven Bolognese 149

Würzige Lammkeule mit Kräuterkruste 150

Herbstlicher Wildschwein-Eintopf 151

Spanischer Chorizo-Eintopf 152

BBQ Pulled Pork 153

Suppen und Eintöpfe **154**

Heißer Linseneintopf mit Würstchen 154

Klassische Tomatensuppe 155

Kürbissuppe mit Kokosnote 156

Ungarische Gulaschsuppe 157

Erbsensuppe mit Speck 158

Mediterranes Minestrone 159

Kartoffelsuppe mit Majoran 160

Französische Zwiebelsuppe 161

Würzige Karotten-Ingwer-Suppe 162

Herzhafte Wurstsuppe mit Bohnen 163

Fisch und Meeresfrüchte 164

Mediterraner Lachs mit Dill und Zitrone 164

Dutch Oven Bouillabaisse 165

Garnelen in Knoblauchbutter 166

Thunfisch-Pastete 167

Kabeljau mit Kräuterkruste 168

Asiatischer Lachs im Bananenblatt 169

Pikante Muschelsuppe 170

Paella mit Meeresfrüchten 171

Forelle in Zitronen-Dill-Sauce 172

Krabben-Eintopf „Nordseesturm" 173

Herzhaftes Frühstück 174

Dutch Oven Rührei mit Speck 174

Bohnen in Tomatensauce 175

Schinken-Käse-Frittata 176

Dutch Oven Pfannkuchen 177

Gebackene Eier in Avocado 178

Dutch Oven French Toast..179

Spinat-Ei-Muffins 180

Leckerer Dutch Oven Kaiserschmarrn 181

Pfannkuchen mit Blaubeeren und Ahornsirup 182

Herzhaft gefüllte Frühstücks-Burritos 183

Vegane Leckereien **184**

Veganer Linsen-Eintopf 184

Quinoa-Pilz-Pfanne mit Spinat 185

Veganer Shepherd's Pie 186

Bohnen-Chili mit Süßkartoffeln 187

Tofu-Curry mit Gemüse 188

Kichererbsen-Curry mit Kokosmilch 189

Vegane Spinat-Lasagne 190

Süßkartoffel-Curry mit Spinat 191

Veganer Gemüseauflauf 192

Dutch Oven Veggie-Burger 193

Vegetarische Köstlichkeiten **194**

Pikanter Gemüse-Couscous 194

Mediterranes Ratatouille 195

Kürbis-Linsen-Curry...196

Gefüllte Paprika mit Quinoa 197

Marokkanischer Kichererbsen-Eintopf 198

Auberginen-Parmigiana 199

Knusprige Süßkartoffel-Puffer 200

Herzhaft gefüllter Hokkaido 201

Leichter Linsen-Spätzle-Auflauf 202

Dutch Oven Gemüsepizza 203

Backen im Dutch Oven 204

Rustikales Bauernbrot 204

Schokoladen-Brownie-Kuchen 205

Saftiger Apfelkuchen 206

Fluffige Zimtschnecken 207

Erdbeer-Rhabarber-Crumble 208

Knuspriger Flammkuchen 209

Herzhafter Zwiebelkuchen 210

Fruchtiger Pfirsich-Cobbler 211

Dutch Oven Pizza 212

Kürbisbrot mit Walnüssen 213

Feurige Tex-Mex-Rezepte 214

Dutch Oven Chilli Con Carne 214

Geschmorte Chicken Enchiladas 215

Gebackene Cheddar-Jalapenos 216

Scharfer Cowboy-Eintopf 217

Tex-Mex Chili Mac 218

Gebratene Fajitas mit Hühnchen 219

Dutch Oven Nachos 220

Südwestlicher Kartoffelsalat 221

Tex-Mex Queso Fundido 222

Süß-Scharfe BBQ-Rippchen 223

Verführerische Desserts 224

Schokoladenfondant mit flüssigem Kern 224

Apfel-Zimt-Crumble 225

Dutch Oven Brioche-Brot-Pudding 226

Gegrillte Ananas mit Honig-Zimt-Glasur 227

Bananen-Schokoladen-Brot 228

Schokoladenkuchen mit flüssiger Mitte 229

Gebackene Äpfel mit Walnussfüllung 230

Heißer Kirschkuchen mit Streuseln 231

Dutch Oven Zitronen-Käsekuchen 232

Beeren-Cobbler mit Streuseln 233

Köstliche Beilagen **234**

Dutch Oven Kartoffelgratin 234

Knoblauch-Brot 235

Süßkartoffel-Pommes 236

Geschmorte grüne Bohnen mit Speck 237

Karamellisierte Zwiebeln 238

Gebratener Rosenkohl mit Honig-Senf-Glasur 239

Gegrillter Maiskolben mit Kräuterbutter 240

Gebackene Pilze mit Knoblauch und Thymian 241

Dutch Oven Polenta 242

Kartoffelklöße mit Petersilie 243

Schlusswort **244**

Impressum **245**

Gasgrill

Vorwort

Liebe Leserin, lieber Leser,

willkommen in der faszinierenden Welt des Grillens! In diesem Kochbuch findest du eine Fülle von Informationen, die ich im Laufe der Jahre gesammelt habe. Mit den hier geteilten Kenntnissen wird es dir gelingen, den richtigen Grill zu finden, Grillmethoden zu meistern, Marinaden und Gewürze optimal einzusetzen und verbrannte Speisen zu vermeiden.

Für mich ist Grillen mehr als nur eine Methode zur Zubereitung von Speisen. Es ist eine Leidenschaft und eine Kunst, die Menschen zusammenbringt. Ein Gasgrill bietet dir eine einzigartige Kontrolle über das Feuer und ermöglicht es dir, die Köstlichkeiten, die du auf den Grill legst, in jeder Hinsicht zu perfektionieren.

Egal, ob du ein Anfänger bist, der gerade erst seinen ersten Grill gekauft hat, oder ein erfahrener Grillmeister, der nach neuen Inspirationen sucht, dieses Kochbuch hat für jeden etwas zu bieten. Ich hoffe, dass meine Erfahrungen und Tipps dich inspirieren und dich dazu ermutigen, dein eigenes Grillabenteuer zu beginnen.

Im zweiten Teil findest du eine große Auswahl von leckeren und abwechslungsreichen Rezepten, die speziell für den Gasgrill entwickelt wurden.

In diesem Sinne: Schnapp dir deine Grillzange und mach dich bereit für eine Reise in die faszinierende Welt des Grillens!

Viel Vergnügen und guten Appetit wünscht dir,

Jan Schmidt

Funktionsweise eines Gasgrills

Aufbau

Ein Gasgrill ist mehr als nur ein schlichtes Gitter über einer Wärmequelle. Er ist eine Kombination von verschiedenen Komponenten, die alle zusammenarbeiten, um das perfekte Grillgut zu erzeugen. Jede Komponente hat eine bestimmte Funktion und ist ein unverzichtbarer Teil des gesamten Grillsystems.

Grillkörper

Im Mittelpunkt steht der Grillkörper, oft aus langlebigem und hitzebeständigem Material wie Edelstahl, Gusseisen oder manchmal Aluminium gefertigt. Im Inneren des Grillkörpers finden wir das Herzstück des Grills: die Brenner.

Brenner

Brenner sind die Wärmequelle deines Gasgrills. Sie sind in der Regel aus rostfreiem Stahl oder Gusseisen gefertigt und erzeugen die Hitze, die zum Grillen benötigt wird. Die meisten Gasgrills haben mehrere Brenner, die unabhängig voneinander bedient werden können. Dies ermöglicht es dir, verschiedene Wärmezonen zu erstellen und damit unterschiedliche Gerichte gleichzeitig zuzubereiten.

Grillroste

Über den Brennern befinden sich die Grillroste. Hier liegt das Grillgut direkt auf. Grillroste können aus verschiedenen Materialien wie Gusseisen, Edelstahl oder beschichtetem Stahl gefertigt sein. Jedes Material hat seine eigenen Vor- und Nachteile. Gusseisen speichert zum Beispiel die Wärme besonders gut, während Edelstahl leicht zu reinigen ist.

Hitzeschilder

Zwischen den Brennern und den Grillrosten findest du die Hitzeschilder. Diese dienen dazu, die Hitze gleichmäßig zu verteilen und Fett und Bratensaft, der aus dem Grillgut tropft, aufzufangen. Dadurch wird verhindert, dass Flammen auf das Grillgut schlagen und es verbrennen.

Gasflasche und Regler

Die Gasflasche und der Gasregler sind ebenfalls wichtige Bestandteile eines Gasgrills. Die Gasflasche ist die Energiequelle, während der Regler dazu dient, den Gasfluss zu den Brennern zu kontrollieren.

Seitenablagen und Zusatzbrenner

Viele Gasgrills haben zusätzlich noch Seitenablagen, auf denen du Grillwerkzeug oder Lebensmittel ablegen kannst. Einige Modelle verfügen sogar über zusätzliche Brenner auf diesen Seitenablagen, zum Beispiel für Saucen oder Beilagen.

Deckel

Ein weiterer wichtiger Teil ist der Deckel. Ein Gasgrill mit Deckel bietet mehr Möglichkeiten beim Grillen. Du kannst den Grill schließen, um eine „Backofen-Atmosphäre" zu schaffen, ideal für indirektes Grillen oder das Garen von größeren Fleischstücken.

Gasarten

Die beiden gängigsten Arten von Gas, die in Gasgrills verwendet werden, sind Propangas und Butangas. Beide sind Flüssiggase, die bei Raumtemperatur und normalem atmosphärischen Druck gasförmig sind. Sie haben ähnliche Eigenschaften, unterscheiden sich jedoch in einigen wichtigen Aspekten.

Propangas

Propangas ist das am häufigsten verwendete Gas für Grills. Es verbrennt bei hoher Temperatur und liefert daher viel Wärme, was es ideal für das Grillen macht. Propangas ist in handlichen Gasflaschen erhältlich, die einfach zu transportieren und zu lagern sind. Zudem ist Propangas bei fast allen Temperaturen, sogar bei sehr kalten, einsetzbar, was es sehr flexibel macht.

Es ist wichtig, zu beachten, dass Propangas schwerer als Luft ist. Das bedeutet, dass es bei einem Leck nach unten sinkt und sich dort ansammeln kann. Deshalb solltest du immer sicherstellen, dass dein Grill und die Gasflasche in einem gut belüfteten Bereich aufgestellt sind, um das Risiko einer Gasansammlung und eines daraus resultierenden Feuers oder einer Explosion zu minimieren.

Butangas

Butangas ist das andere häufig verwendete Gas für Grills. Es hat ähnliche Eigenschaften wie Propangas, verbrennt aber bei einer etwas niedrigeren Temperatur. Das macht es weniger effizient für das Grillen bei hohen Temperaturen, kann aber immer noch gute Ergebnisse liefern.

Butangas hat den Vorteil, dass es leichter als Luft ist, was bedeutet, dass es bei einem Leck aufsteigt und sich schnell verflüchtigt. Das minimiert das Risiko einer gefährlichen Gasansammlung. Allerdings funktioniert Butangas bei niedrigen Temperaturen nicht gut, weshalb es für das Grillen im Winter weniger geeignet ist.

Die Wahl zwischen Propangas und Butangas hängt von verschiedenen Faktoren ab, einschließlich deiner spezifischen Bedürfnisse und Vorlieben, den örtlichen Wetterbedingungen und der Verfügbarkeit der verschiedenen Gasarten in deiner Region. Einige Grillhersteller bieten sogar Grills an, die sowohl mit Propan als auch mit Butan betrieben werden können, sodass du die Flexibilität hast, zu wechseln, wenn es die Situation erfordert.

Jede Gasart hat ihre eigenen Vor- und Nachteile, und es gibt kein „richtiges" oder „falsches" Gas für einen Grill. Am Ende kommt es darauf an, was für dich am besten funktioniert und dir das bestmögliche Grillerlebnis bietet. Denke immer daran, dass Sicherheit an erster Stelle steht, egal welches Gas du verwendest. Behandle Gasflaschen immer mit Vorsicht und beachte alle Sicherheitshinweise und Anweisungen.

Zündung und Temperaturregelung

Zündung

Bevor es an das Grillgut geht, musst du natürlich deinen Gasgrill zünden. Moderne Gasgrills verfügen in der Regel über ein integriertes Zündsystem. Die am häufigsten verwendeten Systeme sind das Piezo- und das Batteriezündsystem.

Ein Piezo-Zündsystem erzeugt einen Funken, wenn du einen Knopf drückst. Dieser Funken zündet dann das Gas, das aus den Brennern austritt. Es ist eine einfache und zuverlässige Methode, die keinen Strom oder Batterien benötigt.

Im Gegensatz dazu verwendet das Batteriezündsystem eine Batterie, um einen Funken zu erzeugen. Dieser Funken zündet das Gas, das aus den Brennern austritt. Batteriezündsysteme sind oft etwas zuverlässiger als Piezo-Systeme, da sie einen stärkeren und beständigeren Funken erzeugen können. Sie benötigen jedoch eine Batterie, die von Zeit zu Zeit ausgetauscht werden muss.

In jedem Fall solltest du sicherstellen, dass alle Brenner, die du nicht zünden möchtest, geschlossen sind und dass der Deckel des Grills offen ist, bevor du die Zündung betätigst. Sobald du bereit bist, drehst du das Gasventil auf und betätigst das Zündsystem. Sobald das Gas gezündet ist, kannst du die Flamme auf die gewünschte Stärke einstellen.

Temperaturregelung

Eines der großartigen Dinge am Grillen mit Gas ist die präzise Temperaturregelung. Im Gegensatz zu Holzkohlegrills, bei denen die Temperaturregelung eher eine Kunst als eine Wissenschaft ist, ermöglichen Gasgrills eine genaue Einstellung der Hitze. Du kannst die Temperatur durch einfaches Drehen eines Knopfes erhöhen oder verringern.

Gasgrills haben normalerweise mehrere Brenner, die unabhängig voneinander reguliert werden können. Das bedeutet, dass du unterschiedliche Wärmezonen auf deinem Grill erstellen kannst. Du könntest eine Seite auf hohe Hitze für das Anbraten von Steaks einstellen und die andere Seite auf niedrige Hitze für das langsame Garen von Hühnchen oder Gemüse.

Die Temperaturregelung eines Gasgrills ist in der Regel ziemlich einfach: Dreh den Knopf, um die Menge an Gas zu erhöhen, die zu den Brennern gelangt, und die Temperatur steigt. Dreh den Knopf in die andere Richtung, und die Temperatur fällt.

Ein wichtiger Punkt ist, dass die Temperatur in deinem Grill nicht nur von der Menge des Gases abhängt, sondern auch von anderen Faktoren, wie der Außentemperatur oder dem Wind. All diese Faktoren können dazu führen, dass die tatsächliche Temperatur im Grill höher oder niedriger ist als die, die du eingestellt hast. Daher ist es eine gute Idee, ein Grillthermometer zu verwenden.

Tipps zur Zündung und Temperaturregelung

- **Verwende immer ein Grillthermometer:** Ein Grillthermometer ist ein unverzichtbares Werkzeug für jeden Griller. Es ermöglicht dir, die genaue Temperatur im Inneren deines Grills zu überwachen und anzupassen.

- **Übe die Temperaturregelung:** Übung macht den Meister. Je mehr du die Temperaturregelung auf deinem Grill übst, desto besser wirst du darin. Beginne mit einfachen Rezepten und arbeite dich zu komplexeren Gerichten vor, die eine präzisere Temperaturregelung erfordern.

- **Pflege das Zündsystem:** Wie alle Teile deines Grills benötigt auch das Zündsystem Pflege. Stelle sicher, dass es sauber und frei von Fett und Schmutz ist. Überprüfe regelmäßig die Batterie, wenn du ein Batteriezündsystem hast.

- **Bleibe sicher:** Sicherheit sollte immer an erster Stelle stehen. Zünde deinen Grill niemals in geschlossenen Räumen an und stelle sicher, dass er stabil steht. Vergewissere dich, dass alle Gasverbindungen sicher sind und dass kein Gas austritt, bevor du den Grill zündest.

Vorteile

Gasgrills haben sich als eine beliebte Wahl für Grillenthusiasten etabliert, und es ist nicht schwer zu verstehen, warum. Sie bieten eine Reihe von Vorteilen, die das Grillen zu einer schnellen, sauberen und schmackhaften Angelegenheit machen.

Leichte Handhabung

Einer der Hauptgründe, warum sich viele für Gasgrills entscheiden, ist ihre unkomplizierte Handhabung. Es gibt kein mühsames Anzünden von Holzkohle und kein Warten, bis sie die richtige Temperatur erreicht hat. Ein einfacher Knopfdruck genügt, und du kannst innerhalb weniger Minuten mit dem Grillen beginnen.

Sauberkeit

Die Sauberkeit ist ein weiterer Pluspunkt von Gasgrills. Sie erzeugen weniger Rauch und Asche als Holzkohlegrills, was zu einer einfacheren Reinigung nach dem Grillen führt. Weniger Schmutz und weniger Gerüche bedeuten auch weniger Stress und mehr Zeit zum Genießen deiner Grillkreationen.

Geschmack

Die Frage des Geschmacks ist oft eine Frage der persönlichen Vorlieben, doch viele schätzen den einzigartigen Geschmack, den ein Gasgrill den Grillgerichten verleiht. Durch die gleichmäßige Hitzezufuhr erzeugt ein Gasgrill konsistente Grillergebnisse, die das Fleisch saftig und lecker machen.

Wirtschaftlichkeit

In puncto Wirtschaftlichkeit können Gasgrills punkten. Propan- und Erdgas sind oft günstiger als Holzkohle, insbesondere bei längerem Gebrauch. Gasgrills erzeugen zudem eine effiziente Wärmeverteilung und benötigen so weniger Energie zum Erhitzen.

Tipp: Um deinem Grillgut noch mehr Aroma zu verleihen, kannst du Räucherchips oder -pellets verwenden. Dies kann ein zusätzliches Geschmackselement in dein Grillabenteuer bringen und deine Grillgerichte auf die nächste Stufe heben.

Auswahl eines Gasgrills

Größe und Kapazität

Größe des Grills

Die Größe des Grills bestimmt, wie viel Platz du zum Grillen hast. Sie sollte anhand deiner spezifischen Bedürfnisse und des zur Verfügung stehenden Platzes gewählt werden. Hast du eine große Familie oder planst du, regelmäßig Gäste zu haben? Dann könnte ein größerer Grill sinnvoll sein. Andererseits könnte ein kleinerer Grill ausreichend sein, wenn du nur gelegentlich für dich selbst oder eine kleine Gruppe grillst.

Gleichzeitig spielt der verfügbare Platz eine Rolle – sowohl der Platz, den du für den Grill selbst hast, als auch der Platz, den du beim Grillen benötigst. Nicht jeder hat einen riesigen Garten oder eine große Terrasse zur Verfügung. Hier muss abgewogen werden zwischen dem Bedarf und dem verfügbaren Platz.

Grillfläche

Die Grillfläche, oft in Quadratzentimetern oder Quadratzoll angegeben, gibt an, wie viel Platz du auf dem Grill selbst zum Kochen hast. Eine größere Grillfläche bedeutet, dass du mehr Essen gleichzeitig zubereiten kannst, was bei größeren Gruppen nützlich ist. Aber bedenke, dass eine größere Grillfläche auch mehr Gas verbraucht.

Anzahl der Brenner

Die Anzahl der Brenner ist ein weiterer Faktor, der die Kapazität eines Gasgrills bestimmt. Mehr Brenner bedeuten im Allgemeinen mehr Flexibilität beim Grillen, da du verschiedene Lebensmittel bei unterschiedlichen Temperaturen grillen kannst. Andererseits benötigen Grills mit mehr Brennern mehr Gas und können schwieriger zu handhaben sein.

Gewicht und Mobilität

Die Größe und das Gewicht des Grills bestimmen auch, wie mobil er ist. Ein kleinerer, leichterer Grill kann leichter bewegt und transportiert werden, was nützlich sein kann, wenn du den Grillplatz häufig änderst oder deinen Grill zu Ausflügen mitnehmen möchtest.

„Maßgeschneidert" für deine Bedürfnisse

Es gibt keinen „einzigen richtigen Weg" bei der Auswahl der Größe und Kapazität deines Gasgrills. Es hängt alles von deinen spezifischen Bedürfnissen und Anforderungen ab. Sei dir über deine Prioritäten im Klaren: Ist es Flexibilität beim Kochen, ist es der Platzbedarf, oder ist es vielleicht die Mobilität?

Es ist auch wichtig zu bedenken, dass ein größerer Grill nicht immer „besser" ist. Es geht darum, den richtigen Grill für dich zu finden – einen, der dir das bestmögliche Grillergebnis liefert und gleichzeitig zu deinem Lebensstil und deinen Bedürfnissen passt.

Um die ideale Balance zu finden, kann es sinnvoll sein, eine Liste mit den wichtigen Kriterien zu erstellen und diese abzuhaken, während du dich durch die verfügbaren Optionen arbeitest. Dies könnte dazu beitragen, den Auswahlprozess zu strukturieren und sicherzustellen, dass du einen Gasgrill findest, der alle deine Grillwünsche erfüllt.

Und denke daran: Unabhängig von der Größe und Kapazität deines Gasgrills ist das Wichtigste, dass du das Grillen genießt und leckere Mahlzeiten zubereiten kannst. Denn das ist es schließlich, worum es beim Grillen geht!

Material und Haltbarkeit

Ein solider, langlebiger Gasgrill kann dir über viele Jahre hinweg Freude bereiten. Daher ist es wichtig, dass du beim Kauf eines Grills nicht nur auf Größe und Funktionen achtest, sondern auch auf das Material und die Haltbarkeit.

Materialwahl

Die Wahl des Materials deines Gasgrills hat direkten Einfluss auf seine Leistung und Lebensdauer. Einige der häufigsten Materialien, die bei der Herstellung von Gasgrills verwendet werden, sind Edelstahl, Gusseisen und Aluminium.

Edelstahl ist eine der besten Optionen für einen Grill. Es ist widerstandsfähig gegen Korrosion und Rost und hält hohen Temperaturen stand. Ein Gasgrill aus Edelstahl sieht nicht nur gut aus, sondern bietet auch eine lange Lebensdauer. Allerdings kann Edelstahl teurer sein als andere Materialien.

Gusseisen ist ein weiteres beliebtes Material für Grills. Es speichert Wärme sehr gut und gibt sie gleichmäßig ab, was zu einem gleichmäßigen Garen des Grillguts führt. Gusseisen ist jedoch anfälliger für Rost und erfordert eine regelmäßige Pflege, um seine Langlebigkeit zu gewährleisten.

Aluminium ist ein leichtes und kostengünstiges Material, das oft für tragbare oder kleinere Grills verwendet wird. Obwohl es nicht die gleiche Haltbarkeit wie Edelstahl oder Gusseisen bietet, ist es immer noch eine akzeptable Wahl, wenn du einen preisgünstigen Grill suchst.

Robustheit und Langlebigkeit

Neben dem Material ist die allgemeine Robustheit des Grills ein wichtiger Faktor für seine Langlebigkeit. Schau dir die Konstruktion des Grills genau an. Ist er stabil und gut verarbeitet? Gibt es sichtbare Schweißnähte? Ist der Grilldeckel dicht?

Achte auch auf die Haltbarkeit der einzelnen Komponenten wie Brenner, Roste und Kontrollknöpfe. Diese Teile werden häufig verwendet und sollten robust und langlebig sein.

Pflege und Wartung

Die Haltbarkeit deines Grills hängt auch davon ab, wie gut du ihn pflegst und wartest. Selbst der robusteste Grill kann vorzeitig verschleißen, wenn er nicht richtig gepflegt wird.
Reinige deinen Grill regelmäßig und gründlich, um Fett- und Essensreste zu entfernen, die Korrosion und Rost verursachen können. Schütze deinen Grill auch vor den Elementen, indem du ihn unter einer Abdeckung aufbewahrst oder in einer Garage oder einem Schuppen lagerst, wenn er nicht in Gebrauch ist.

Triff eine Entscheidung!

Die Wahl des richtigen Materials und der Haltbarkeit deines Grills ist eine individuelle Entscheidung, die auf deinen spezifischen Bedürfnissen und Vorlieben basieren sollte. Während manche den Glanz und die Langlebigkeit von Edelstahl bevorzugen, schätzen andere vielleicht die Wärmespeicherung von Gusseisen oder die Kosteneffizienz von Aluminium.

Leistung und Brenneranzahl

Leistung und BTU

Die Leistung eines Gasgrills wird häufig in British Thermal Units (BTU) angegeben. Die BTU-Zahl gibt an, wie viel Wärme ein Grill pro Stunde erzeugen kann.

Grundsätzlich gilt: Je höher die BTU-Zahl, desto mehr Wärme kann der Grill erzeugen. Aber Vorsicht: Eine höhere BTU-Zahl bedeutet nicht automatisch, dass der Grill besser ist.

Es ist ebenso wichtig, das Verhältnis zwischen der BTU-Zahl und der Größe des Grillbereichs zu berücksichtigen. Ein hocheffizienter Grill benötigt etwa 80 bis 100 BTU pro Quadratzoll Grillfläche. Ein Grill mit einer hohen BTU-Zahl, aber einer kleinen Grillfläche könnte mehr Energie verbrauchen als nötig, während ein Grill mit niedriger BTU-Zahl und großer Grillfläche möglicherweise nicht genügend Wärme liefert.

Die Anzahl der Brenner: Qualität vor Quantität

Die Anzahl der Brenner in einem Gasgrill kann dessen Vielseitigkeit und Kontrolle über die Kochtemperatur erheblich beeinflussen. Mit mehreren Brennern kannst du unterschiedliche Kochzonen einrichten und so verschiedene Lebensmittel gleichzeitig bei unterschiedlichen Temperaturen grillen.

Jedoch bedeutet eine größere Anzahl von Brennern nicht unbedingt, dass der Grill besser ist. Wichtiger als die Anzahl der Brenner ist ihre Qualität. Hochwertige Brenner verteilen die Wärme gleichmäßiger, halten länger und bieten eine bessere Temperaturkontrolle.

Welcher Grill passt zu dir?

Die Entscheidung für die richtige Leistung und Anzahl der Brenner hängt von deinen individuellen Bedürfnissen ab. Wenn du hauptsächlich für dich und eine weitere Person grillst, könnte ein kleinerer Grill mit weniger Brennern und geringerer Leistung ausreichend sein. Wenn du jedoch regelmäßig für größere Gruppen grillst, könnten ein leistungsstärkerer Grill und mehrere Brenner besser geeignet sein.

Eine wichtige Regel, die ich dir mitgeben möchte: Lasse dich nicht nur von hohen Zahlen beeindrucken. Wie ich schon sagte, bedeutet eine höhere BTU-Zahl oder mehr Brenner nicht automatisch, dass der Grill besser ist. Konzentriere dich stattdessen auf die Qualität und Effizienz des Grills.

Pflege und Wartung der Brenner

Eine regelmäßige Pflege und Wartung der Brenner kann ihre Lebensdauer verlängern und die Leistung deines Grills verbessern. Überprüfe die Brenner regelmäßig auf Anzeichen von Korrosion oder Verschmutzung und reinige sie bei Bedarf. Auch ein ausgetretener oder beschädigter Brenner sollte sofort ersetzt werden, um die Leistung und Sicherheit deines Grills zu gewährleisten.

Zusätzliche Funktionen und Zubehör

Seitenbrenner: Kochen neben dem Grillen

Ein Seitenbrenner ist praktisch wie ein zusätzliches Kochfeld – ideal, um Saucen zu erwärmen, Gemüse zu braten oder auch mal einen Topf mit Spaghetti kochen zu können, während du parallel das Steak auf dem Grill zubereitest. Es mag auf den ersten Blick nach Luxus klingen, aber glaube mir, einmal genutzt, wirst du es nicht mehr missen wollen.

Räuchereinsätze: Für das gewisse Etwas

Räuchereinsätze sind eine großartige Möglichkeit, deinem Grillgut einen intensiven, rauchigen Geschmack zu verleihen. Ob Fisch, Fleisch oder Gemüse, das Räuchern verleiht deinem Essen eine besondere Note, die bei deinen Gästen für Begeisterung sorgen wird. Wenn du also Wert auf abwechslungsreiche Geschmackserlebnisse legst, könnte ein Räuchereinsatz genau das Richtige für dich sein.

Grillspieße und Drehspieße: Perfekt für Braten und mehr

Ein weiteres nützliches Zubehör sind Grillspieße oder Drehspieße. Ideal für größere Fleischstücke, Geflügel oder leckere Gemüsespieße. Der besondere Vorteil eines Drehspießes ist die gleichmäßige Garung des Grillguts von allen Seiten.

Pizzasteine: Italienischer Flair im eigenen Garten

Wer hat gesagt, dass ein Grill nur für Steaks und Würstchen gut ist? Mit einem Pizzastein kannst du deinen Gasgrill im Handumdrehen in einen Pizzabäcker verwandeln. Der Stein speichert die Wärme und gibt sie gleichmäßig ab, sodass du eine knusprige Pizza wie aus dem Steinofen zaubern kannst. Buon Appetito!

Grillkörbe: Praktisch für Kleinteiliges

Eine hervorragende Ergänzung für jeden Grillfreund sind Grillkörbe. Sie sind besonders praktisch für kleinteiliges Grillgut wie Meeresfrüchte, Gemüsestücke oder auch marinierte Pilze. Mit einem Grillkorb musst du dir keine Sorgen machen, dass etwas durch den Rost fällt. Das Grillgut wird gleichmäßig gegart und kann leicht gewendet werden. Einfach, praktisch und unglaublich effizient!

Grillhandschuhe: Sicherheit geht vor

Sicherheit sollte beim Grillen immer oberste Priorität haben. Hochwertige Grillhandschuhe bieten Schutz vor Hitze und Funkenflug. Sie erlauben dir, Grillgut sicher zu wenden, heiße Grillplatten zu wechseln oder den Deckel zu öffnen und zu schließen, ohne dir Sorgen um Verbrennungen machen zu müssen.

Warmhalterost: Mehr Platz auf dem Grill

Ein Warmhalterost ist eine sinnvolle Erweiterung, wenn du mehrere Gäste bewirten möchtest. Damit schaffst du zusätzlichen Platz auf dem Grill und hältst bereits gegrillte Speisen warm, während du weiteres Grillgut zubereitest. So kann alles gleichzeitig serviert werden und deine Gäste können warme und köstliche Speisen genießen.

Abdeckhauben und Reinigungszubehör: Für eine lange Lebensdauer

Abschließend möchte ich noch auf zwei wichtige Aspekte hinweisen: Schutz und Pflege. Eine Abdeckhaube schützt deinen Grill vor Wettereinflüssen und sorgt dafür, dass du lange Freude an ihm hast. Reinigungszubehör wie spezielle Bürsten oder Grillreiniger erleichtern die Pflege und tragen ebenfalls zur Langlebigkeit deines Grills bei.

Tipps und Tricks

Auswahl der richtigen Grillmethode

Direktes Grillen: Schnell und scharf

Direktes Grillen ist wahrscheinlich die Methode, die dir zuerst in den Sinn kommt, wenn du an das Grillen denkst. Hierbei werden die Lebensmittel direkt über der Hitzequelle platziert. Der Vorteil des direkten Grillens ist, dass es schnell geht – ideal für dünnere Stücke Fleisch oder Gemüse, die du schnell und scharf anbraten möchtest. Steak, Burger, Würstchen, Spieße und Gemüsescheiben profitieren von dieser Methode.

Bei dieser Technik ist es wichtig, die Hitze gut zu regulieren. Zu hohe Temperaturen können dazu führen, dass das Äußere deiner Lebensmittel verbrennt, während das Innere noch roh ist. Deshalb empfehle ich dir, die Hitze nach dem scharfen Anbraten etwas zu reduzieren, um die Lebensmittel gleichmäßig zu garen.

Indirektes Grillen: Langsam und sanft

Im Gegensatz zum direkten Grillen findet das indirekte Grillen nicht direkt über der Hitzequelle statt. Stattdessen nutzt du die Hitze, die im Inneren des Grills zirkuliert, ähnlich wie in einem Backofen. Diese Methode ist perfekt für größere Fleischstücke, die eine längere Garzeit benötigen, wie zum Beispiel Braten, ganze Hühner oder Rippchen.

Um indirekt zu grillen, heize nur einen Teil deines Grills auf und platziere das Grillgut auf der kühleren Seite. Schließe den Deckel, um die Hitze im Inneren des Grills zu halten. Die Kunst des indirekten Grillens besteht darin, die Temperatur konstant zu halten. Ein Grillthermometer kann dabei sehr hilfreich sein.

Die Kombination von direktem und indirektem Grillen: Das Beste aus beiden Welten

Für einige Grillgerichte ist eine Kombination aus direktem und indirektem Grillen die beste Wahl. Diese Methode bietet dir das Beste aus beiden Welten. Du beginnst mit dem direkten Grillen, um eine schöne Kruste auf deinem Grillgut zu erzeugen, und verlagerst es dann auf die kühle Seite des Grills, um es indirekt fertig zu garen.

Diese Kombinationsmethode ist ideal für dickere Fleischstücke, wie zum Beispiel ein dickes Steak oder ein ganzes Hähnchen. So erzielst du ein perfekt gebräuntes Äußeres und ein saftiges, perfekt gegartes Inneres.

Marinieren und Würzen des Grillguts

Das Geheimnis guter Marinaden

Eine Marinade ist eine aromatische Flüssigkeit, in der das Grillgut – sei es Fleisch, Fisch, Gemüse oder Tofu – für eine bestimmte Zeit eingelegt wird. Die Marinade verleiht dem Grillgut nicht nur Geschmack, sondern kann es auch zarter machen und dazu beitragen, dass es beim Grillen nicht austrocknet.

Marinaden bestehen in der Regel aus drei Komponenten: einer Säure, einem Öl und Gewürzen oder Aromen. Die Säure hilft dabei, das Grillgut zart zu machen, während das Öl dazu beiträgt, dass das Grillgut saftig bleibt und nicht am Grillrost klebt. Die Gewürze und Aromen geben dem Grillgut den gewünschten Geschmack.

Es gibt zahllose Variationen von Marinaden, von einfachen Olivenöl-Zitronen-Marinaden bis hin zu exotischen Teriyaki- oder Chimichurri-Marinaden. Dabei ist Kreativität gefragt: Experimentiere mit verschiedenen Aromen und finde heraus, was dir am besten schmeckt.

Würzen – der letzte Schliff

Würzen ist das Auftragen von Gewürzen oder Kräutern direkt auf das Grillgut, kurz bevor es auf den Grill gelegt wird. Im Gegensatz zum Marinieren, das vor dem Grillen stattfindet und einige Zeit in Anspruch nehmen kann, geschieht das Würzen unmittelbar vor dem Grillvorgang.

Beim Würzen gilt die Devise: Weniger ist oft mehr. Salz und Pfeffer sind die klassischen Gewürze, die du zum Würzen verwenden kannst. Sie heben den natürlichen Geschmack des Grillguts hervor, ohne ihn zu überdecken. Doch auch hier kannst du mit verschiedenen Gewürzmischungen experimentieren und deinem Grillgut eine ganz persönliche Note geben.

Es gibt jedoch eine Sache, die du beim Würzen beachten solltest: Salze dein Grillgut nicht zu früh. Salz entzieht Fleisch und Fisch Feuchtigkeit und kann sie daher austrocknen. Salze dein Grillgut daher erst kurz bevor es auf den Grill kommt.

Die Kombination aus beiden

Marinieren und Würzen schließen sich nicht gegenseitig aus. Im Gegenteil, sie können sich hervorragend ergänzen. Du kannst dein Grillgut zum Beispiel zunächst marinieren und es anschließend kurz vor dem Grillen noch einmal würzen, um noch mehr Geschmack zu erzeugen.

Vorsicht mit Marinaden und Fett

Marinaden können deinem Grillgut ein herrliches Aroma verleihen, aber sie können auch zu Flammenbildung führen, wenn sie auf die heißen Kohlen oder Gasbrenner tropfen. Sei daher vorsichtig mit zu flüssigen Marinaden und lasse dein Grillgut vor dem Auflegen gut abtropfen.

Ähnliches gilt für fettes Grillgut. Das ausgeschmolzene Fett kann Flammen verursachen, die dein Grillgut verbrennen können. Du kannst zum Beispiel eine Alufolie oder eine spezielle Fettauffangschale unter das Grillgut legen, um das abtropfende Fett aufzufangen.

Empfohlene Garzeiten und Temperaturen

Beim Grillen gibt es, genau wie beim Kochen, keine Einheitsgröße, die für alles passt. Unterschiedliche Lebensmittel erfordern unterschiedliche Temperaturen und Garzeiten. Ein Steak braucht zum Beispiel eine höhere Temperatur und eine kürzere Garzeit als ein ganzes Hähnchen. Das Erlernen der idealen Garzeiten und Temperaturen für verschiedene Lebensmittel kann jedoch dazu beitragen, dass du jedes Mal perfekte Ergebnisse erzielst.

Fleisch

Beim Grillen von Fleisch ist es wichtig, sowohl die Temperatur des Grills als auch die Kerntemperatur des Fleisches im Auge zu behalten. Die Kerntemperatur ist die Temperatur im Inneren des Fleisches und sie bestimmt, ob das Fleisch roh, medium oder gut durchgebraten ist.

Für Rindfleisch und Lamm empfehle ich eine hohe direkte Hitze zum Anbraten, gefolgt von einer mittleren indirekten Hitze zum Fertiggaren. Die Kerntemperatur für medium rare sollte etwa 54-57°C betragen, für medium 60-65°C und für gut durchgebraten 71°C und höher.

Für Schweinefleisch ist eine mittlere direkte Hitze ideal. Eine Kerntemperatur von 71°C garantiert, dass das Fleisch vollständig durchgegart ist und noch saftig bleibt.

Geflügel benötigt eine mittlere bis hohe direkte Hitze zum Anbraten und eine mittlere indirekte Hitze zum Fertiggaren. Eine Kerntemperatur von 74°C stellt sicher, dass das Geflügel vollständig durchgegart ist.

Fisch und Meeresfrüchte

Fisch und Meeresfrüchte sind in der Regel empfindlicher als Fleisch und benötigen eine niedrigere Hitze. Eine mittlere direkte Hitze ist in der Regel ausreichend. Die Kerntemperatur sollte 63°C betragen, um sicherzustellen, dass der Fisch vollständig durchgegart ist.

Gemüse und Obst

Gemüse und Obst können bei mittlerer direkter Hitze gegrillt werden. Die Garzeit variiert je nach Art und Größe des Gemüses oder Obstes, in der Regel reichen jedoch ein paar Minuten auf jeder Seite.

Bitte beachte, dass diese Garzeiten und Temperaturen Richtwerte sind und je nach Grill und spezifischem Grillgut variieren können. Ein Grillthermometer ist ein wertvolles Werkzeug, um sowohl die Temperatur deines Grills als auch die Kerntemperatur deines Grillguts zu überwachen.

Und zu guter Letzt, denke immer daran, dass Geduld eine Tugend ist, wenn es ums Grillen geht. Es ist besser, dein Grillgut etwas länger bei niedrigerer Hitze zu garen, als es bei zu hoher Hitze zu schnell zu verbrennen. Viel Spaß beim Grillen!

Hinweis zu den Rezepten

Ich habe mich bewusst dafür entschieden, in meinem Kochbuch auf die Verwendung von Bildern zu verzichten. Obwohl viele Kochbücher durch ihre visuellen Reize beeindrucken, möchte ich dir die Gründe für meine Entscheidung darlegen.

Mein Anliegen ist es, die Aufmerksamkeit ganz auf die Inhalte und Rezepte zu lenken, ohne dass diese durch äußere Einflüsse beeinflusst werden. Ich möchte, dass du dich voll und ganz auf die Zutaten, die Zubereitung und die pure Freude am Kochen konzentrierst, ohne dass du von hochglanzpolierten, aufwendig inszenierten Bildern abgelenkt wirst.

Ich möchte dir zusätzlich die Chance bieten, deine kreative Ader und Fantasie vollkommen auszuleben. Denn jeder Mensch hat seine individuelle Vorstellung davon, wie ein Gericht perfekt präsentiert werden sollte. Indem ich auf visuelle Hilfsmittel verzichte, ermutige ich dich dazu, deine eigenen Konzepte zu entwickeln und deine Speisen ganz nach deinem Geschmack zu gestalten.

Bei meiner Entscheidung spielt der Umweltaspekt ebenfalls eine wichtige Rolle. Indem wir auf Bilder in diesem Buch verzichten, haben wir die Möglichkeit, gemeinsam Ressourcen zu schonen und somit einen kleinen, aber dennoch bedeutsamen Beitrag zum Schutz unserer Umwelt zu leisten.

Ich bin zuversichtlich, dass dieses Kochbuch auch ohne visuelle Hilfestellungen deine Sinne ansprechen wird und dich mit seinen köstlichen Rezeptideen und nützlichen Informationen begeistern wird. Lass dich von der Abwesenheit von Bildern nicht abschrecken und entdecke die kulinarische Vielfalt, die dieses Buch zu bieten hat.

Leckere Vorspeisen

Gegrillte Paprika mit Ziegenkäse

Zubereitungszeit: 10 Minuten + 15 Minuten Grillzeit
Portionen: 4 Stücke gegrillte Paprika

Zutaten:

- 2 große, rote Paprika, halbiert und entkernt
- 100 g Ziegenkäse, in Scheiben geschnitten
- 2 EL natives Olivenöl extra
- 1 TL Rosmarin, fein gehackt
- 1/2 TL Meersalz
- 1/2 TL frisch gemahlener schwarzer Pfeffer
- 1 EL frisch gepresster Bio-Zitronensaft
- 1 TL Honig
- 1 EL frische Petersilie, fein gehackt

Zubereitung:

1. Zuerst den Gasgrill auf etwa 200 Grad vorheizen.

2. Die halbierten Paprika mit Olivenöl einpinseln, dabei sicherstellen, dass das Innere und die Ränder gut bedeckt sind.

3. Die Paprika mit Salz, Pfeffer und Rosmarin bestreuen.

4. Leg dann die Scheiben von Ziegenkäse in die Mitte jeder Paprikahälfte.

5. Die gefüllten Paprikahälften auf den vorgeheizten Grill legen, direkt über die Flamme.

6. Lass die Paprika für etwa 15 Minuten grillen, bis der Käse geschmolzen und die Paprika leicht verkohlt sind.

7. Während die Paprika grillen, den Zitronensaft und Honig in einer kleinen Schüssel vermischen.

8. Die gegrillten Paprika vom Grill nehmen und sofort mit der Zitronen-Honig-Mischung beträufeln.

9. Zum Schluss die gegrillten Paprika mit frisch gehackter Petersilie bestreuen und warm servieren.

Scampi-Spieße in Knoblauchöl

Zubereitungszeit: 15 Minuten + 10 Minuten Grillzeit
Portionen: 4 Spieße

Zutaten:

- 12 Scampi, geschält und ent-darmt
- 4 Holzspieße, 30 Minuten in Wasser eingeweicht
- 3 EL natives Olivenöl extra
- 4 Knoblauchzehen, fein gehackt
- 1 EL Bio-Zitronensaft
- 1 TL Chiliflocken
- 1 TL Oregano
- Salz und Pfeffer nach Geschmack
- Frische Petersilie, grob gehackt zum Garnieren

Zubereitung:

1. Zuerst den Gasgrill auf etwa 200 Grad vorheizen.

2. Während der Grill vorheizt, bereite das Knoblauchöl vor. In einer kleinen Schüssel das Olivenöl, den gehackten Knoblauch, Zitronensaft, Chiliflocken und Oregano vermischen. Mit Salz und Pfeffer abschmecken.

3. Nun die Scampi auf die eingeweichten Holzspieße stecken, etwa drei Scampi pro Spieß.

4. Die Scampi-Spieße mit dem Knoblauchöl bestreichen und sie auf den Grillrost legen. Lass sie etwa 5 Minuten auf jeder Seite grillen, oder bis sie rosa und fest geworden sind.

5. Die fertigen Scampi-Spieße vom Grill nehmen und vor dem Servieren mit der restlichen Knoblauchöl-Mischung beträufeln. Mit frischer Petersilie garnieren und servieren.

Avocado-Häppchen auf Grillbrot

Zubereitungszeit: 15 Minuten + 10 Minuten Grillzeit
Portionen: 8 Häppchen

Zutaten:

- 1 reife Avocado, geschält und entkernt
- 1 EL natives Olivenöl extra
- Salz und Pfeffer nach Geschmack
- 2 Scheiben Vollkornbrot
- 1 kleine rote Zwiebel, fein gehackt
- 2 kleine Tomaten, gewürfelt
- 1 EL frischer Bio-Zitronensaft
- 1 EL gehackte frische Petersilie

Zubereitung:

1. Zuerst das Vollkornbrot in vier Teile schneiden. Bestreiche die Stücke mit einem halben Esslöffel Olivenöl und würze sie leicht mit Salz und Pfeffer.

2. Den Gasgrill auf etwa 200 Grad vorheizen.

3. Lege das Brot vorsichtig auf den Grill und lasse es 2-3 Minuten grillen, bis es knusprig und leicht gebräunt ist. Nimm es dann vom Grill und lege es beiseite.

4. Während das Brot grillt, zerdrücke die Avocado in einer Schüssel, bis sie eine grobe Textur hat. Füge die gehackte rote Zwiebel, gewürfelte Tomaten, Zitronensaft, Petersilie und das restliche Olivenöl hinzu. Würze die Mischung mit Salz und Pfeffer nach Geschmack und mische alles gut durch.

5. Verteile die Avocadomischung großzügig auf den gegrillten Brotstücken.

6. Gib die Avocado-Häppchen zurück auf den Grill, aber achte darauf, dass die Flamme auf niedrig gestellt ist. Decke den Grill ab und lass die Häppchen etwa 5-7 Minuten grillen, bis sie warm sind.

7. Nimm die Häppchen vom Grill und serviere sie sofort.

Grillgemüse-Crostini

Zubereitungszeit: 20 Minuten + 10 Minuten Grillzeit
Portionen: 6 Crostini

Zutaten:

- 1 rote Paprika, entkernt und in 4 Teile geschnitten
- 1 Zucchini, in 1 cm dicke Scheiben geschnitten
- 1 Aubergine, in 1 cm dicke Scheiben geschnitten
- 60 ml natives Olivenöl extra, plus extra zum Bestreichen der Brotscheiben
- Salz und Pfeffer nach Geschmack
- 6 Scheiben Ciabatta oder Baguette
- 2 Knoblauchzehen, halbiert
- 100 g Ricotta
- Frischer Basilikum, grob gehackt, zum Garnieren

Zubereitung:

1. Zuerst den Gasgrill auf etwa 200 Grad vorheizen.

2. Bestreiche das Gemüse auf beiden Seiten mit Olivenöl und würze es mit Salz und Pfeffer. Lege das Gemüse auf den Grill und grille es etwa 5 Minuten auf jeder Seite, bis es schön gebräunt und weich ist.

3. Während das Gemüse grillt, bestreiche die Brotscheiben auf einer Seite mit Olivenöl und grille sie, bis sie knusprig und goldbraun sind. Achte dabei darauf, sie nicht zu verbrennen!

4. Sobald das Brot gegrillt ist, reibe die geölte Seite jeder Scheibe mit einer halben Knoblauchzehe ab. Dadurch bekommt das Brot ein leichtes Knoblaucharoma.

5. Verteile den Ricotta gleichmäßig auf den Brotstücken und belege sie dann mit dem gegrillten Gemüse.

6. Zum Schluss streue etwas gehackten Basilikum über die Crostini und tröpfle noch ein wenig Olivenöl darüber. Jetzt sind sie bereit zum Servieren!

Mini-Flammkuchen mit Räucherlachs

Zubereitungszeit: 10 Minuten + 10 Minuten Grillzeit
Portionen: 8 Mini-Flammkuchen

Zutaten:

- 150 g Vollkornmehl, gesiebt
- 80 ml warmes Wasser
- 1 TL Salz
- 2 EL natives Olivenöl extra
- 120 g Frischkäse, zimmerwarm
- 100 g Räucherlachs, in dünne Scheiben geschnitten
- 1 kleine rote Zwiebel, in dünne Ringe geschnitten
- 1 EL frischer Dill, fein gehackt
- 1 EL Kapern, abgetropft
- 1 TL schwarzer Pfeffer, frisch gemahlen

Zubereitung:

1. Zuerst den Gasgrill auf etwa 200 Grad vorheizen.
2. Vermische in einer Schüssel das Vollkornmehl mit Salz. Füge das warme Wasser und das Olivenöl hinzu und knete alles gut durch, bis ein geschmeidiger Teig entsteht.
3. Teile den Teig in 8 gleich große Portionen auf und rolle jede Portion auf einer bemehlten Arbeitsfläche zu kleinen, dünnen Fladen aus.
4. Bestreiche jeden Fladen gleichmäßig mit dem Frischkäse.
5. Belege die Fladen nun mit den Scheiben vom Räucherlachs, den Zwiebelringen und streue den frischen Dill und die Kapern darüber.
6. Würze alles mit dem frisch gemahlenen schwarzen Pfeffer und lege die Flammkuchen dann vorsichtig auf den Grillrost.
7. Schließe den Deckel des Gasgrills und lasse die Mini-Flammkuchen etwa 10 Minuten garen, bis sie leicht gebräunt und knusprig sind. Achte darauf, dass sie nicht anbrennen!
8. Nimm die fertigen Flammkuchen vom Grill und lasse sie kurz abkühlen, bevor du sie servierst.

Grillierte Zucchini-Röllchen

Zubereitungszeit: 15 Minuten + 10 Minuten Grillzeit
Portionen: 12 Röllchen

Zutaten:

- 2 mittelgroße Zucchini, längs in dünne Scheiben geschnitten
- 150 g Frischkäse, Raumtemperatur
- 1 EL frischer Basilikum, fein gehackt
- 1 EL frischer Oregano, fein gehackt
- 2 Knoblauchzehen, fein gehackt
- 50 g Parmesan, frisch gerieben
- Salz und Pfeffer nach Geschmack
- 2 EL natives Olivenöl extra
- 50 g Rucola, gewaschen und trocken geschleudert

Zubereitung:

1. Zuerst den Gasgrill auf etwa 200 Grad vorheizen.
2. Während der Grill vorheizt, bereite die Füllung vor. In einer Schüssel mische Frischkäse, Basilikum, Oregano, Knoblauch, Parmesan, Salz und Pfeffer. Rühre alles gut durch, bis es schön vermischt ist.
3. Nimm deine dünn geschnittenen Zucchinischeiben und bestreiche sie leicht mit Olivenöl. Dies hilft, sie beim Grillen schön feucht zu halten.
4. Nun nimm eine kleine Menge der Käse-Kräutermischung und streiche sie gleichmäßig auf eine Seite jeder Zucchinischeibe.
5. Rolle die Zucchinischeiben vorsichtig auf, sodass die Käse-Kräutermischung in der Mitte ist.
6. Platziere die Zucchini-Röllchen vorsichtig auf den Grill und lass sie etwa 5 Minuten grillen. Achte darauf, dass sie nicht anbrennen.
7. Drehe die Röllchen vorsichtig um und grilliere sie weitere 5 Minuten.
8. Nimm die Röllchen vom Grill und lass sie ein paar Minuten abkühlen.
9. Serviere die grillierten Zucchini-Röllchen auf einem Bett aus frischer Rucola. Sie schmecken warm oder bei Raumtemperatur ausgezeichnet.

Gefüllte Champignons à la Grill

Zubereitungszeit: 15 Minuten + 20 Minuten Grillzeit
Portionen: 4 gefüllte Champignons

Zutaten:

- 4 große Champignons, Stiele entfernt und Hüte aufgehoben
- 100 g Frischkäse
- 1 Knoblauchzehe, fein gehackt
- 1 kleine rote Zwiebel, fein gewürfelt
- 1 EL natives Olivenöl extra
- 1/2 TL Paprikapulver, geräuchert
- Salz und Pfeffer nach Geschmack
- 30 g geriebener Parmesan
- 2 EL gehackte Petersilie

Zubereitung:

1. Zuerst den Gasgrill auf etwa 200 Grad vorheizen.

2. In einer kleinen Pfanne das Olivenöl erhitzen. Zwiebel und Knoblauch darin anbraten, bis sie weich und duftend sind. Lass es abkühlen.

3. In einer kleinen Schüssel den Frischkäse, Paprikapulver, Salz, Pfeffer, abgekühlten Zwiebel-Knoblauch-Mix und die Hälfte des Parmesans vermengen. Gut durchmischen, damit alles gleichmäßig verteilt ist.

4. Die Champignonhüte mit der Frischkäsemischung füllen. Jeden gefüllten Champignon mit der restlichen Hälfte des Parmesans bestreuen.

5. Die gefüllten Champignons auf den vorgeheizten Grill legen und etwa 20 Minuten grillen, oder bis der Käse schön geschmolzen und leicht gebräunt ist.

6. Nimm die Champignons vom Grill und streue die gehackte Petersilie darüber, bevor du sie servierst.

Garnelentacos mit Avocado

Zubereitungszeit: 15 Minuten + 10 Minuten Grillzeit
Portionen: 4 Tacos

Zutaten:

- 200 g Garnelen, geschält und entdarmt
- 2 EL natives Olivenöl extra
- 1 TL Knoblauchpulver
- 1 TL Chilipulver
- 1 reife Avocado, gewürfelt
- 2 Bio-Limetten, ausgepresst
- 2 EL Koriander, gehackt
- 4 kleine Tortillas
- 100 g Rotkohl, fein gehobelt
- 50 g Feta, zerbröselt
- Salz und Pfeffer zum Abschmecken

Zubereitung:

1. Zuerst den Gasgrill auf etwa 200 Grad vorheizen.

2. In einer Schüssel mischst du die Garnelen mit Olivenöl, Knoblauchpulver und Chilipulver. Lasse sie 5 Minuten marinieren.

3. Während die Garnelen marinieren, bereitest du den Avocado-Mix zu. Mische in einer weiteren Schüssel die gewürfelte Avocado, den Saft von einer Limette und den gehackten Koriander. Schmecke mit Salz und Pfeffer ab.

4. Jetzt kommt der Grill ins Spiel. Lege die Garnelen auf den Grill und gare sie für 2-3 Minuten auf jeder Seite, bis sie rosa und fest sind.

5. Lege die Tortillas auf den Grill und erhitze sie leicht, bis sie warm und flexibel sind, das dauert normalerweise nur 1 Minute pro Seite.

6. Jetzt baust du deine Tacos: Verteile den Avocado-Mix auf den warmen Tortillas, lege die gegrillten Garnelen darauf und garniere mit dem gehobelten Rotkohl und dem zerbröselten Feta. Ein Spritzer Limettensaft rundet das Ganze ab.

7. Genieße die Tacos sofort, während sie noch warm sind.

Bruschetta mit gegrillten Tomaten

Zubereitungszeit: 15 Minuten + 10 Minuten Grillzeit
Portionen: 4 Bruschetta-Stücke

Zutaten:

- 4 Scheiben Ciabatta Brot, ungefähr 2 cm dick geschnitten
- 2 mittelgroße reife Tomaten, gewaschen und in 1 cm dicke Scheiben geschnitten
- 2 EL natives Olivenöl extra
- 1 Knoblauchzehe, gepresst
- 2 EL frisches Basilikum, fein gehackt
- Salz und Pfeffer nach Geschmack
- 1 TL Balsamico-Creme

Zubereitung:

1. Zuerst den Gasgrill auf etwa 200 Grad vorheizen.

2. Bepinsle jede Seite der Brotscheiben mit 1 EL Olivenöl. Dann bepinsle auch beide Seiten der Tomatenscheiben mit dem restlichen Olivenöl.

3. Sobald der Grill aufgeheizt ist, platziere das Brot und die Tomatenscheiben darauf. Lass das Brot etwa 2 Minuten auf jeder Seite grillen, bis es knusprig ist. Die Tomatenscheiben brauchen ungefähr 4 Minuten pro Seite, bis sie schön gegrillt sind.

4. Während das Brot und die Tomaten grillen, vermische in einer kleinen Schüssel den gepressten Knoblauch mit dem fein gehackten Basilikum. Gib eine Prise Salz und Pfeffer dazu und rühre gut um.

5. Sobald das Brot gegrillt ist, verteile die Knoblauch-Basilikum-Mischung gleichmäßig auf jeder Scheibe.

6. Lege die gegrillten Tomatenscheiben auf das vorbereitete Brot und träufle jede Bruschetta mit etwas Balsamico-Creme. Würze nach Belieben mit etwas mehr Salz und Pfeffer.

Feta-Päckchen mit Kräutern

Zubereitungszeit: 15 Minuten + 15 Minuten Grillzeit
Portionen: 2 Päckchen

Zutaten:

- 200 g Feta-Käse, in zwei gleich-große Stücke geschnitten
- 2 TL natives Olivenöl extra
- 1/2 TL Chiliflocken
- 1 TL Honig
- 1 EL frische, gehackte Rosma-rinnadeln
- 1 EL frische, gehackte Thymian-blätter
- 1 EL frische, gehackte Petersilie
- Salz und schwarzer Pfeffer nach Geschmack
- 2 Stücke Alufolie, je etwa 30 cm lang

Zubereitung:

1. Zuerst den Gasgrill auf etwa 180 Grad vorheizen.

2. Lege jedes Stück Feta auf ein Stück Alufolie.

3. Träufle über jeden Feta-Käse einen Teelöffel Olivenöl und einen halben Tee-löffel Honig.

4. Bestreue die Käsestücke gleichmäßig mit den Chiliflocken und den frisch gehackten Kräutern. Nach Geschmack Salz und Pfeffer hinzufügen.

5. Verschließe die Alufolie um den Feta, sodass kleine Päckchen entstehen. Achte darauf, dass sie gut verschlossen sind, damit nichts ausläuft.

6. Lege die Päckchen auf den Grill und lasse sie etwa 15 Minuten garen, bis der Feta weich und leicht gebräunt ist.

7. Nimm die Päckchen vom Grill und lass sie ein paar Minuten abkühlen, bevor du sie öffnest. Aber Vorsicht, der Dampf ist heiß!

Mediterrane Hauptgerichte

Mediterrane Hähnchenspieße

Zubereitungszeit: 15 Minuten + 2 Stunden zum Marinieren + 15 Minuten Grillzeit
Portionen: 4 Spieße

Zutaten:

- 2 Hähnchenbrustfilets (ca. 400 g), in Würfel geschnitten
- 1 Zucchini, in Scheiben geschnitten
- 1 rote Paprika, entkernt und in Stücke geschnitten
- 1 gelbe Paprika, entkernt und in Stücke geschnitten
- 12 Kirschtomaten, gewaschen
- 1 EL natives Olivenöl extra
- Saft einer Bio-Zitrone
- 2 Knoblauchzehen, fein gehackt
- 2 TL getrockneter Oregano
- Salz und Pfeffer nach Geschmack
- 4 Holzspieße, eingeweicht

Zubereitung:

1. Vermische zuerst das Olivenöl, den Zitronensaft, den gehackten Knoblauch, Oregano, Salz und Pfeffer in einer großen Schüssel. Füge die gewürfelten Hähnchenbrustfilets hinzu und mische alles gut durch, bis das Hähnchen vollständig mit der Marinade bedeckt ist. Decke die Schüssel ab und lass das Hähnchen 2 Stunden im Kühlschrank marinieren.

2. Nachdem das Hähnchen mariniert ist, beginne damit, die Spieße zusammenzustellen. Reihe abwechselnd ein Stück Hähnchen, eine Scheibe Zucchini, ein Stück rote Paprika, ein Stück gelbe Paprika und eine Kirschtomate auf. Wiederhole diesen Vorgang, bis alle Zutaten aufgebraucht sind.

3. Den Gasgrill auf etwa 190 Grad vorheizen.

4. Lege die Spieße vorsichtig auf den Grill und grilliere sie für etwa 15 Minuten, wobei du sie alle paar Minuten drehst, bis das Hähnchen vollständig gekocht und das Gemüse schön geröstet ist.

5. Sobald die Spieße fertig sind, nimm sie vom Grill und lass sie ein paar Minuten ruhen, bevor du sie servierst.

Grill-Lachs auf Zedernholz

Zubereitungszeit: 10 Minuten + 20 Minuten Grillzeit
Portionen: 2

Zutaten:

- 2 Stücke Lachsfilet (je ca. 200 g, entgrätet und mit Haut)
- 2 EL natives Olivenöl extra
- Salz und Pfeffer nach Geschmack
- 2 Zedernholzplanken, eingeweicht für mindestens eine Stunde
- 1 Bio-Zitrone, halbiert und entsaftet
- 1 EL getrockneter Oregano
- 1 EL getrockneter Thymian
- 1 EL gehackte frische Petersilie
- 1 Knoblauchzehe, fein gehackt

Zubereitung:

1. Zuerst den Gasgrill auf etwa 200 Grad vorheizen.

2. Während der Grill vorheizt, bereitest du den Lachs vor. Reibe die Lachsfilets mit Olivenöl ein und würze sie mit Salz und Pfeffer.

3. Verteile den Oregano und den Thymian auf den Lachsfilets. Drücke die Kräuter leicht an, damit sie am Fisch haften bleiben.

4. Lege die Lachsfilets mit der Hautseite nach unten auf die eingeweichten Zedernholzplanken.

5. Sobald der Grill bereit ist, platziere die Planken mit dem Lachs in der Mitte des Grills. Schließe den Deckel und lass den Fisch für etwa 20 Minuten grillen.

6. Während der Lachs grillt, vermische in einer kleinen Schüssel den Zitronensaft, die gehackte Petersilie und den gehackten Knoblauch.

7. Nach 20 Minuten sollte der Lachs durchgegart und das Holz leicht verkohlt sein. Nehme die Planken vorsichtig vom Grill.

8. Träufle die Zitronen-Petersilien-Mischung über den gegrillten Lachs und serviere ihn direkt von den Planken.

Italienische Grillpizza Margherita

Zubereitungszeit: 20 Minuten + 10 Minuten Grillzeit
Portionen: 2 Pizzen

Zutaten:

- **Für den Teig:**
- 200 g Mehl (Typ 00 oder Allzweck)
- 1 TL Salz
- 1 TL Zucker
- 1 EL natives Olivenöl extra
- 130 ml warmes Wasser
- 1 Päckchen Trockenhefe (ca. 7 g)
- **Für die Beläge:**
- 200 g frische Tomaten, in Scheiben geschnitten
- 1 Mozzarella (125 g), in Scheiben geschnitten
- Ein paar frische Basilikumblätter
- 1 EL natives Olivenöl extra
- Salz und Pfeffer nach Geschmack

Zubereitung:

1. Beginne mit dem Teig: In einer großen Schüssel Mehl, Salz und Zucker vermischen. In einer separaten Schüssel das warme Wasser, die Trockenhefe und das Olivenöl verrühren. Lass es für ca. 5 Minuten stehen, bis es schäumt.

2. Gieße die Hefemischung in die Mehlschüssel und vermische alles gut, bis ein Teig entsteht. Knete den Teig auf einer bemehlten Oberfläche für etwa 5 Minuten, bis er glatt und elastisch ist. Teile den Teig in zwei Hälften und forme sie zu Kugeln. Lass sie für 15 Minuten ruhen.

3. Heize deinen Gasgrill auf etwa 200 Grad vor.

4. Rolle den Teig auf einer bemehlten Oberfläche in zwei dünne Kreise aus. Leg die Teigkreise vorsichtig auf den Grill und lass sie etwa 2-3 Minuten grillen, bis sie auf der Unterseite gebräunt sind.

5. Nimm die Teigkreise vom Grill und belege die gebräunte Seite mit den Tomatenscheiben, Mozzarellascheiben und Basilikumblättern. Bespritz die Pizzen mit Olivenöl und würze mit Salz und Pfeffer.

6. Lege die Pizzen zurück auf den Grill und schließe den Deckel. Lass sie grillen, bis der Käse geschmolzen und die Unterseite gebräunt ist, etwa 5-7 Minuten.

7. Nimm die Pizzen vom Grill und lass sie ein paar Minuten abkühlen bevor du sie in Stücke schneidest und servierst.

Lammkoteletts mit Kräutermarinade

Zubereitungszeit: 20 Minuten + 2 Stunden Marinierzeit + 15 Minuten Grillzeit
Portionen: 4 Lammkoteletts

Zutaten:

- 4 Lammkoteletts, je 200 g, pariert
- 1 EL natives Olivenöl extra
- 2 Knoblauchzehen, geschält und gehackt
- 1 EL frischer Thymian, fein gehackt
- 1 EL frischer Rosmarin, fein gehackt
- 1 EL frische Petersilie, fein gehackt
- Saft und Schale von 1 Bio-Zitrone
- Salz und frisch gemahlener schwarzer Pfeffer nach Geschmack

Zubereitung:

1. Nimm eine große Schüssel und mische das Olivenöl, den Knoblauch, Thymian, Rosmarin, Petersilie, Zitronensaft und die Zitronenschale.

2. Würze die Marinade mit Salz und Pfeffer nach Geschmack und lege dann die Lammkoteletts hinein. Stelle sicher, dass sie vollständig bedeckt sind. Lass sie abgedeckt für mindestens 2 Stunden im Kühlschrank marinieren.

3. Wenn die Marinierzeit fast vorbei ist, heize den Gasgrill auf eine hohe Hitze von 200 Grad vor.

4. Lege die marinierten Lammkoteletts auf den heißen Grill und grille sie für etwa 7 Minuten auf jeder Seite, oder bis sie den gewünschten Garheitsgrad erreicht haben.

5. Nimm die Lammkoteletts vom Grill und lass sie vor dem Servieren für ein paar Minuten ruhen.

Grilliertes Ratatouille

Zubereitungszeit: 20 Minuten + 15 Minuten Grillzeit
Portionen: 2

Zutaten:

- 1 kleine Aubergine, gewaschen und in 1 cm dicke Scheiben geschnitten
- 1 mittlere Zucchini, gewaschen und in 1 cm dicke Scheiben geschnitten
- 1 rote Paprika, gewaschen, entkernt und in breite Streifen geschnitten
- 2 EL natives Olivenöl extra
- 1 TL Salz
- 1/2 TL schwarzer Pfeffer
- 2 Knoblauchzehen, gepellt und fein gehackt
- 200 g reife Tomaten, gewaschen und in Scheiben geschnitten
- 1 EL frisch gehackter Rosmarin
- 1 EL frisch gehackter Thymian

Zubereitung:

1. Zuerst den Gasgrill auf etwa 200 Grad vorheizen.
2. Nimm eine große Schüssel und vermische die Aubergine, Zucchini und Paprika. Träufle das Olivenöl darüber und würze mit Salz und Pfeffer. Mische alles gut durch, sodass das Gemüse schön ölig und gewürzt ist.
3. Lege das Gemüse vorsichtig auf den Grillrost. Lasse das Gemüse etwa 7-8 Minuten grillen, dann wende es und grille es weitere 7-8 Minuten, bis es schön gebräunt und weich ist.
4. Während das Gemüse grillt, vermische in einer Schüssel die gehackten Tomaten, Knoblauch, Rosmarin und Thymian. Setze diese Mischung beiseite.
5. Sobald das Gemüse fertig ist, nimm es vom Grill und lege es in die Schüssel mit der Tomatenmischung. Mische alles gut durch, sodass das warme Gemüse die Aromen der Tomatenmischung aufnehmen kann.
6. Serviere dein Grilliertes Ratatouille sofort, solange es noch warm ist. Es passt wunderbar zu gegrilltem Fisch oder Fleisch, aber auch solo ist es ein herrlicher Genuss.

Thunfischsteak mit Oliven-Tapenade

Zubereitungszeit: 15 Minuten + 10 Minuten Grillzeit
Portionen: 2 Steaks

Zutaten:

- 2 Thunfischsteaks (ca. 200 g pro Steak)
- Salz und Pfeffer zum Würzen der Steaks
- 1 EL natives Olivenöl extra für das Einreiben der Steaks
- 100 g entsteinte schwarze Oliven, grob gehackt
- 1 EL Kapern, abgespült und grob gehackt
- 2 Knoblauchzehen, fein gehackt
- Saft und Schale von 1 Bio-Zitrone, in dünne Streifen geschnitten und gepresst
- 1 EL frischer Thymian, fein gehackt
- 50 ml natives Olivenöl extra für die Tapenade
- 1 Baguette, in Scheiben geschnitten und gegrillt für die Beilage

Zubereitung:

1. Beginne damit, die Tapenade vorzubereiten. Mische in einer Schüssel die gehackten Oliven, Kapern, Knoblauch, Zitronenschale und Thymian. Gib dann das Olivenöl und den Zitronensaft dazu und rühre alles gut um. Lass die Mischung stehen, damit die Aromen sich entfalten können.

2. Den Gasgrill auf etwa 200 Grad vorheizen.

3. Würze die Thunfischsteaks mit Salz und Pfeffer und bestreiche sie mit Olivenöl. Das verhindert, dass sie am Grill kleben bleiben.

4. Leg die Steaks auf den Grill und grill sie für etwa 2-3 Minuten auf jeder Seite, bis sie den gewünschten Gargrad erreicht haben.

5. Während die Steaks grillen, kannst du die Baguettescheiben auf den Grill legen und sie knusprig rösten.

6. Serviere die gegrillten Thunfischsteaks auf einer Platte, bestreiche sie großzügig mit der Oliven-Tapenade und reiche sie zusammen mit den gegrillten Baguettescheiben.

Paella vom Grill

Zubereitungszeit: 15 Minuten + 25 Minuten Grillzeit
Portionen: 2

Zutaten:

- 150 g Langkornreis, gewaschen und abgetropft
- 300 ml Hühnerbrühe, heiß
- 100 g Hähnchenbrust, gewürfelt
- 100 g Garnelen, geschält und entdarmt
- 70 g grüne Erbsen, gefroren
- 1 mittelgroße rote Paprika, entkernt und gewürfelt
- 1 mittelgroße Zwiebel, fein gewürfelt
- 2 Knoblauchzehen, gehackt
- 2 EL natives Olivenöl extra
- 1 TL Paprikapulver, edelsüß
- 1 TL Kurkuma
- Salz und Pfeffer zum Abschmecken
- 1 Bio-Zitrone, in Viertel geschnitten

Zubereitung:

1. Heize deinen Gasgrill auf 200 Grad vor.
2. In einer geeigneten Grillschale erhitzt du das Olivenöl. Gib die gewürfelte Zwiebel und den gehackten Knoblauch hinein und brate sie leicht an, bis sie glasig sind.
3. Füge das Hähnchen hinzu und brate es an, bis es rundherum weiß ist. Dann gib die Garnelen dazu und brate sie, bis sie rosa sind.
4. Füge nun den gewaschenen Reis hinzu und brate ihn kurz mit an, bis er leicht glänzt. Gib das Paprikapulver und die Kurkuma dazu und rühre alles gut um.
5. Gieße die heiße Hühnerbrühe in die Schale und verrühre alles gut miteinander. Schmecke mit Salz und Pfeffer ab.
6. Verteile die Erbsen und die Paprika gleichmäßig über die Paella und lege die Zitronenviertel am Rand der Schale ab.
7. Schließe den Deckel des Grills und lasse die Paella 25 Minuten köcheln, bis der Reis die Flüssigkeit aufgenommen hat und durch ist.
8. Öffne den Grill und prüfe, ob der Reis gar ist. Wenn ja, ist deine Paella fertig zum Genießen. Sollte der Reis noch nicht ganz durch sein, gare die Paella weitere 5 Minuten.

Kalbssteak mit Rosmarinkartoffeln

Zubereitungszeit: 20 Minuten + 35 Minuten Grillzeit
Portionen: 2 Steaks +Kartoffeln für 2 Personen

Zutaten:

- 2 Kalbssteaks à 200 g, Raumtemperatur
- Salz und Pfeffer
- 2 EL natives Olivenöl extra
- 2 TL Rosmarin, frisch und fein gehackt
- 500 g kleine Kartoffeln, gewaschen und halbiert
- 1 Knoblauchzehe, fein gehackt
- 1 Bio-Zitrone, in Scheiben geschnitten

Zubereitung:

1. Beginne mit den Kartoffeln. Gib die halbierten Kartoffeln in eine große Schüssel und mische sie mit 1 EL Olivenöl, dem fein gehackten Knoblauch und 1 TL Rosmarin. Mit Salz und Pfeffer abschmecken. Lege die Kartoffeln in einen Grillkorb oder auf eine Grillschale.

2. Bereite den Gasgrill vor. Stelle die Temperatur auf 200 Grad ein und lass ihn 10 Minuten lang vorheizen.

3. Während der Grill vorheizt, bereite die Steaks vor. Tupfe die Kalbssteaks trocken und reibe sie mit 1 EL Olivenöl ein. Würze sie mit Salz, Pfeffer und dem restlichen Rosmarin. Lass die Steaks auf Raumtemperatur kommen, während der Grill vorheizt.

4. Lege die Kartoffeln auf den Grill. Sie sollten 20-25 Minuten grillen, bis sie goldbraun und knusprig sind.

5. Nachdem die Kartoffeln 10 Minuten gegrillt haben, lege die Steaks auf den Grill. Grill sie 6-7 Minuten pro Seite, abhängig von der gewünschten Garstufe.

6. Während die letzten Minuten der Grillzeit, lege die Zitronenscheiben auf den Grill. Sie bekommen einen schönen Röstgeschmack, der das Essen perfekt abrundet.

7. Lass die Steaks nach dem Grillen noch 5 Minuten ruhen, bevor du sie zusammen mit den knusprigen Rosmarinkartoffeln und gegrillten Zitronenscheiben servierst.

Sardinen in Zitronenöl

Zubereitungszeit: 15 Minuten + 7 Minuten Grillzeit
Portionen: 2

Zutaten:

- 4 frische Sardinen, ausgenommen und entgrätet
- 80 ml natives Olivenöl extra
- Saft und Schale von 1 frischen Bio-Zitrone, abgerieben und ausgepresst
- 2 Knoblauchzehen, fein gehackt
- 1 TL grobes Meersalz
- 1 TL frisch gemahlener schwarzer Pfeffer
- 2 EL frisch gehackter Dill
- 2 EL frisch gehackte Petersilie

Zubereitung:

1. Heize deinen Gasgrill auf 180 Grad vor.

2. In einer kleinen Schüssel mischst du das Olivenöl, den Zitronensaft, die abgeriebene Zitronenschale, den gehackten Knoblauch, das Meersalz, den schwarzen Pfeffer, den Dill und die Petersilie zusammen.

3. Die Sardinen legst du auf ein grillfestes Tablett. Du pinselst sie rundum mit der Zitronen-Öl-Mischung ein.

4. Nun kommen die Sardinen auf den vorgeheizten Grill. Du grillst sie etwa 3-4 Minuten pro Seite, bis sie schön goldbraun und knusprig sind.

5. Nach dem Grillen träufelst du das restliche Zitronenöl über die Sardinen.

6. Jetzt sind deine Sardinen in Zitronenöl fertig zum Genießen!

Gefüllte Auberginen mit Lammhack

Zubereitungszeit: 20 Minuten + 15 Minuten Grillzeit
Portionen: 2 gefüllte Auberginen

Zutaten:

- 2 mittelgroße Auberginen, längs halbiert
- 200 g Lammhackfleisch, frisch
- 1 Zwiebel, fein gewürfelt
- 2 Knoblauchzehen, fein gehackt
- 1 TL Kreuzkümmel, gemahlen
- 1/2 TL Koriander, gemahlen
- 1 Prise Cayennepfeffer
- 2 EL natives Olivenöl extra
- 1 rote Paprika, gewürfelt
- 200 g passierte Tomaten
- Salz und Pfeffer zum Abschmecken
- 50 g Feta, zerkrümelt
- 2 EL frische Petersilie, gehackt

Zubereitung:

1. Heize deinen Gasgrill auf 200 Grad vor. Bürste die Auberginenhälften mit etwas Olivenöl ein und lege sie mit der Schnittfläche nach unten auf den Grill. Lass sie dort für etwa 10-15 Minuten grillen, bis die Haut leicht verkohlt und das Fruchtfleisch weich ist.

2. Während die Auberginen grillen, erhitze das restliche Olivenöl in einer Pfanne und brate das Lammhackfleisch darin an, bis es krümelig und gut gebräunt ist. Füge dann die gewürfelte Zwiebel, den gehackten Knoblauch und die Paprikawürfel hinzu und lass alles 5 Minuten weiterbraten, bis das Gemüse weich ist.

3. Jetzt ist es Zeit für die Gewürze. Gib Kreuzkümmel, Koriander und Cayennepfeffer in die Pfanne und rühre gut um. Dann füge die passierten Tomaten hinzu, würze mit Salz und Pfeffer und lass die Mischung ein paar Minuten köcheln, bis sie eindickt.

4. Sobald die Auberginen fertig sind, nimm sie vom Grill und höhle sie vorsichtig mit einem Löffel aus, sodass du eine „Schale" erhältst. Achte dabei darauf, die Außenhaut nicht zu beschädigen.

5. Verteile das Lamm-Gemüse-Mix in den Auberginenschalen und bestreue alles mit zerkrümeltem Feta. Stelle die gefüllten Auberginen zurück auf den Grill, reduziere die Hitze auf 180 Grad und lass sie weitere 10 Minuten grillen, bis der Feta leicht geschmolzen und goldbraun ist.

6. Nimm die gefüllten Auberginen vom Grill und lasse sie ein paar Minuten abkühlen, bevor du sie mit frisch gehackter Petersilie bestreust. Genieße den geschmacklichen Ausflug in den Mittelmeerraum!

Grill-Abenteuer aus Asien

Teriyaki-Hähnchenspieße

Zubereitungszeit: 20 Minuten + 15 Minuten Grillzeit
Portionen: 6 Spieße

Zutaten:

- 300 g Hähnchenbrust, in Würfel geschnitten
- 60 ml Teriyaki-Sauce, zum Marinieren und Bepinseln
- 1 TL Ingwerpulver
- 1 TL Knoblauchpulver
- 2 Frühlingszwiebeln, in 3 cm Stücke geschnitten
- 1 rote Paprika, in große Stücke geschnitten
- 6 Bambusspieße, 30 Minuten in Wasser eingeweicht
- Salz und Pfeffer nach Geschmack
- 1 EL Sesamsamen, zum Garnieren
- 2 TL Rapsöl, zum Einpinseln des Grills

Zubereitung:

1. Du nimmst die Hähnchenwürfel und vermischst sie in einer Schüssel mit der Teriyaki-Sauce, dem Ingwerpulver und dem Knoblauchpulver. Lass diese Mischung für etwa 15 Minuten marinieren.

2. Während das Hähnchen mariniert, kannst du die Bambusspieße vorbereiten. Weiche sie in Wasser ein, um zu verhindern, dass sie auf dem Grill verbrennen.

3. Jetzt kannst du die Spieße zusammenstellen. Beginne mit einem Stück Hähnchen, gefolgt von einem Stück Frühlingszwiebel und einem Stück Paprika. Wiederhole diesen Vorgang, bis der Spieß voll ist. Mach das Gleiche mit den restlichen Spießen.

4. Heize deinen Gasgrill auf 200 Grad vor und pinsle die Grillfläche mit dem Rapsöl ein.

5. Lege die Spieße auf den Grill und lasse sie etwa 7-8 Minuten grillen. Dann drehst du sie um und grillst sie für weitere 7-8 Minuten, bis das Hähnchen durchgegart ist und eine schöne Farbe hat. Bepinsle die Spieße während des Grillens ein paar Mal mit der übrig gebliebenen Teriyaki-Sauce.

6. Vor dem Servieren bestreust du die Spieße mit Sesamsamen.

Szechuan-Rindfleischspieße

Zubereitungszeit: 15 Minuten + 10 Minuten Grillzeit
Portionen: 6 Spieße

Zutaten:

- 300 g Rindfleisch (Hüftsteak), in dünne Streifen geschnitten
- 2 EL Sojasauce
- 1 TL geriebener Ingwer
- 2 Knoblauchzehen, fein gehackt
- 1 EL Szechuan-Pfefferkörner, leicht zerstoßen
- 1 TL rote Chiliflocken
- 1 EL Sesamöl
- 2 grüne Paprika, in große Stücke geschnitten
- 2 rote Zwiebeln, in grobe Stücke geschnitten
- 6 Holzspieße, vorher in Wasser eingeweicht

Zubereitung:

1. Mische in einer Schüssel Sojasauce, Ingwer, Knoblauch, Szechuan-Pfeffer, Chiliflocken und Sesamöl. Füge die Rindfleischstreifen hinzu und stelle sicher, dass sie gut mit der Marinade bedeckt sind. Lasse dies für 10 Minuten ziehen.

2. Während das Fleisch mariniert, heize deinen Gasgrill auf 200 Grad vor.

3. Reihe abwechselnd das marinierte Rindfleisch, Paprika und Zwiebeln auf die eingeweichten Holzspieße auf.

4. Lege die Spieße auf den vorgeheizten Grill und lasse sie 5 Minuten grillen. Drehe sie dann um und grille sie weitere 5 Minuten, bis das Rindfleisch durchgegart ist und das Gemüse zart ist.

5. Nimm die Spieße vom Grill und lasse sie kurz ruhen, bevor du sie servierst.

Thailändischer gegrillter Tintenfisch

Zubereitungszeit: 30 Minuten + 15 Minuten Grillzeit
Portionen: 2

Zutaten:

- 2 ganze Tintenfische, gereinigt und vorbereitet
- 2 EL natives Olivenöl extra
- 1 TL grobes Meersalz
- 1 TL schwarzer Pfeffer, frisch gemahlen
- 1 Stück Ingwer (etwa 4 cm), fein gehackt
- 2 Knoblauchzehen, fein gehackt
- 2 rote Chilischoten, entkernt und fein geschnitten
- 1 Bund frischer Koriander, grob gehackt
- Saft einer Bio-Limette
- 1 EL Sojasauce
- 1 TL Fischsauce

Zubereitung:

1. Heize deinen Gasgrill auf 200 Grad vor. In der Zwischenzeit bereitest du die Marinade vor.

2. In einer mittelgroßen Schüssel das Olivenöl, Meersalz, schwarzen Pfeffer, Ingwer, Knoblauch, Chili, Koriander, Limettensaft, Sojasauce und Fischsauce vermischen. Rühre alles gut um, bis es vollständig vermischt ist.

3. Tauche die Tintenfische in die Marinade und massiere sie gut ein, damit sie vollständig bedeckt sind. Lass sie etwa 10 Minuten darin liegen, damit sie den Geschmack annehmen können.

4. Leg die Tintenfische auf den vorgeheizten Grill. Grill sie etwa 7-8 Minuten pro Seite, bis sie goldbraun und knusprig sind.

5. Nimm die Tintenfische vom Grill und lass sie ein paar Minuten ruhen. In der Zwischenzeit kannst du die übrige Marinade über den Grill bringen und kurz erhitzen, um sie als Sauce zu verwenden.

6. Träufle die erhitzte Marinade über die gegrillten Tintenfische und serviere sie sofort.

Satay-Spieße mit Erdnusssauce

Zubereitungszeit: 20 Minuten + 10 Minuten Grillzeit
Portionen: 4 Spieße

Zutaten:

- **Für die Spieße:**
- 200 g Hähnchenbrustfilet, in kleine Würfel geschnitten
- 4 Bambusspieße, mindestens eine Stunde in Wasser eingeweicht
- 1 EL Sojasauce
- 1 EL Honig
- 1 TL Kurkuma

- **Für die Erdnusssauce:**
- 50 g Erdnüsse, geröstet und grob gehackt
- 1 Knoblauchzehe, fein gehackt
- 1 EL Sojasauce
- 50 ml Kokosmilch
- 1 TL Chiliflocken
- 1 TL brauner Zucker

Zubereitung:

1. Vermische in einer Schüssel das Hähnchenfleisch mit Sojasauce, Honig und Kurkuma. Lass es mindestens 10 Minuten marinieren.

2. Während das Hähnchen mariniert, bereite die Erdnusssauce vor. Gib die gehackten Erdnüsse, den gehackten Knoblauch, die Sojasauce, die Kokosmilch, die Chiliflocken und den braunen Zucker in einen Topf. Lass die Mischung auf mittlerer Hitze köcheln, bis sie sich verdickt hat. Achte darauf, dass sie nicht anbrennt!

3. Den Gasgrill auf etwa 200 Grad vorheizen.

4. Fädele die marinierten Hähnchenwürfel auf die eingeweichten Bambusspieße.

5. Lege die Spieße auf den Grill und grilliere sie für etwa 5 Minuten pro Seite oder bis das Hähnchen durchgegart ist.

6. Serviere die heißen Satay-Spieße mit der warmen Erdnusssauce.

Koreanisches BBQ-Rippchen

Zubereitungszeit: 20 Minuten + 2 Stunden Marinierzeit + 30 Minuten Grillzeit
Portionen: 4 Rippchen

Zutaten:

- 2 große Schweinerippchen, in Einzelrippen geteilt
- 100 ml Sojasauce
- 50 g brauner Zucker
- 30 ml Reisessig
- 2 EL Sesamöl
- 2 Knoblauchzehen, fein gehackt
- 1 Stück Ingwer (etwa 2 cm), fein gehackt
- 1 TL gemahlener schwarzer Pfeffer
- 2 EL Honig
- 1 Bund Frühlingszwiebeln, fein geschnitten
- 1 TL Chiliflocken (optional)

Zubereitung:

1. In einer Schüssel Sojasauce, braunen Zucker, Reisessig, Sesamöl, Knoblauch, Ingwer, Pfeffer und Honig zu einer Marinade vermischen.

2. Die Rippchen in der Marinade wenden, bis sie rundum gut bedeckt sind. Lass diese für mindestens 2 Stunden im Kühlschrank marinieren, besser über Nacht.

3. Den Gasgrill auf etwa 200 Grad vorheizen.

4. Die marinierten Rippchen auf den Grillrost legen und mit der restlichen Marinade bestreichen. Lass sie bei indirekter Hitze etwa 30 Minuten grillen, bis sie schön karamellisiert und durchgegart sind. Dabei mehrmals wenden und mit Marinade bestreichen.

5. Währenddessen die Frühlingszwiebeln und, falls gewünscht, Chiliflocken zur Garnierung bereithalten.

6. Die gegrillten Rippchen vom Grill nehmen und mit den Frühlingszwiebeln und Chiliflocken bestreuen.

7. Lass es dir schmecken!

Pekingente vom Grill

Zubereitungszeit: 1 Stunde + 2 Stunden Grillzeit
Portionen: 2 Entenbrüste

Zutaten:

- 2 Entenbrüste (Haut eingeritzt)
- 2 EL Sojasauce
- 2 TL Honig
- 1 TL Fünf-Gewürz-Pulver
- 1 TL Chiliflocken
- 1 TL geriebener Ingwer
- 2 Knoblauchzehen (gehackt)
- 2 EL Hoisinsauce zum Servieren
- Frischer Koriander zum Garnieren

Zubereitung:

1. Du beginnst damit, deine Entenbrüste zu waschen und sie trocken zu tupfen. Die Haut ritzt du vorsichtig ein, ohne das Fleisch darunter zu verletzen.

2. Für die Marinade mischst du Sojasauce, Honig, Fünf-Gewürz-Pulver, Chiliflocken, geriebenen Ingwer und gehackten Knoblauch in einer Schüssel zusammen. Du stellst sicher, dass alles gut vermischt ist.

3. Die Entenbrüste legst du nun in die Marinade und stellst sicher, dass sie vollständig bedeckt sind. Du lässt die Entenbrüste für mindestens 1 Stunde im Kühlschrank marinieren.

4. Während die Entenbrüste marinieren, kannst du deinen Gasgrill auf etwa 180 Grad vorheizen.

5. Nachdem die Entenbrüste mariniert sind, legst du sie mit der Hautseite nach unten auf den Grill und grillst sie für etwa 15 Minuten.

6. Dann drehst du die Entenbrüste um und grillst sie weitere 45 Minuten, bis das Fleisch durch ist und die Haut knusprig geworden ist.

7. Nun nimmst du die Entenbrüste vom Grill und lässt sie für 10 Minuten ruhen, bevor du sie aufschneidest.

8. Zum Schluss servierst du die Entenbrüste mit einem Klecks Hoisinsauce und garnierst sie mit frischem Koriander.

Gegrillter Oktopus mit Ponzu-Sauce

Zubereitungszeit: 15 Minuten + 30 Minuten Grillzeit
Portionen: 2

Zutaten:

- 1 frischer Oktopus, etwa 500 g, gereinigt und abgetropft
- 2 EL natives Olivenöl extra
- 1 TL grobes Meersalz
- 1/2 TL frisch gemahlener schwarzer Pfeffer
- 2 Bio-Zitronen, halbiert, für den Grill
- **Für die Ponzu-Sauce:**
- 100 ml Sojasauce
- 50 ml frisch gepresster Bio-Zitronensaft
- 50 ml frisch gepresster Bio-Orangensaft
- 1 EL Mirin (japanischer süßer Reiswein)
- 1 TL frisch geriebener Ingwer

Zubereitung:

1. Heize deinen Gasgrill auf 200 Grad vor. Während der Grill vorheizt, den Oktopus abtrocknen und mit dem Olivenöl einreiben. Mit Salz und Pfeffer würzen.

2. Den Oktopus direkt auf den Grillrost legen und etwa 15 Minuten grillen, bis er schön gebräunt ist. Während des Grillens regelmäßig wenden, um ein gleichmäßiges Bräunen zu gewährleisten.

3. In der Zwischenzeit die Zitronen mit der Schnittfläche nach unten auf den Grill legen und grillen, bis sie karamellisiert sind. Das gibt einen herrlichen, rauchigen Zitrusgeschmack.

4. Für die Ponzu-Sauce die Sojasauce, den Zitronensaft, den Orangensaft, Mirin und Ingwer in einer kleinen Schüssel mischen.

5. Den gegrillten Oktopus vom Grill nehmen und in Stücke schneiden. Auf einem Teller anrichten, mit der Ponzu-Sauce beträufeln und mit den gegrillten Zitronen servieren.

Scharfe Hähnchenflügel „Bangkok Style"

Zubereitungszeit: 20 Minuten + 15 Minuten Grillzeit
Portionen: 12 scharfe Hähnchenflügel

Zutaten:

- 12 Hähnchenflügel, gewaschen und getrocknet
- 4 Knoblauchzehen, fein gehackt
- 2 rote Chilischoten, entkernt und fein gehackt
- 30 ml Fischsauce
- 30 ml Sojasauce
- 15 ml Honig
- 1 Bio-Limette, Saft ausgepresst
- 1 Bund frischer Koriander, gehackt
- 10 g frischer Ingwer, gerieben
- 2 Frühlingszwiebeln, in feine Ringe geschnitten

Zubereitung:

1. Nimm eine große Schüssel und vermische den Knoblauch, die Chilischoten, die Fischsauce, die Sojasauce, den Honig und den Limettensaft. Rühre alles gut durch, bis sich der Honig aufgelöst hat.

2. Füge die Hähnchenflügel hinzu und wende sie gut in der Marinade. Lass sie für mindestens 15 Minuten marinieren, besser aber über Nacht im Kühlschrank.

3. Heize deinen Gasgrill auf etwa 180 Grad vor. Leg die marinierten Hähnchenflügel auf den Grill und grill sie für etwa 15 Minuten. Wende sie gelegentlich, damit sie gleichmäßig garen und eine schöne Farbe bekommen.

4. Während die Hähnchenflügel grillen, mische in einer kleinen Schüssel den gehackten Koriander, den geriebenen Ingwer und die Frühlingszwiebeln.

5. Sobald die Hähnchenflügel fertig gegrillt sind, nimm sie vom Grill und lege sie auf eine Servierplatte. Bestreue sie mit der Koriander-Ingwer-Mischung.

Grilliertes Bok Choy

Zubereitungszeit: 10 Minuten + 10 Minuten Grillzeit
Portionen: 2

Zutaten:

- 2 Bok Choy, halbiert und gewaschen
- 2 EL Sesamöl
- 2 EL Sojasauce
- 1 TL Honig
- 1 rote Chilischote, entkernt und fein gehackt
- 1 Knoblauchzehe, gepresst
- 1 TL geröstete Sesamsamen zum Garnieren
- 1 Frühlingszwiebel, in feine Ringe geschnitten zum Garnieren

Zubereitung:

1. Schalte deinen Gasgrill an und erhitzte ihn auf 200 Grad.

2. Während der Grill aufheizt, bereite eine Marinade vor. Vermische dazu in einer Schüssel das Sesamöl, die Sojasauce, den Honig, die gehackte Chilischote und den gepressten Knoblauch.

3. Nimm die halbierten Bok Choys und bestreiche sie gründlich mit der Marinade. Stelle sicher, dass auch das Innere der Blätter gut bedeckt ist.

4. Sobald der Grill auf Temperatur ist, lege die marinierten Bok Choys mit der Schnittseite nach unten auf den Grill. Lasse sie für etwa 5 Minuten grillen, bis sie leicht gebräunt und welk sind.

5. Drehe die Bok Choys dann vorsichtig um und grilliere sie nochmals 5 Minuten auf der anderen Seite.

6. Wenn die Bok Choys weich und grilliert sind, nimm sie vom Grill und garniere sie mit den gerösteten Sesamsamen und den geschnittenen Frühlingszwiebeln.

7. Jetzt sind sie bereit zum Servieren! Genieße diese exotische, aber einfach zuzubereitende Delikatesse.

Asia-Burger mit Teriyaki-Sauce

Zubereitungszeit: 30 Minuten + 10 Minuten Grillzeit
Portionen: 2 Burger

Zutaten:

- **Für die Burger:**
- 300 g Rindfleisch, zu Patties geformt
- 2 Hamburgerbrötchen, halbiert
- 1 rote Zwiebel, in Ringe geschnitten
- 1 kleiner Kopf Eisbergsalat, gewaschen und gezupft
- 1 EL Öl, für den Grill

- **Für die Teriyaki-Sauce:**
- 50 ml Sojasauce
- 2 EL Honig
- 1 EL frischer Ingwer, fein gehackt
- 1 Knoblauchzehe, fein gehackt
- 1 EL Maisstärke, aufgelöst in 2 EL Wasser

Zubereitung:

1. Beginne mit der Teriyaki-Sauce. In einer kleinen Pfanne Sojasauce, Honig, Ingwer und Knoblauch bei mittlerer Hitze zum Köcheln bringen. Maisstärke hinzufügen und ständig rühren, bis die Sauce eindickt. Zur Seite stellen und abkühlen lassen.

2. Nun den Gasgrill auf etwa 220 Grad vorheizen. Die Burger-Patties mit etwas Öl bestreichen und auf den Grill legen. Jede Seite etwa 5 Minuten grillen, oder bis sie den gewünschten Garpunkt erreicht haben.

3. Während die Patties grillen, die halbierten Hamburgerbrötchen auf den Grill legen, Schnittseite nach unten, bis sie leicht getoastet sind. Danach die Zwiebelringe auf den Grill legen und braten, bis sie weich und leicht gebräunt sind.

4. Nun geht es ans Zusammenstellen der Burger. Ein Brötchenhälfte mit Salat belegen, darauf das gegrillte Patty legen, großzügig Teriyaki-Sauce darüber geben und mit gebratenen Zwiebelringen belegen. Mit der anderen Brötchenhälfte abdecken und den gleichen Vorgang mit dem zweiten Burger wiederholen.

5. Serviere die Asia-Burger sofort, solange sie noch warm sind und die Sauce schön duftet. Guten Appetit!

Würzige Mexikanische Köstlichkeiten

Chili con Carne Burger

Zubereitungszeit: 20 Minuten + 15 Minuten Grillzeit
Portionen: 2 Burger

Zutaten:

- 2 Hamburgerbrötchen, aufgeschnitten
- 250 g mageres Rindfleisch, in kleine Würfel geschnitten
- 1 Zwiebel, fein gehackt
- 1 rote Paprika, gewürfelt
- 1 grüne Paprika, gewürfelt
- 1 Knoblauchzehe, fein gehackt
- 2 EL natives Olivenöl extra
- 150 ml passierte Tomaten
- 1 TL Chilipulver
- 1 TL Kreuzkümmel
- Salz und Pfeffer nach Geschmack
- 4 EL geriebener Cheddar
- 2 EL saure Sahne

Zubereitung:

1. Heize deinen Gasgrill auf etwa 180 Grad vor.

2. In einer hitzebeständigen Pfanne das Olivenöl erhitzen. Die Rindfleischwürfel hinzufügen und etwa 5 Minuten anbraten, bis sie braun und knusprig sind.

3. Zwiebel, Knoblauch und Paprika hinzufügen und weitere 5 Minuten anbraten, bis das Gemüse weich ist.

4. Passierte Tomaten, Chilipulver und Kreuzkümmel hinzufügen. Mit Salz und Pfeffer abschmecken und gut umrühren. Lasse es auf dem Grill für weitere 10 Minuten köcheln, bis die Sauce eingedickt ist.

5. Während das Chili kocht, lege die aufgeschnittenen Brötchen mit der Schnittseite nach unten auf den Grill und lasse sie leicht anrösten.

6. Wenn die Brötchen geröstet sind, teile das Chili gleichmäßig auf den Brötchenhälften. Mit geriebenem Cheddar bestreuen und weitere 2-3 Minuten grillen, bis der Käse geschmolzen ist.

7. Nimm die Burger vom Grill, toppe sie mit einem Klecks saurer Sahne und serviere sie sofort.

Garnelentacos mit Mango-Salsa

Zubereitungszeit: 20 Minuten + 10 Minuten Grillzeit
Portionen: 4 Tacos

Zutaten:

- **Für die Garnelen:**
- 200 g Garnelen, geschält und entdarmt
- 2 EL natives Olivenöl extra
- 1 TL Chilipulver
- 1 TL Paprikapulver, edelsüß
- 1 TL Kreuzkümmel
- Salz und Pfeffer nach Geschmack
- **Für die Mango-Salsa:**
- 1 reife Mango, geschält und gewürfelt
- 1 kleine rote Zwiebel, gewürfelt
- 1 grüne Jalapeño, entkernt und gewürfelt
- Saft einer Bio-Limette
- 2 EL Koriander, gehackt
- Salz nach Geschmack
- **Für die Tacos:**
- 4 Weizentortillas

Zubereitung:

1. Zuerst den Gasgrill auf etwa 190 Grad vorheizen.

2. Während der Grill aufheizt, vermische die Garnelen mit Olivenöl, Chilipulver, Paprikapulver, Kreuzkümmel, Salz und Pfeffer in einer Schüssel. Lass sie etwa 10 Minuten marinieren.

3. Jetzt geht's an die Mango-Salsa: Mische in einer Schüssel die gewürfelte Mango, Zwiebel, Jalapeño, Limettensaft, Koriander und Salz. Rühre alles gut durch und stelle die Salsa zur Seite.

4. Grilliere die marinierten Garnelen auf dem vorbereiteten Grill etwa 2-3 Minuten pro Seite, bis sie vollständig rosa sind.

5. Erwärme die Tortillas auf dem Grill für etwa 1 Minute pro Seite.

6. Nun geht's ans Füllen: Verteile die Garnelen gleichmäßig auf die vier Tortillas und toppe sie mit der Mango-Salsa.

7. Genieße deine Garnelentacos mit Mango-Salsa sofort, solange sie noch warm sind!

Quesadillas vom Grill

Zubereitungszeit: 20 Minuten + 10 Minuten Grillzeit
Portionen: 4 Quesadillas

Zutaten:

- 4 Weizentortillas
- 200 g Hähnchenbrustfilet, frisch und in dünne Streifen geschnitten
- 200 g Cheddar-Käse, gerieben
- 1 rote Paprika, entkernt und in dünne Streifen geschnitten
- 1 grüne Paprika, entkernt und in dünne Streifen geschnitten
- 1 kleine rote Zwiebel, geschält und in dünne Ringe geschnitten
- 2 EL natives Olivenöl extra
- 1 TL Chiliflocken
- 1 TL Kreuzkümmel
- Salz und Pfeffer nach Geschmack

Zubereitung:

1. Zuerst den Gasgrill auf etwa 180 Grad vorheizen.

2. In der Zwischenzeit gibst du das Olivenöl, die Chiliflocken, den Kreuzkümmel, Salz und Pfeffer in eine Schüssel und vermischst alles gut. Das in Streifen geschnittene Hähnchenbrustfilet wird dann darin mariniert.

3. Nun legst du die marinierten Hähnchenstreifen auf den Grill und lässt sie für etwa 5 Minuten grillen, bis sie durchgegart sind.

4. Während das Hähnchen grillt, verteilst du auf einer Hälfte jedes Tortillas den geriebenen Käse, die Paprikastreifen und die Zwiebelringe. Sobald das Hähnchen fertig ist, legst du die Streifen darauf und klappst die Tortillas zu.

5. Die gefüllten Tortillas kommen nun für weitere 5 Minuten auf den Grill, bis der Käse geschmolzen und die Tortillas knusprig sind. Achte darauf, sie einmal zu wenden, damit sie auf beiden Seiten gleichmäßig gegrillt werden.

6. Zum Schluss nimmst du die Quesadillas vom Grill, lässt sie kurz abkühlen und schneidest sie dann in Viertel. Und schon sind deine Quesadillas vom Grill bereit zum Genießen!

Maiskolben mit Chilibutter

Zubereitungszeit: 10 Minuten + 15 Minuten Grillzeit
Portionen: 2 Maiskolben

Zutaten:

- 2 frische Maiskolben, Schale entfernt
- 50 g Butter, weich
- 1 rote Chilischote, entkernt und fein gehackt
- 1 TL Bio-Zitronensaft, frisch gepresst
- 1/2 TL Salz
- 1/2 TL Pfeffer, frisch gemahlen
- 2 EL natives Olivenöl extra
- Ein paar Stängel frischer Koriander, grob gehackt

Zubereitung:

1. Heize deinen Gasgrill auf etwa 200 Grad vor.

2. Während der Grill vorheizt, bereite die Chilibutter vor. Vermische in einer kleinen Schüssel die weiche Butter, die fein gehackte rote Chilischote, den Zitronensaft, das Salz und den Pfeffer. Stelle die Chilibutter beiseite.

3. Bürste die Maiskolben gründlich mit Olivenöl ein. Achte darauf, dass der Mais vollständig bedeckt ist.

4. Platziere die Maiskolben vorsichtig auf dem vorgeheizten Grill. Lasse sie etwa 15 Minuten grillen, dabei gelegentlich drehen, damit sie gleichmäßig garen und anbräunen.

5. Nach der Grillzeit nimm die Maiskolben vom Grill und lass sie ein wenig abkühlen. Dann verteile die vorbereitete Chilibutter großzügig auf den warmen Maiskolben.

6. Garniere die Maiskolben mit dem grob gehackten Koriander und serviere sie sofort. Genieße dieses würzige, mexikanische Gericht!

Tequila-Limetten-Hähnchen

Zubereitungszeit: 20 Minuten + 30 Minuten Grillzeit
Portionen: 2 Hähnchenbrüste

Zutaten:

- 2 Hähnchenbrüste (ca. 180 g pro Stück), küchenfertig
- 60 ml Tequila
- Saft und Abrieb von 2 Bio-Limetten
- 2 EL natives Olivenöl extra
- 2 Knoblauchzehen, fein gehackt
- 1 kleine rote Chilischote, fein gehackt
- 1 TL Salz
- 1/2 TL schwarzer Pfeffer
- 1 TL gemahlener Kreuzkümmel
- 2 EL gehackter frischer Koriander

Zubereitung:

1. Mische in einer Schüssel den Tequila, Limettensaft und -abrieb, Olivenöl, gehackten Knoblauch, Chili, Salz, Pfeffer und Kreuzkümmel. Rühre es gut durch, bis sich alles gut vermischt hat.

2. Gib die Hähnchenbrüste in die Marinade und stelle sicher, dass sie gut bedeckt sind. Lass das Hähnchen mindestens 15 Minuten in der Marinade ziehen, aber nicht länger als eine Stunde, sonst wird es zu zart.

3. Den Gasgrill auf etwa 200 Grad vorheizen.

4. Nimm das Hähnchen aus der Marinade und grill das Hähnchen für ca. 15 Minuten auf jeder Seite, bis es durchgegart ist und eine schöne Farbe hat. Die genaue Garzeit kann variieren, abhängig von der Dicke des Hähnchens und der Hitze deines Grills.

5. Lass das Hähnchen ein paar Minuten ruhen, bevor du es mit frischem Koriander bestreust und servierst.

Gegrillte Nachos mit Guacamole

Zubereitungszeit: 15 Minuten + 10 Minuten Grillzeit
Portionen: 2

Zutaten:

- 200 g Tortilla-Chips, bereit zum Grillen
- 150 g Cheddar-Käse, gerieben
- 1 reife Avocado, halbiert und entsteint
- 2 Tomaten, gewürfelt
- 1 rote Zwiebel, fein gewürfelt
- 1 frische Chilischote, entkernt und fein gewürfelt
- Saft einer Bio-Limette
- 2 EL frisch gehackter Koriander
- Salz und Pfeffer nach Geschmack

Zubereitung:

1. Heize deinen Gasgrill auf etwa 180 Grad vor.
2. Verteile die Tortilla-Chips gleichmäßig auf einer hitzebeständigen Grillplatte oder einem großen Stück Alufolie mit den Seiten hochgefaltet, um einen improvisierten Behälter zu schaffen.
3. Streue den geriebenen Cheddar-Käse gleichmäßig über die Chips.
4. Stelle die Grillplatte oder die Alufolie auf den Grill und schließe den Deckel. Lass die Nachos etwa 10 Minuten grillen, oder bis der Käse geschmolzen und leicht goldbraun ist.
5. Während die Nachos grillen, mache die Guacamole. Entferne das Fruchtfleisch aus der Avocado und zerdrücke es in einer Schüssel mit einer Gabel, bis es eine grobe Paste ergibt.
6. Füge die gewürfelten Tomaten, die Zwiebel, die Chilischote und den Limettensaft hinzu. Mische alles gut durch.
7. Füge den gehackten Koriander hinzu und würze mit Salz und Pfeffer nach Geschmack. Rühre nochmals durch.
8. Sobald die Nachos fertig sind, entferne sie vom Grill und verteile die Guacamole gleichmäßig darauf.

Chorizo-Tacos mit Koriander

Zubereitungszeit: 10 Minuten + 15 Minuten Grillzeit
Portionen: 4 Tacos

Zutaten:

- 200 g Chorizo, in dünne Scheiben geschnitten
- 4 kleine Tortillas, bereit zum Erhitzen
- 50 g frischer Koriander, grob gehackt
- 1 mittelgroße rote Zwiebel, in dünne Ringe geschnitten
- 1 mittelgroße Tomate, in kleine Würfel geschnitten
- 1 kleine Bio-Limette, geviertelt
- 2 EL natives Olivenöl extra
- Salz und Pfeffer nach Geschmack

Zubereitung:

1. Heize deinen Gasgrill auf etwa 175 Grad vor.

2. Während dein Grill aufheizt, mische die gehackte Tomate, das Olivenöl und die Zwiebel in einer kleinen Schüssel. Drücke den Saft einer Limettenviertel über die Mischung und würze sie mit Salz und Pfeffer. Stelle diese Schüssel beiseite.

3. Lege die Chorizo-Scheiben auf den heißen Grill. Du lässt sie etwa 5 Minuten grillen, bis sie schön gebräunt und knusprig sind. Wende sie regelmäßig, um sicherzustellen, dass sie gleichmäßig garen.

4. Sobald die Chorizo fertig ist, lege die Tortillas auf den Grill. Sie brauchen nur 1-2 Minuten pro Seite, bis sie warm und leicht gebräunt sind.

5. Jetzt ist es Zeit, deine Tacos zusammenzusetzen. Verteile die gegrillte Chorizo auf den Tortillas. Löffle die Tomaten-Zwiebel-Mischung über die Chorizo und garniere das Ganze mit dem frischen Koriander.

6. Serviere deine leckeren Chorizo-Tacos mit den restlichen Limettenvierteln. Deine Gäste können sie über ihre Tacos drücken, um einen zusätzlichen Geschmackskick zu bekommen.

Mexikanische Grillkartoffeln

Zubereitungszeit: 15 Minuten + 45 Minuten Grillzeit
Portionen: 4 knusprige Grillkartoffeln

Zutaten:

- 4 große Kartoffeln, gewaschen und getrocknet
- 2 EL natives Olivenöl extra
- 2 TL Chilipulver
- 1 TL Kreuzkümmel, gemahlen
- 1 TL Knoblauchpulver
- Salz nach Geschmack
- 1 EL Bio-Limettensaft, frisch gepresst
- 2 EL frisch gehackte Korianderblätter

Zubereitung:

1. Heize deinen Gasgrill auf etwa 200 Grad vor. Während der Grill vorheizt, bereite die Kartoffeln vor.

2. Nimm die Kartoffeln und steche sie mit einer Gabel mehrmals rundum ein. Dies ermöglicht es, dass Dampf während des Grillens entweichen kann und verhindert, dass die Kartoffeln platzen.

3. Bestreiche die Kartoffeln gleichmäßig mit Olivenöl. Mische in einer kleinen Schüssel Chilipulver, gemahlenen Kreuzkümmel, Knoblauchpulver und Salz. Reibe dann diese Würzmischung auf die Kartoffeln.

4. Platziere die Kartoffeln direkt auf dem Grillrost. Grill die Kartoffeln für ungefähr 45 Minuten, oder bis sie innen weich und außen knusprig sind. Drehe sie alle 15 Minuten, damit sie gleichmäßig garen.

5. Sobald die Kartoffeln fertig sind, nehme sie vom Grill und lasse sie kurz abkühlen. Tröpfle dann den Limettensaft über die Kartoffeln und streue den frisch gehackten Koriander darüber.

Avocado-Burger mit Pico de Gallo

Zubereitungszeit: 15 Minuten + 10 Minuten Grillzeit
Portionen: 2 Burger

Zutaten:

- 2 reife Avocados, halbiert und entkernt
- 300 g Rinderhackfleisch
- 2 Burgerbrötchen, halbiert
- Salz und schwarzer Pfeffer zum Abschmecken
- 2 EL natives Olivenöl extra
- 1 kleine rote Zwiebel, fein gewürfelt
- 2 Tomaten, gewürfelt
- 1 Jalapeno, entkernt und fein gehackt
- Saft von 1 Bio-Limette
- Frischer Koriander, fein gehackt

Zubereitung:

1. Erhitze deinen Gasgrill auf 200 Grad.

2. Forme aus dem Rinderhackfleisch zwei Burger-Patties und würze sie mit Salz und Pfeffer. Bürste die Avocadohälften und die Innenseiten der Burgerbrötchen mit etwas Olivenöl ein.

3. Lege die Burger-Patties, die Avocadohälften und die Brötchen auf den Grill. Grilliere die Patties und die Avocadohälften für ca. 5 Minuten auf jeder Seite, bis sie gut gebräunt sind. Die Brötchen brauchen nur ca. 1-2 Minuten, bis sie leicht geröstet sind.

4. Während die Burger und Avocados grillieren, bereite das Pico de Gallo zu. Mische in einer Schüssel die gewürfelten Tomaten, die gehackte Jalapeno und die gewürfelte Zwiebel. Füge den Limettensaft und den gehackten Koriander hinzu und mische alles gut durch.

5. Zum Zusammenstellen der Burger, platziere zuerst den gegrillten Burger auf dem gerösteten Brötchen. Toppe ihn dann mit einer Avocadohälfte und löffle großzügig das Pico de Gallo darauf. Bedecke mit der oberen Hälfte des Brötchens.

6. Genieße deinen Avocado-Burger mit Pico de Gallo sofort, solange er noch warm ist.

T-Bone-Steak mit Tomatensalsa

Zubereitungszeit: 20 Minuten + 10 Minuten Grillzeit
Portionen: 2 Steaks

Zutaten:

- 2 T-Bone-Steaks, jeweils etwa 500 g, zimmerwarm
- Salz und Pfeffer zum Würzen
- 1 EL natives Olivenöl extra
- 2 frische Tomaten, gewürfelt
- 1 rote Zwiebel, fein gehackt
- 1 grüne Jalapeno, entkernt und fein gehackt
- Saft einer Bio-Limette
- Eine Handvoll frischer Koriander, grob gehackt
- 1 Knoblauchzehe, fein gehackt

Zubereitung:

1. Heize deinen Gasgrill auf eine hohe Temperatur von etwa 220 Grad vor.

2. Während der Grill aufheizt, bereite die Steaks vor: Trockne die Steaks mit Küchenpapier ab, trage das Olivenöl auf beide Seiten der Steaks auf und würze sie mit Salz und Pfeffer. Stelle die Steaks beiseite, um sie auf Zimmertemperatur zu bringen.

3. Nun bereite die Tomatensalsa vor: Mische in einer Schüssel die gewürfelten Tomaten, die gehackte rote Zwiebel, die gehackte Jalapeno, den Limettensaft, den gehackten Koriander und den gehackten Knoblauch. Rühre alles gut durch und stelle die Salsa beiseite.

4. Sobald der Grill aufgeheizt ist, lege die Steaks auf den Grillrost. Lass sie ungestört für 5 Minuten grillen. Nach dieser Zeit wende die Steaks und lass sie weitere 5 Minuten grillen.

5. Prüfe die Kerntemperatur der Steaks mit einem Fleischthermometer. Für ein saftiges, rosafarbenes Steak sollte die Kerntemperatur etwa 54-57 Grad betragen. Wenn die Steaks die gewünschte Temperatur erreicht haben, nimm sie vom Grill und lass sie für etwa 5 Minuten ruhen.

6. Serviere die Steaks mit der vorbereiteten Tomatensalsa. Genieße dieses köstliche T-Bone-Steak mit der würzigen Tomatensalsa!

Vegetarische Delikatessen

Grilliertes Gemüse mit Tofu

Zubereitungszeit: 15 Minuten + 10 Minuten Grillzeit
Portionen: 2

Zutaten:

- 200 g Tofu, in 2 cm dicke Scheiben geschnitten
- 1 gelbe Paprika, entkernt und in Viertel geschnitten
- 1 Zucchini, in 1 cm dicke Scheiben geschnitten
- 200 g Champignons, Stiele entfernt
- 2 EL natives Olivenöl extra
- Salz und Pfeffer nach Geschmack
- 1 TL Paprikapulver, edelsüß
- 1 TL Knoblauchpulver
- 2 EL Sojasauce

Zubereitung:

1. Beginne damit, den Tofu und das Gemüse in einer Schüssel zu platzieren. Gib das Olivenöl, Salz, Pfeffer, Paprika und Knoblauchpulver hinzu. Mische alles gut durch, bis das Gemüse und der Tofu vollständig bedeckt sind.

2. Heize deinen Gasgrill auf etwa 200 Grad vor. Achte darauf, dass die Grillroste sauber sind.

3. Platziere den Tofu und das Gemüse auf den Grillrosten. Lasse sie für etwa 5 Minuten grillieren, dann wende sie und grilliere sie für weitere 5 Minuten. Du suchst nach einer schönen, goldbraunen Farbe und einem leichten Knirschen am Rand.

4. Kurz vor dem Ende der Grillzeit bestreiche den Tofu und das Gemüse mit Sojasauce. Lasse sie noch ein oder zwei Minuten länger grillieren.

5. Nimm den Tofu und das Gemüse vom Grill und lasse es ein paar Minuten abkühlen, bevor du es servierst.

Portobello-Pilze mit Gorgonzola

Zubereitungszeit: 10 Minuten + 15 Minuten Grillzeit
Portionen: 2

Zutaten:

- 4 Portobello-Pilze, Stiele entfernt und gereinigt
- 100 g Gorgonzola, zerbröckelt
- 2 EL natives Olivenöl extra
- 1 EL frischer Rosmarin, fein gehackt
- 2 TL Balsamico-Essig
- Salz und Pfeffer nach Geschmack
- 2 EL gehackte Walnüsse

Zubereitung:

1. Heize deinen Gasgrill auf etwa 180 Grad vor.

2. Während der Grill aufheizt, bereite deine Portobello-Pilze vor. Träufle sie mit Olivenöl und Balsamico-Essig, würze sie mit Salz und Pfeffer und streue den fein gehackten Rosmarin darüber.

3. Lege die Pilze mit der Hutseite nach unten auf den vorgeheizten Grill und grille sie für etwa 5 Minuten.

4. Wende die Pilze dann und fülle jeden Pilzhut mit einem Viertel des zerbröckelten Gorgonzola. Lasse die Pilze weiter grillen, bis der Käse schmilzt und die Pilze weich sind, das dauert etwa weitere 10 Minuten.

5. Während die Pilze grillen, röste die Walnüsse in einer Pfanne ohne Öl, bis sie duften und leicht gebräunt sind.

6. Zum Servieren bestreue die gegrillten Pilze mit den gerösteten Walnüssen und geniesse ein schmackhaftes, vegetarisches Gericht direkt vom Grill.

Süßkartoffel-Boote vom Grill

Zubereitungszeit: 15 Minuten + 30 Minuten Grillzeit
Portionen: 2 gefüllte Süßkartoffel-Boote

Zutaten:

- 2 große Süßkartoffeln, gewaschen und halbiert
- 2 EL natives Olivenöl extra
- Salz und Pfeffer nach Geschmack
- 100 g Ziegenkäse, zerbröckelt
- 1 rote Paprika, gewürfelt
- 1 kleine Zwiebel, fein gehackt
- 1 Knoblauchzehe, fein gehackt
- 2 EL frischer Basilikum, fein gehackt
- 100 g Cherrytomaten, halbiert
- 1 EL Balsamico-Creme

Zubereitung:

1. Du beginnst damit, deinen Gasgrill auf 200 Grad vorzuheizen.

2. Während der Grill aufheizt, nimmst du die Süßkartoffelhälften und beträufelst sie mit dem Olivenöl. Würze sie dann mit Salz und Pfeffer nach deinem Geschmack.

3. Sobald der Grill heiß ist, legst du die Süßkartoffelhälften mit der Schnittfläche nach unten auf den Grill und lässt sie etwa 15 Minuten grillen, bis sie weich sind.

4. Während die Süßkartoffeln grillen, bereitest du die Füllung vor. In einer Pfanne auf dem Herd brätst du die Zwiebel, den Knoblauch und die rote Paprika an, bis sie weich sind. Füge dann die Cherrytomaten hinzu und lass alles etwa 5 Minuten kochen.

5. Nimm die Süßkartoffeln vom Grill und fülle sie mit der Gemüsemischung. Bestreue sie mit dem zerbröckelten Ziegenkäse und gib dann den frischen Basilikum darüber.

6. Stelle die gefüllten Süßkartoffel-Boote zurück auf den Grill und lass sie weitere 15 Minuten grillen, bis der Käse geschmolzen und leicht gebräunt ist.

7. Zum Schluss beträufelst du die Süßkartoffel-Boote mit der Balsamico-Creme. Fertig sind deine köstlichen, vegetarischen Süßkartoffel-Boote vom Grill!

Gefüllte Paprika mit Quinoa

Zubereitungszeit: 15 Minuten + 25 Minuten Grillzeit
Portionen: 4 gefüllte Paprika-Hälften

Zutaten:

- 2 große rote Paprika, halbiert und entkernt
- 100 g Quinoa, abgespült
- 200 ml Gemüsebrühe
- 1 EL natives Olivenöl extra
- 1 kleine Zwiebel, gewürfelt
- 2 Knoblauchzehen, fein gehackt
- 150 g Kirschtomaten, halbiert
- 100 g Feta-Käse, zerbröselt
- Salz und Pfeffer nach Geschmack
- 1/2 TL geräuchertes Paprika
- 1 EL frisch gehackter Basilikum

Zubereitung:

1. Beginne mit dem Vorheizen des Gasgrills auf 180 Grad.

2. In einem kleinen Topf die Gemüsebrühe zum Kochen bringen, Quinoa hinzufügen und abgedeckt für etwa 15 Minuten köcheln lassen, bis das Quinoa weich und die Flüssigkeit absorbiert ist.

3. Währenddessen das Olivenöl in einer Pfanne erhitzen. Zwiebel und Knoblauch darin anbraten, bis sie weich und duftend sind. Die halbierten Kirschtomaten hinzufügen und 2-3 Minuten mitbraten.

4. Die gekochte Quinoa-Mischung in eine Schüssel geben und die Zwiebel-Knoblauch-Tomaten-Mischung, den zerbröselten Feta, das geräucherte Paprika, Salz und Pfeffer einrühren. Alles gut vermischen.

5. Die Paprikahälften mit der Quinoa-Mischung füllen und auf den vorgeheizten Grill legen. Grill für etwa 25 Minuten oder bis die Paprika weich und die Füllung heiß ist.

6. Zum Schluss mit frisch gehacktem Basilikum bestreuen und servieren.

Gegrillte Avocado mit Tomatensalsa

Zubereitungszeit: 15 Minuten + 5 Minuten Grillzeit
Portionen: 2

Zutaten:

- 2 reife Avocados, längs halbiert und entkernt
- 2 EL natives Olivenöl extra
- 2 mittelgroße Tomaten, gewürfelt
- 1 kleine rote Zwiebel, fein gehackt
- 1 Knoblauchzehe, fein gehackt
- 1 Bio-Limette, Saft ausgepresst
- 1 Bund Koriander, grob gehackt
- Salz und Pfeffer nach Geschmack
- 1 TL Chiliflocken (optional)

Zubereitung:

1. Heize deinen Gasgrill auf etwa 180 Grad vor.

2. Pinsle die Avocadohälften mit dem Olivenöl ein und würze sie mit Salz und Pfeffer.

3. Lege die Avocadohälften mit der Schnittseite nach unten auf den Grill und grille sie 5 Minuten oder bis sie weich sind und Grillstreifen haben.

4. Während die Avocados grillen, mische in einer Schüssel die gewürfelten Tomaten, die gehackte Zwiebel, den gehackten Knoblauch, den Limettensaft und den gehackten Koriander. Würze die Salsa mit Salz, Pfeffer und optional Chiliflocken.

5. Nimm die Avocados vom Grill und fülle jede Avocadohälfte mit der Tomatensalsa.

6. Serviere die gegrillten Avocados sofort, genieße die Frische und das rauchige Aroma dieser besonderen Delikatesse.

Maiskolben mit Kräuterbutter

Zubereitungszeit: 10 Minuten + 20 Minuten Grillzeit
Portionen: 2 Maiskolben

Zutaten:

- 2 frische Maiskolben, unge-
  schält
- 100 g weiche Butter
- 2 EL fein gehackte frische Kräuter (zum Beispiel Petersilie, Basilikum und Thymian)
- 1 TL Salz
- 1/2 TL frisch gemahlener
  schwarzer Pfeffer
- Saft und Schale von 1/2 Bio-Zitrone, fein gerieben

Zubereitung:

1. Heize deinen Gasgrill auf etwa 180 Grad vor.

2. Während der Grill vorheizt, bereite die Kräuterbutter zu. Vermische die weiche Butter in einer kleinen Schüssel mit den frisch gehackten Kräutern, Salz,
   Pfeffer und dem Zitronensaft und -schale. Rühre alles gut durch, bis du eine
   glatte Kräuterbutter erhältst.

3. Jetzt bereitest du die Maiskolben vor. Ziehe die Blätter der Maiskolben zurück, ohne sie komplett zu entfernen. Entferne die Seidenfäden sorgfältig.
   Verteile dann eine großzügige Menge der Kräuterbutter auf jedem Maiskolben.

4. Klapp danach die Blätter wieder über die Maiskolben. Leg die Maiskolben direkt auf den Grillrost und schließe den Deckel des Grills. Lass die Maiskolben
   für etwa 20 Minuten grillen. Drehe sie alle 5 Minuten, um sicherzustellen, dass
   sie gleichmäßig garen.

5. Nach 20 Minuten sind die Maiskolben fertig. Sei vorsichtig beim Entfernen der
   Maiskolben vom Grill, da sie sehr heiß sein können. Lass sie ein paar Minuten
   abkühlen, bevor du sie servierst.

Grillspieße mit Halloumi und Gemüse

Zubereitungszeit: 15 Minuten + 10 Minuten Grillzeit
Portionen: 6 Spieße

Zutaten:

- 200 g Halloumi, in Würfel geschnitten
- 1 mittelgroße Zucchini, in Scheiben geschnitten
- 1 rote Paprika, entkernt und in Stücke geschnitten
- 1 gelbe Paprika, entkernt und in Stücke geschnitten
- 12 Kirschtomaten, ganz
- 6 Holzspieße, eingeweicht
- 2 EL natives Olivenöl extra
- 1 TL Paprikapulver, edelsüß
- 1 TL Kreuzkümmel, gemahlen
- 1/2 TL schwarzer Pfeffer, gemahlen
- 1/2 TL Salz

Zubereitung:

1. Heize deinen Gasgrill auf etwa 180 Grad vor.

2. Während der Grill vorheizt, bereite die Gemüsespieße vor. Stecke abwechselnd Halloumi, Zucchini, rote und gelbe Paprika und Kirschtomaten auf die eingeweichten Holzspieße.

3. In einer kleinen Schüssel mische Olivenöl, Paprikapulver, gemahlener Kreuzkümmel, schwarzer Pfeffer und Salz zusammen.

4. Bürste die Spieße mit der Olivenöl-Mischung ein.

5. Lege die Spieße auf den Grill und lasse sie 5 Minuten grillen. Drehe sie dann um und grille sie weitere 5 Minuten, oder bis der Halloumi goldbraun und das Gemüse zart ist.

6. Nimm die Spieße vom Grill und serviere sie warm.

Grillkäse mit Kräutermarinade

Zubereitungszeit: 15 Minuten + 30 Minuten Einwirkzeit der Marinade + 15 Minuten Grillzeit
Portionen: 2

Zutaten:

- 200 g Halloumi-Käse, in 1 cm dicke Scheiben geschnitten
- 4 EL natives Olivenöl extra
- 1 EL Balsamico Essig
- 2 Knoblauchzehen, fein gehackt
- 1 TL frisch geriebene Bio-Zitronenschale
- 1 TL frisch gepresster Bio-Zitronensaft
- 2 EL frische, gehackte Petersilie
- 1 EL frischer, gehackter Rosmarin
- Salz und schwarzer Pfeffer nach Geschmack

Zubereitung:

1. In einer mittelgroßen Schüssel das Olivenöl, den Balsamico Essig, den gehackten Knoblauch, die Zitronenschale, den Zitronensaft, die Petersilie und den Rosmarin verquirlen. Mit Salz und Pfeffer abschmecken.

2. Die Käsescheiben in die Marinade legen und sicherstellen, dass jede Scheibe gut bedeckt ist. Die Schüssel abdecken und die Käsescheiben für mindestens 30 Minuten in der Marinade einweichen lassen. Je länger, desto intensiver das Aroma.

3. Heize deinen Gasgrill auf etwa 180 Grad vor.

4. Die marinierten Käsescheiben aus der Marinade nehmen und auf den vorgeheizten Grill legen. Grill den Käse etwa 6-7 Minuten auf jeder Seite, bis er schön goldbraun und leicht knusprig ist.

5. Den gegrillten Käse von dem Grill nehmen und sofort servieren. Ideal ist ein frischer Salat oder geröstetes Brot dazu.

Bunte Gemüsepäckchen

Zubereitungszeit: 20 Minuten + 15 Minuten Grillzeit
Portionen: 4 Gemüsepäckchen

Zutaten:

- 1 rote Paprika, gewürfelt
- 1 gelbe Paprika, gewürfelt
- 1 Zucchini, in Scheiben geschnitten
- 200 g Kirschtomaten, halbiert
- 1 rote Zwiebel, in Streifen geschnitten
- 100 g Champignons, in Scheiben geschnitten
- 2 Knoblauchzehen, fein gehackt
- 4 EL natives Olivenöl extra
- Salz und Pfeffer nach Geschmack
- 1 TL Paprikapulver, gemahlen
- 1 TL Kräuter der Provence
- 4 Stücke Alufolie, etwa 30 cm lang

Zubereitung:

1. Zünde den Gasgrill an und heize ihn auf 180 Grad vor.

2. Lege das vorbereitete Gemüse (Paprika, Zucchini, Kirschtomaten, Zwiebel und Champignons) in eine große Schüssel. Gib den gehackten Knoblauch, das Olivenöl, Salz, Pfeffer, Paprikapulver und die Kräuter der Provence hinzu. Vermenge alles gut, damit das Gemüse gleichmäßig gewürzt ist.

3. Teile das Gemüse gleichmäßig auf die vier Stücke Alufolie auf. Achte darauf, dass genug Platz bleibt, um die Folie gut verschließen zu können.

4. Verschließe nun jedes Gemüsepäckchen, indem du die Seiten der Alufolie über dem Gemüse zusammenfaltest und die Enden fest zusammendrückst. Die Päckchen sollten gut verschlossen sein, damit der Saft und das Aroma im Inneren bleiben.

5. Lege die Gemüsepäckchen vorsichtig auf den Grill und lasse sie etwa 15 Minuten garen. Du kannst nach etwa 10 Minuten ein Päckchen öffnen, um zu prüfen, ob das Gemüse die gewünschte Konsistenz hat.

6. Nimm die Gemüsepäckchen vom Grill und öffne sie vorsichtig (Achtung, heißer Dampf!). Lasse sie ein paar Minuten abkühlen, bevor du sie servierst.

Gegrillte Aubergine mit Zitronenquark

Zubereitungszeit: 10 Minuten + 20 Minuten Grillzeit
Portionen: 2

Zutaten:

- 2 mittelgroße Auberginen, gewaschen und in 1 cm dicke Scheiben geschnitten
- 2 EL natives Olivenöl extra zum Bestreichen
- Salz und Pfeffer zum Würzen
- 250 g Quark, Magerstufe
- Abrieb und Saft von 1 unbehandelten Bio-Zitrone
- 1 EL frische Minze, fein gehackt
- 1 TL Honig
- 1 EL Walnüsse, grob gehackt
- Einige Kirschtomaten für die Dekoration, halbiert

Zubereitung:

1. Heize deinen Gasgrill auf 200 Grad vor. Währenddessen bereitest du die Auberginen vor. Bestreiche jede Scheibe mit Olivenöl auf beiden Seiten und würze sie mit Salz und Pfeffer.

2. Lege die Auberginenscheiben auf den Grill und lass sie etwa 10 Minuten pro Seite grillen, bis sie weich und leicht gebräunt sind.

3. Während die Auberginen grillen, mischst du den Quark, den Zitronenabrieb und -saft, die Minze und den Honig in einer Schüssel. Schmecke die Mischung mit Salz und Pfeffer ab.

4. Wenn die Auberginen fertig sind, nimm sie vom Grill und verteile den Zitronenquark darauf. Streue die gehackten Walnüsse darüber und garniere das Ganze mit halbierten Kirschtomaten.

5. Jetzt kannst du diese köstlichen gegrillten Auberginen mit Zitronenquark servieren. Guten Appetit!

Deftige Deutsche Klassiker

Grillbratwurst „Thüringer Art"

Zubereitungszeit: 10 Minuten + 20 Minuten Grillzeit
Portionen: 4 Grillbratwürste

Zutaten:

- 4 Thüringer Rostbratwürste, roh
- 30 ml Rapsöl
- 1 TL Salz
- 1/2 TL schwarzer Pfeffer
- 1 EL süßer Senf
- 1 TL gemahlener Kümmel
- 1 TL gemahlener Koriander
- 2 Knoblauchzehen, fein gehackt

- **Für die Beilage:**
- 2 mittelgroße Kartoffeln, gewürfelt
- 30 ml natives Olivenöl extra
- Salz und Pfeffer nach Geschmack
- 1 TL Paprikapulver
- 1 kleiner Weißkohl, in Streifen geschnitten

Zubereitung:

1. Du beginnst, indem du die Thüringer Rostbratwürste gleichmäßig mit Rapsöl, Salz, schwarzem Pfeffer, süßem Senf, gemahlenem Kümmel, gemahlenem Koriander und fein gehacktem Knoblauch einreibst. Lass diese Mischung für etwa 10 Minuten ziehen, damit die Gewürze gut in das Fleisch eindringen können.

2. Während die Würste ziehen, bereitest du die Kartoffeln und den Weißkohl vor. Vermische die Kartoffelwürfel in einer Schüssel mit Olivenöl, Salz, Pfeffer und Paprikapulver. Schneide den Weißkohl in Streifen und würze auch diesen mit Salz und Pfeffer.

3. Jetzt ist es Zeit, den Gasgrill anzufeuern! Erhitze den Grill auf 200 Grad und platziere die Würste darauf. Sie sollten bei mittlerer Hitze etwa 20 Minuten grillen, bis sie eine schöne goldbraune Farbe haben.

4. Während die Würste grillen, platziere die Kartoffeln und den Weißkohl auf dem Grill. Die Kartoffeln brauchen etwa 15 Minuten und der Weißkohl etwa 10 Minuten. Achte darauf, sie regelmäßig zu wenden, damit sie nicht verbrennen.

5. Sobald alles perfekt gegrillt ist, nimmst du die Würste und Beilagen vom Grill und servierst sie sofort.

Schweinshaxe vom Grill

Zubereitungszeit: 15 Minuten + 2 Stunden Grillzeit
Portionen: 2 Schweinshaxen

Zutaten:

- 2 Schweinshaxen, bereits gekocht und abgekühlt
- 2 EL natives Olivenöl extra
- 1 TL Salz
- 1 TL Pfeffer
- 1 EL Dijon-Senf
- 1 TL Paprikapulver, edelsüß
- 1 TL Knoblauchpulver
- 500 ml Dunkelbier
- 2 Zweige frischer Rosmarin

Zubereitung:

1. Stelle zuerst den Gasgrill auf mittlere Hitze ein. Richte ihn so aus, dass du indirekt grillen kannst, etwa 160 Grad sind hier ideal.

2. Bürste die Schweinshaxen mit Olivenöl ein. Das hilft, die Gewürze besser haften zu lassen und gibt der Haut später einen schönen Glanz.

3. Mische Salz, Pfeffer, Dijon-Senf, Paprikapulver und Knoblauchpulver in einer kleinen Schüssel. Reibe die Mischung gleichmäßig in die Schweinshaxen ein.

4. Lege die Schweinshaxen auf den Grill, und zwar auf die Seite, die nicht direkt über der Flamme ist. Decke den Grill ab und lass sie für etwa 2 Stunden grillen.

5. In der Zwischenzeit bereitest du die Biersoße vor. Gib das Dunkelbier in einen Topf und füge die Rosmarinzweige hinzu. Lass das Bier auf dem Herd oder auf dem Grill köcheln, bis es sich auf die Hälfte reduziert hat.

6. Nach 2 Stunden gieße die Biersoße über die Schweinshaxen und lass sie weitere 10-15 Minuten grillen, bis sie eine schöne, knusprige Kruste haben.

7. Nehme die Schweinshaxen vom Grill und lasse sie einige Minuten ruhen, bevor du sie servierst.

Grillkartoffeln mit Quark

Zubereitungszeit: 15 Minuten + 30 Minuten Grillzeit
Portionen: 2

Zutaten:

- 6 mittelgroße Kartoffeln, gewaschen
- 2 EL natives Olivenöl extra
- Salz und Pfeffer nach Geschmack
- 1 rote Zwiebel, fein gehackt
- 1 Knoblauchzehe, gepresst
- 200 g Quark
- 2 EL frisch gehackte Petersilie
- 1 TL Dill, getrocknet
- 1 EL Bio-Zitronensaft
- 1 EL Honig

Zubereitung:

1. Heize deinen Gasgrill auf 200 Grad vor. In der Zwischenzeit kannst du die Kartoffeln mit einer Gabel rundherum einstechen.

2. Lege die Kartoffeln auf ein Stück Alufolie, beträufle sie mit Olivenöl und würze sie mit Salz und Pfeffer. Wickel die Kartoffeln nun in die Alufolie ein.

3. Lege die eingewickelten Kartoffeln auf den Grill und lass sie etwa 30 Minuten grillen, oder bis sie weich sind.

4. Während die Kartoffeln grillen, mische in einer Schüssel den Quark, die gehackte rote Zwiebel, den gepressten Knoblauch, die Petersilie, den Dill, den Zitronensaft und den Honig. Rühre alles gut um und schmecke es mit Salz und Pfeffer ab.

5. Sobald die Kartoffeln fertig sind, öffne vorsichtig die Alufolie und teile jede Kartoffel in der Mitte. Fülle jede Kartoffel mit einem großzügigen Löffel der Quarkmischung.

6. Serviere die Grillkartoffeln mit Quark sofort und genieße!

Nürnberger Rostbratwürstchen mit Sauerkraut

Zubereitungszeit: 15 Minuten + 20 Minuten Grillzeit
Portionen: 2

Zutaten:

- 8 Nürnberger Rostbratwürstchen, frisch aus der Fleischtheke
- 500 g Sauerkraut, abgetropft
- 1 kleine Zwiebel, gewürfelt
- 2 EL Rapsöl
- 100 ml Apfelwein
- 2 TL Kümmelsamen
- Salz und Pfeffer nach Geschmack
- 2 Brötchen, halbiert und aufgeschnitten
- 1 TL Butter, zum Bestreichen der Brötchen
- 2 TL Senf, zum Servieren

Zubereitung:

1. Heize deinen Gasgrill auf etwa 200 Grad vor.

2. Dann fette deine Grillpfanne mit etwas Rapsöl ein und platziere sie auf dem Grill. Gib die Zwiebelwürfel hinein und lass sie etwa 3 Minuten anschwitzen, bis sie weich und golden sind.

3. Füge nun das Sauerkraut und den Kümmel hinzu, verrühre alles gut miteinander und lösche es mit dem Apfelwein ab. Lasse das Ganze etwa 10 Minuten auf dem Grill köcheln, bis der Apfelwein fast vollständig absorbiert ist. Würze mit Salz und Pfeffer nach Geschmack.

4. Während das Sauerkraut köchelt, grillst du die Nürnberger Rostbratwürstchen auf dem restlichen Grillplatz. Sie brauchen etwa 8-10 Minuten, werden aber gelegentlich gewendet, damit sie rundum schön braun und knusprig sind.

5. In der Zwischenzeit bestreichst du die Innenseite der Brötchenhälften mit etwas Butter und toastest sie kurz auf dem Grill, bis sie knusprig sind.

6. Sobald die Würstchen fertig sind, kannst du das Essen servieren. Fülle je eine Brötchenhälfte mit dem köstlichen Sauerkraut, lege zwei der gebratenen Würstchen darauf und garniere sie mit einem Klecks Senf.

Kassler auf Sauerkraut vom Grill

Zubereitungszeit: 10 Minuten + 40 Minuten Grillzeit
Portionen: 2

Zutaten:

- 2 Kassler Koteletts, jeweils etwa 200 g
- 400 g Sauerkraut, abgetropft und leicht ausgedrückt
- 2 EL natives Olivenöl extra
- 1 EL Senf, Dijon
- 2 TL Zucker
- 1 kleiner Apfel, gewürfelt
- 1 Zwiebel, gewürfelt
- 100 ml Hühnerbrühe
- Salz und Pfeffer nach Geschmack

Zubereitung:

1. Heize deinen Gasgrill auf etwa 180 Grad vor.

2. Für das Sauerkraut: In einer großen Pfanne das Olivenöl erhitzen und die Zwiebel und den Apfel darin etwa 5 Minuten anbraten, bis sie weich sind. Füge das Sauerkraut und den Zucker hinzu und koche es weitere 5 Minuten. Dann gieße die Hühnerbrühe dazu und lasse alles 10 Minuten köcheln. Schmecke es mit Salz und Pfeffer ab.

3. In der Zwischenzeit bestreiche die Kassler Koteletts auf beiden Seiten mit dem Senf und würze sie mit Pfeffer.

4. Lege die Koteletts auf den vorgeheizten Grill und grille sie etwa 10 Minuten auf jeder Seite oder bis sie eine Kerntemperatur von 70 Grad erreichen.

5. Lege das fertige Sauerkraut auf eine feuerfeste Platte und setze die gegrillten Kassler Koteletts darauf. Schließe den Deckel des Grills und lasse alles weitere 5 Minuten garen, damit die Aromen sich gut verbinden.

6. Nimm die Platte vom Grill und lasse das Gericht kurz ruhen, bevor du es servierst.

Bierhuhn „Münchner Art"

Zubereitungszeit: 15 Minuten + 1 Stunde Marinieren + 90 Minuten Grillzeit
Portionen: 2

Zutaten:

- Ein ganzes Huhn (ca. 1,5 kg), innen und außen gereinigt
- 500 ml Münchner Dunkelbier
- 3 EL natives Olivenöl extra
- 2 TL Paprikapulver, edelsüß
- 1 TL gemahlener Kümmel
- 1 TL gemahlener schwarzer Pfeffer
- 1 TL Salz
- 2 Knoblauchzehen, fein gehackt
- 2 Zweige frischer Rosmarin, fein gehackt
- 1 große Zwiebel, in Ringe geschnitten

Zubereitung:

1. Mische das Olivenöl, Paprikapulver, Kümmel, schwarzen Pfeffer, Salz, gehackten Knoblauch und Rosmarin in einer Schüssel zusammen, um eine Marinade zu bilden.

2. Reibe das Huhn innen und außen gründlich mit der Marinade ein. Lass es etwa 1 Stunde im Kühlschrank ziehen.

3. Erhitze deinen Gasgrill auf 200 Grad.

4. Platziere die Zwiebelringe auf dem Boden einer hitzebeständigen Pfanne, die groß genug für das Huhn ist.

5. Setze das Huhn auf die Zwiebelringe in der Pfanne. Gieße das Dunkelbier in die Pfanne, es sollte das Huhn nicht bedecken, nur den Boden der Pfanne bedecken.

6. Stelle die Pfanne mit dem Huhn auf den Gasgrill. Schließe den Deckel und lass das Huhn etwa 90 Minuten grillen. Überprüfe während der Grillzeit regelmäßig den Flüssigkeitsstand in der Pfanne und gieße bei Bedarf etwas mehr Bier dazu.

7. Das Huhn ist fertig, wenn das Fleisch weich ist und die Haut knusprig und gebräunt ist.

Rostbraten mit Zwiebeln

Zubereitungszeit: 15 Minuten + 10 Minuten Grillzeit + 10 Minuten Ruhezeit
Portionen: 2 Steaks

Zutaten:

- 2 Rindersteaks, jeweils etwa 200 g, bei Zimmertemperatur
- 1 EL Sonnenblumenöl
- Salz und frisch gemahlener Pfeffer
- 2 mittelgroße Zwiebeln, in dünne Ringe geschnitten
- 2 Knoblauchzehen, fein gehackt
- 100 ml Rotwein
- 2 TL Dijon-Senf
- 1 EL Petersilie, gehackt

Zubereitung:

1. Beginne, indem du deinen Gasgrill auf etwa 220 Grad vorheizt.

2. Während der Grill vorheizt, tupfe die Steaks trocken und reibe sie rundum mit dem Sonnenblumenöl ein. Würze sie dann kräftig mit Salz und Pfeffer.

3. Lege die Steaks auf den Grill und grille sie etwa 5 Minuten pro Seite für medium-rare, oder bis sie deinen gewünschten Gargrad erreicht haben. Entferne die Steaks vom Grill und lasse sie auf einem Teller abgedeckt 10 Minuten ruhen.

4. Während die Steaks ruhen, lege die Zwiebelringe auf den Grill. Grille sie unter gelegentlichem Rühren, bis sie weich und karamellisiert sind, etwa 5 Minuten. Füge den gehackten Knoblauch hinzu und grille weiter, bis er duftet.

5. Gieße den Rotwein vorsichtig über die Zwiebeln und Knoblauch und lasse die Flüssigkeit etwa 2 Minuten lang reduzieren. Rühre dann den Dijon-Senf ein und koche weiter, bis die Sauce dickflüssig ist.

6. Verteile die Sauce über die geruhten Steaks und streue die gehackte Petersilie darüber.

Grillforelle „Schwarzwald Style"

Zubereitungszeit: 15 Minuten + 30 Minuten Grillzeit
Portionen: 2

Zutaten:

- 2 Forellen, je ca. 350 g, küchenfertig
- 4 EL Rapsöl
- Salz und Pfeffer
- 1 EL getrockneter Majoran
- 200 g Schwarzwälder Schinken, in dünnen Scheiben
- 2 Knoblauchzehen, gepresst
- 1 Zwiebel, in feine Ringe geschnitten
- 2 Zweige frischer Thymian
- 100 ml trockener Weißwein
- 2 Stücke Alufolie, groß genug, um die Forellen zu umschließen

Zubereitung:

1. Den Gasgrill auf 200 Grad vorheizen.

2. Die Forellen innen und außen unter fließendem Wasser abspülen und trockentupfen. Danach die Forellen innen und außen mit 2 EL Rapsöl einreiben.

3. Die Forellen nun mit Salz, Pfeffer und Majoran innen und außen würzen.

4. Anschließend den Schwarzwälder Schinken, Knoblauch, Zwiebelringe und Thymian gleichmäßig in den Bauch der Forellen verteilen.

5. Die Forellen auf die Alufolie legen, jeweils mit 1 EL Rapsöl beträufeln und mit Weißwein begießen. Die Alufolie gut verschließen.

6. Die in Alufolie verpackten Forellen auf den vorgeheizten Grill legen und bei geschlossenem Deckel ca. 30 Minuten grillen. Zwischendurch die Päckchen wenden.

7. Nach der Grillzeit die Forellen vorsichtig aus der Folie nehmen und auf Tellern servieren.

Leberkäse-Burger „Bayern Deluxe"

Zubereitungszeit: 15 Minuten + 10 Minuten Grillzeit
Portionen: 2 Burger

Zutaten:

- 2 dicke Scheiben Leberkäse, etwa 200 g pro Scheibe
- 2 rustikale Brötchen, halbiert und leicht angeröstet
- 2 EL grobkörniger Senf
- 4 Blätter Eisbergsalat, gewaschen und trocken geschleudert
- 1 große Tomate, in dünne Scheiben geschnitten
- 100 g Emmentaler Käse, in Scheiben geschnitten
- 1 kleine rote Zwiebel, in dünne Ringe geschnitten
- 2 EL Rapsöl zum Bestreichen
- Salz und Pfeffer nach Geschmack

Zubereitung:

1. Heize deinen Gasgrill auf etwa 180 Grad vor.

2. Bestreiche die Leberkäsescheiben auf beiden Seiten mit Rapsöl und würze sie mit Salz und Pfeffer.

3. Lege die Leberkäsescheiben auf den vorgeheizten Grill und lasse sie etwa 5 Minuten pro Seite garen, bis sie schön gebräunt und durchgegart sind.

4. Lege in den letzten Minuten die Käsescheiben auf den Leberkäse, damit sie leicht schmelzen können.

5. Bestreiche die Innenseiten der Brötchen mit dem grobkörnigen Senf.

6. Belege Deinen Burger in folgender Reihenfolge: Untere Brötchenhälfte, Eisbergsalat, Tomatenscheiben, gegrillter Leberkäse mit geschmolzenem Käse, rote Zwiebelringe und dann die obere Brötchenhälfte.

7. Wiederhole Schritt 6 für den zweiten Burger.

8. Serviere die Burger sofort und genieße sie heiß vom Grill.

Gegrillter Spargel mit Schinken

Zubereitungszeit: 15 Minuten + 20 Minuten Grillzeit
Portionen: 2

Zutaten:

- 500 g frischer grüner Spargel, Enden abgeschnitten und gewaschen
- 150 g hochwertiger deutscher Schinken, in feine Streifen geschnitten
- 50 ml natives Olivenöl extra
- 2 EL grobkörniger Senf
- 1 TL frisch gemahlener schwarzer Pfeffer
- 1 TL Salz
- 2 EL Bio-Zitronensaft
- 2 EL gehackte frische Petersilie

Zubereitung:

1. Heize deinen Gasgrill auf etwa 180 Grad vor. Während der Grill aufheizt, bereite den Spargel und den Schinken vor.

2. In einer großen Schüssel vermische den Spargel und den Schinken mit Olivenöl, Senf, Pfeffer und Salz. Sorge dafür, dass alles gut bedeckt ist. Lasse die Mischung etwa 10 Minuten einwirken, um die Aromen zu vermischen.

3. Nachdem der Grill vorgeheizt ist, lege den Spargel und den Schinken vorsichtig auf den Grill. Achte darauf, dass der Spargel nicht durch die Grillroste rutscht. Du kannst auch eine Grillpfanne verwenden, um dies zu verhindern.

4. Lasse den Spargel und den Schinken etwa 10 Minuten grillen, dann wende sie vorsichtig um und grille sie weitere 10 Minuten oder bis der Spargel zart und der Schinken knusprig ist.

5. Nehme den Spargel und den Schinken vom Grill und beträufle sie mit Zitronensaft. Streue die gehackte Petersilie darüber und serviere es sofort.

Fruchtige Grilldesserts

Gegrillte Ananas mit Honig

Zubereitungszeit: 10 Minuten + 15 Minuten Grillzeit
Portionen: 2

Zutaten:

- 1 große Ananas, geschält, entkernt und in Scheiben geschnitten
- 100 ml Honig, flüssig
- 2 EL brauner Zucker
- 1 EL frisch gepresster Bio-Limettensaft
- 1 TL Chilipulver (optional für eine würzige Note)
- Eine Prise Salz
- Einige Minzblätter für die Dekoration

Zubereitung:

1. Heize deinen Gasgrill auf etwa 200 Grad vor.

2. In der Zwischenzeit mische in einer Schüssel den Honig, braunen Zucker, Limettensaft, Chilipulver und eine Prise Salz. Rühre alles gut um, bis sich der Zucker aufgelöst hat.

3. Lege die Ananasscheiben auf eine flache Platte und bestreiche sie mit der Honig-Zucker-Mischung. Lass die Scheiben etwa 5 Minuten einweichen, um den Geschmack aufzunehmen.

4. Platziere die Ananasscheiben dann vorsichtig auf dem Grill. Lass sie etwa 7 Minuten grillen, bis sie anfangen zu karamellisieren. Wende die Scheiben und grill sie weitere 7 Minuten auf der anderen Seite.

5. Nimm die gegrillten Ananasscheiben vom Grill und serviere sie warm. Du kannst noch etwas von der Honig-Zucker-Mischung darüber träufeln und mit frischen Minzblättern dekorieren, bevor du sie servierst.

Schokobananen vom Grill

Zubereitungszeit: 10 Minuten + 15 Minuten Grillzeit
Portionen: 4 gefüllte Bananen

Zutaten:

- 4 reife Bananen, ganz, mit Schale
- 100 g Zartbitter-Schokolade, in kleine Stücke gebrochen
- 2 EL Honig
- 4 EL gehackte Haselnüsse
- 4 Blätter Alufolie

Zubereitung:

1. Heize deinen Gasgrill auf etwa 180 Grad vor.
2. Während der Grill vorheizt, nimm die Bananen und schneide sie längs ein, aber achte darauf, dass du sie nicht ganz durchschneidest. Die Schale bleibt dabei als natürliches „Kochgefäß" erhalten.
3. Breche die Zartbitter-Schokolade in kleine Stücke und stecke diese Stücke in die aufgeschnittene Banane hinein. Du möchtest, dass die Schokolade in die Banane eindringt und beim Grillen schmilzt.
4. Drücke die Bananen vorsichtig zusammen, um die Schokolade zu verschließen, und lege sie auf ein Blatt Alufolie. Die Folie wird helfen, die Hitze gleichmäßig zu verteilen und ein Austreten von geschmolzener Schokolade zu verhindern.
5. Träufle jeweils einen halben Esslöffel Honig über jede Banane und streue dann einen Esslöffel gehackte Haselnüsse darauf.
6. Wickel jede Banane sorgfältig in die Alufolie ein und stelle sicher, dass sie gut versiegelt ist.
7. Lege die eingewickelten Bananen auf den Grill und lasse sie etwa 15 Minuten garen, oder bis die Schokolade geschmolzen und die Banane weich ist.
8. Nimm die Bananen vom Grill, lass sie ein paar Minuten abkühlen und dann kannst du sie direkt aus der Folie genießen!

Gegrillte Pfirsiche mit Zimtcreme

Zubereitungszeit: 15 Minuten + 5-7 Minuten Grillzeit
Portionen: 2

Zutaten:

- 4 frische Pfirsiche, halbiert und entsteint
- 1 EL Sonnenblumenöl
- 100 ml Schlagsahne
- 1 TL gemahlener Zimt
- 2 EL Honig
- 4 EL gehackte Mandeln

Zubereitung:

1. Erhitze deinen Gasgrill auf 180 Grad. Während der Grill vorheizt, kannst du die Pfirsiche vorbereiten.

2. Die Pfirsichhälften mit dem Sonnenblumenöl einpinseln. Das Öl verhindert, dass die Pfirsiche am Grill haften bleiben und ermöglicht eine schöne Karamellisierung.

3. Die Pfirsiche mit der Schnittfläche nach unten auf den Grillrost legen. Grill sie für etwa 5 bis 7 Minuten oder bis sie schön weich und grillmarkiert sind.

4. Während die Pfirsiche grillen, schlage die Sahne in einer mittelgroßen Schüssel, bis sie weiche Spitzen bildet. Zimt und Honig hinzufügen und gut vermischen.

5. Die gegrillten Pfirsiche vom Grill nehmen und auf Tellern anrichten. Jede Pfirsichhälfte mit der Zimtcreme belegen.

6. Zum Schluss mit gehackten Mandeln bestreuen und servieren.

Apfel-Crumble vom Grill

Zubereitungszeit: 10 Minuten + 20 Minuten Grillzeit
Portionen: 2

Zutaten:

- 2 große Äpfel, gewaschen und in Scheiben geschnitten
- 50 g brauner Zucker
- 60 g kalte Butter, in kleine Stücke geschnitten

- 70 g Mehl
- 50 g Haferflocken
- 1 TL Zimt
- 1 EL Ahornsirup
- Eine Prise Salz

Zubereitung:

1. Heize deinen Gasgrill auf 180 Grad vor.

2. Während der Grill vorheizt, mische in einer Schüssel den braunen Zucker, das Mehl, die Haferflocken und das Salz zusammen. Füge die kalte Butter hinzu und zerdrücke sie mit den Fingerspitzen in die trockenen Zutaten, bis eine krümelige Mischung entsteht.

3. In einer zweiten Schüssel mische die Apfelscheiben und den Zimt zusammen. Träufle den Ahornsirup über die Äpfel und mische erneut, bis alle Apfelscheiben bedeckt sind.

4. Lege die Apfelmischung auf eine Grillpfanne oder in eine feuerfeste Form und streue die krümelige Mischung darüber.

5. Setze die Pfanne auf den Grill und schließe den Deckel. Lasse den Apfel-Crumble für etwa 20 Minuten grillen, oder bis die Oberfläche goldbraun ist und die Äpfel weich sind.

6. Nimm den Apfel-Crumble vorsichtig vom Grill und lass ihn ein paar Minuten abkühlen, bevor du ihn servierst.

Gegrillte Wassermelone mit Feta

Zubereitungszeit: 15 Minuten + 8 Minuten Grillzeit
Portionen: 4 Wassermelonenstücke

Zutaten:

- 1/4 Wassermelone, in 4 Dreiecke geschnitten
- 100 g Feta-Käse, in kleine Würfel geschnitten
- 2 EL natives Olivenöl extra
- 1 EL Balsamico-Creme
- 1 TL frisch gehackter Minze
- Salz und Pfeffer nach Geschmack

Zubereitung:

1. Zuerst die Gasgrilltemperatur auf etwa 200 Grad vorheizen.

2. Während der Grill vorheizt, die Wassermelonenstücke auf beiden Seiten mit Olivenöl bestreichen und leicht salzen.

3. Sobald der Grill bereit ist, die Wassermelonenstücke auf den Rost legen und jede Seite etwa 4 Minuten grillen. Du bist auf der Suche nach diesen schönen Grillstreifen und einer leicht karamellisierten Oberfläche.

4. In der Zwischenzeit den Feta in einer Schüssel zerbröseln und mit der gehackten Minze vermischen.

5. Die gegrillten Wassermelonenstücke vom Grill nehmen und auf eine Servierplatte legen. Sofort mit dem Feta-Minz-Gemisch bestreuen.

6. Zum Schluss noch einen Spritzer Balsamico-Creme über die Wassermelone und den Feta geben und mit Pfeffer abschmecken.

7. Nun ist dein fruchtiges Grilldessert bereit zum Genießen!

Grillierte Erdbeeren mit Schokolade

Zubereitungszeit: 15 Minuten + 5-7 Minuten Grillzeit
Portionen: 2 Dessertspieße

Zutaten:

- 12 reife Erdbeeren, gewaschen und entstielt
- 100 g dunkle Schokolade, grob gehackt
- 2 EL Kokosöl
- 2 EL Ahornsirup
- 1 TL Vanilleextrakt
- 1 Prise Meersalz
- 4 Holzspieße, vorher in Wasser eingeweicht

Zubereitung:

1. Heize deinen Gasgrill auf etwa 180 Grad vor.

2. Während der Grill vorheizt, lass uns die Schokoladensauce vorbereiten. Gib die grob gehackte Schokolade in eine hitzebeständige Schüssel und füge das Kokosöl, Ahornsirup und Vanilleextrakt hinzu. Die Schüssel stellen wir dann in ein Wasserbad und lassen die Zutaten schmelzen. Rühre immer wieder um, bis eine glatte Sauce entstanden ist. Am Ende gibst du eine Prise Meersalz hinzu und rührst noch einmal gut um. Halte die Sauce warm.

3. Nun geht es an das Aufspießen der Erdbeeren. Nimm dir die Holzspieße zur Hand und stecke je 3 Erdbeeren auf einen Spieß. Die Erdbeeren sollten gut sitzen und nicht herunterrutschen.

4. Jetzt sind die Erdbeeren bereit für den Grill! Leg sie vorsichtig auf den Rost und lass sie grillen. Sie brauchen etwa 2-3 Minuten pro Seite, bis sie schön weich und leicht karamellisiert sind.

5. Wenn die Erdbeeren fertig sind, nimm sie vorsichtig vom Grill und lasse sie ein wenig abkühlen. Dann gibst du die warme Schokoladensauce darüber. Du kannst die Sauce entweder darüber träufeln oder die Erdbeeren darin tunken - ganz nach Geschmack.

6. Serviere die Grillierten Erdbeeren sofort. Sie schmecken besonders lecker, wenn sie noch warm sind. Aber Vorsicht, nicht verbrennen!

Kokos-Ananas-Spieße

Zubereitungszeit: 10 Minuten + 10 Minuten Grillzeit
Portionen: 4 Spieße

Zutaten:

- 1 mittelgroße Ananas, geschält und in 2 cm dicke Würfel geschnitten
- 50 g Kokosraspeln
- 4 EL Honig
- 2 EL Bio-Limettensaft
- 1 TL gemahlener Zimt
- 4 Grillspieße (wenn aus Holz, vorher einweichen)

Zubereitung:

1. Beginne damit, deinen Gasgrill vorzuheizen auf etwa 200 Grad.
2. In der Zwischenzeit bereite die Ananas vor. Schneide die geschälte Ananas in mundgerechte Würfel.
3. In einer kleinen Schüssel mische den Honig, Limettensaft und Zimt zusammen. Rühre, bis alles gut vermischt ist.
4. Bestreiche die Ananaswürfel großzügig mit der Honig-Limetten-Mischung.
5. Jetzt kommt der kreative Teil. Roll die bestrichenen Ananaswürfel in den Kokosraspeln, bis sie vollständig bedeckt sind.
6. Stecke die Ananaswürfel auf die Grillspieße. Du solltest in der Lage sein, etwa 5-6 Würfel pro Spieß zu platzieren.
7. Lege die Spieße auf den Grill und grille sie für etwa 5 Minuten auf jeder Seite, bis sie goldbraun und leicht karamellisiert sind. Pass auf, dass sie nicht anbrennen!
8. Nehme die Spieße vom Grill und lasse sie kurz abkühlen, bevor du sie servierst.

Gegrillte Mango mit Vanilleeis

Zubereitungszeit: 10 Minuten + 15 Minuten Grillzeit
Portionen: 2

Zutaten:

- 1 große reife Mango, geschält und in 2 cm dicke Scheiben geschnitten
- 1 EL natives Olivenöl extra
- 1 EL brauner Zucker
- 1 TL Vanilleextrakt
- 1/2 TL gemahlener Zimt
- 2 Kugeln Vanilleeis
- Minzblätter zur Dekoration

Zubereitung:

1. Heize deinen Gasgrill auf etwa 180 Grad vor.

2. In einer kleinen Schüssel mischst du das Olivenöl, den braunen Zucker, den Vanilleextrakt und den Zimt zusammen. Rühre, bis eine glatte Paste entsteht.

3. Tauche die Mangoscheiben in die Paste und stelle sicher, dass beide Seiten gut bedeckt sind.

4. Platziere die Mangoscheiben vorsichtig auf dem vorgeheizten Grill und lasse sie etwa 7-8 Minuten auf jeder Seite grillen. Du suchst nach schönen Grillmarkierungen und einer leicht verkohlten Kante.

5. Nehme die Mangoscheiben vom Grill und lasse sie ein paar Minuten abkühlen.

6. Serviere die gegrillten Mangoscheiben auf einem Teller, platziere eine Kugel Vanilleeis auf jeder Scheibe und garniere mit frischen Minzblättern.

Beerenspieße mit Puderzucker

Zubereitungszeit: 10 Minuten + 5 Minuten Grillzeit
Portionen: 6 Beerenspieße

Zutaten:

- 150 g Erdbeeren, gewaschen und halbiert
- 100 g Heidelbeeren, gewaschen
- 100 g Brombeeren, gewaschen
- 6 große Holzspieße, eingeweicht in Wasser
- 30 g Puderzucker, zum Bestreuen
- 2 EL Bio-Orangensaft
- 1 EL flüssiger Honig

Zubereitung:

1. Du beginnst, indem du die verschiedenen Beeren abwechselnd auf die Holzspieße aufspießt. Stelle sicher, dass du eine bunte und attraktive Mischung erhältst.

2. In einer kleinen Schüssel mischst du den Orangensaft mit dem flüssigen Honig, um eine süße Glasur zu kreieren.

3. Jetzt nimmst du einen Pinsel und bepinselst deine Beerenspieße von allen Seiten mit der Honig-Orangensaft-Mischung.

4. Heize deinen Gasgrill auf etwa 200 Grad vor.

5. Lege nun die bepinselten Beerenspieße auf den Grill und lasse sie etwa 5 Minuten grillen. Achte darauf, die Spieße regelmäßig zu drehen, damit sie gleichmäßig grillen und die Glasur schön karamellisieren kann.

6. Nachdem die Beerenspieße gegrillt sind, bestreust du sie großzügig mit Puderzucker. Der Puderzucker wird leicht schmelzen und eine köstliche süße Kruste auf den Beeren bilden.

7. Serviere deine Beerenspieße sofort, während sie noch warm und duftend sind.

Gegrillte Birnen mit Gorgonzola

Zubereitungszeit: 10 Minuten + 15 Minuten Grillzeit
Portionen: 4 Halbe Birnen

Zutaten:

- 2 reife Birnen, halbiert und Kerngehäuse entfernt
- 2 EL natives Olivenöl extra
- 1 TL frisch gemahlener schwarzer Pfeffer
- 50 g Gorgonzola, zerkrümelt
- 2 EL Honig
- 2 EL gehackte Walnüsse
- Frische Minzblätter zum Garnieren

Zubereitung:

1. Heize deinen Gasgrill auf etwa 200 Grad vor.

2. Nimm die halbierten Birnen und träufle sie mit dem Olivenöl ein. Streue dann den frisch gemahlenen schwarzen Pfeffer darüber.

3. Platziere die Birnenhälften mit der Schnittseite nach unten auf dem Grill. Lasse sie etwa 10 Minuten garen, bis sie weich und leicht gebräunt sind.

4. Wende die Birnen, sodass die Schnittseite nun nach oben zeigt, und verteile den zerkrümelten Gorgonzola auf jeder Birnenhälfte. Lasse sie weitere 5 Minuten auf dem Grill, bis der Käse leicht geschmolzen ist.

5. Nimm die Birnen vom Grill und beträufle sie mit dem Honig. Streue die gehackten Walnüsse darüber und garniere sie zum Schluss mit den frischen Minzblättern.

Fisch und Meeresfrüchte

Gegrillter Lachs mit Zitronen-Dill-Butter

Zubereitungszeit: 10 Minuten + 10 Minuten Grillzeit
Portionen: 2 Lachsfilets

Zutaten:

- 2 Lachsfilets à 200 g, entgrätet und Haut dran
- Salz und Pfeffer zum Würzen
- 2 EL natives Olivenöl extra
- 1 Bio-Zitrone, halbiert
- 100 g Butter, weich
- 2 EL frischer Dill, gehackt
- 1 Knoblauchzehe, fein gehackt

Zubereitung:

1. Heize deinen Gasgrill auf etwa 200 Grad vor.

2. Nun würzt du die Lachsfilets mit Salz und Pfeffer und träufelst das Olivenöl darüber. Dann legst du sie mit der Hautseite nach unten auf den Grill.

3. In der Zwischenzeit bereitest du die Zitronen-Dill-Butter vor. Hierfür vermischst du die weiche Butter mit dem frisch gehackten Dill und dem fein gehackten Knoblauch. Den Saft einer Zitronenhälfte drückst du in die Buttermischung und rührst alles gut durch.

4. Nach etwa 5 Minuten drehst du die Lachsfilets vorsichtig um und grillst sie weitere 5 Minuten. Behalte sie dabei gut im Auge, damit sie nicht zu trocken werden.

5. Zum Schluss gibst du einen großzügigen Klecks deiner selbstgemachten Zitronen-Dill-Butter auf die Lachsfilets und lässt sie auf dem warmen Fisch leicht schmelzen.

6. Zum Servieren drückst du den Saft der verbliebenen Zitronenhälfte über die Lachsfilets. Fertig ist dein gegrillter Lachs mit Zitronen-Dill-Butter!

Garnelenspieße mit Knoblauchbutter

Zubereitungszeit: 20 Minuten + 10 Minuten Grillzeit
Portionen: 4 Garnelenspieße

Zutaten:

- 20 frische, rohe Garnelen, entdarmt und geschält
- 100 g weiche Butter
- 2 Knoblauchzehen, fein gehackt
- 1 Bund frischer Petersilie, fein gehackt
- 1 Bio-Zitrone, Saft und Abrieb
- Salz und Pfeffer nach Geschmack
- 8 Holzspieße, eingeweicht in Wasser

Zubereitung:

1. Starte mit der Vorbereitung der Knoblauchbutter. Nimm eine Schüssel und vermische die weiche Butter mit dem fein gehackten Knoblauch, der gehackten Petersilie und dem Zitronenabrieb. Würze die Mischung mit Salz und Pfeffer.

2. Ziehe die Garnelen auf die vorbereiteten Holzspieße. Jeder Spieß sollte etwa fünf Garnelen haben.

3. Bestreiche die Garnelenspieße rundherum großzügig mit der Knoblauchbutter.

4. Heize deinen Gasgrill auf 200 Grad vor.

5. Lege die Garnelenspieße auf den vorgeheizten Grill und grille sie bei geschlossenem Deckel für etwa 4-5 Minuten auf jeder Seite. Sie sollten eine schöne rosa Farbe annehmen.

6. Bestreiche die Garnelenspieße nach der Hälfte der Grillzeit erneut mit der Knoblauchbutter und beträufle sie mit etwas Zitronensaft.

7. Die Garnelenspieße sind fertig, wenn sie durchgehend rosa sind und nicht mehr glasig wirken. Achte darauf, sie nicht zu übergrillen, sonst werden sie zäh.

8. Serviere die Garnelenspieße heiß vom Grill und genieße sie mit dem Rest der Knoblauchbutter und einem Spritzer Zitronensaft.

Gegrillte Forelle mit Kräutern

Zubereitungszeit: 10 Minuten + 20 Minuten Grillzeit
Portionen: 2 Forellen

Zutaten:

- 2 frische Forellen, ausgenommen und geschuppt
- 2 EL natives Olivenöl extra
- 1 TL Salz
- 1 TL schwarzer Pfeffer
- 4 Zweige frischer Thymian
- 4 Zweige frischer Dill
- 1 Bio-Zitrone, in Scheiben geschnitten
- 1 Knoblauchzehe, fein gehackt

Zubereitung:

1. Heize deinen Gasgrill auf etwa 180 Grad vor.

2. Während der Grill vorheizt, bereitest du die Forellen vor. Tupfe sie zuerst trocken und reibe dann die Innenseiten und Außenseiten mit Olivenöl ein.

3. Verteile danach das Salz, den Pfeffer und den gehackten Knoblauch gleichmäßig auf den Innen- und Außenseiten der Forellen.

4. Lege jetzt jeweils zwei Zweige Thymian und Dill zusammen mit einigen Zitronenscheiben in den Bauchraum jeder Forelle.

5. Platziere die Forellen vorsichtig auf dem Grill, schließe den Deckel und lasse sie etwa 10 Minuten grillen.

6. Drehe die Forellen vorsichtig um und grille sie weitere 10 Minuten oder bis das Fleisch fest und weiß ist.

7. Nimm die Forellen vom Grill und lasse sie vor dem Servieren ein paar Minuten ruhen.

8. Genieße deine herrlich duftenden, gegrillten Forellen mit Kräutern!

Tintenfischspieße mit Limetten-Chili-Sauce

Zubereitungszeit: 15 Minuten + 10 Minuten Grillzeit
Portionen: 4 Spieße

Zutaten:

- **Für die Spieße:**
- 400 g Tintenfischringe, sauber und trocken
- 2 EL natives Olivenöl extra
- Salz und Pfeffer nach Geschmack
- **Für die Limetten-Chili-Sauce:**

- Saft und Schale von 2 Bio-Limetten
- 1 frische rote Chili, entkernt und fein gehackt
- 2 EL Honig
- 1 EL Sojasauce
- 1 Knoblauchzehe, zerdrückt
- Salz nach Geschmack

Zubereitung:

1. Den Gasgrill auf etwa 200 Grad vorheizen.

2. Die Tintenfischringe in eine Schüssel geben. Mit Olivenöl beträufeln und mit Salz und Pfeffer würzen. Gut vermischen, damit alle Tintenfischringe mit Öl bedeckt sind.

3. Die Tintenfischringe auf Spieße stecken. Stelle sicher, dass sie nicht zu eng zusammenliegen, damit sie gleichmäßig garen können.

4. Für die Sauce in einer kleinen Schüssel Limettensaft und -schale, Chili, Honig, Sojasauce und Knoblauch vermischen. Mit Salz abschmecken.

5. Die Tintenfischspieße auf den Grill legen und etwa 5 Minuten pro Seite grillen, bis sie gebräunt und gar sind.

6. Während des Grillens die Spieße gelegentlich mit der Sauce bestreichen.

7. Die fertigen Spieße vom Grill nehmen und vor dem Servieren noch einmal mit der Sauce beträufeln.

8. Genieße die Tintenfischspieße heiß vom Grill mit der restlichen Limetten-Chili-Sauce.

Hummer vom Grill

Zubereitungszeit: 15 Minuten + 20 Minuten Grillzeit
Portionen: 2

Zutaten:

- 2 ganze Hummer, jeweils etwa 500 g, bereits gekocht und halbiert
- 4 EL natives Olivenöl extra
- 2 Knoblauchzehen, fein gehackt
- 2 TL frischer Thymian, fein gehackt
- 1 TL frischer Rosmarin, fein gehackt
- 1 Bio-Zitrone, halbiert
- Salz und Pfeffer nach Geschmack

Zubereitung:

1. Bevor du beginnst, stelle sicher, dass dein Gasgrill auf etwa 200 Grad vorgeheizt ist.

2. In einer kleinen Schüssel mischst du das Olivenöl, den gehackten Knoblauch, Thymian und Rosmarin zusammen.

3. Nimm einen Küchenpinsel und bestreiche die Innenseiten der Hummerhälften gleichmäßig mit deiner aromatischen Ölmischung.

4. Würze die Hummerhälften mit Salz und Pfeffer nach Geschmack.

5. Lege die Hummerhälften mit der Schale nach unten auf den Grill. Schließe den Deckel des Grills und lasse sie etwa 10 Minuten garen.

6. Drehe die Hummerhälften um, so dass die Fleischseite nach unten zeigt. Bestreiche sie erneut mit der Ölmischung, schließe den Deckel und lasse sie weitere 10 Minuten garen.

7. In der Zwischenzeit kannst du die Zitronenhälften auf den Grill legen, mit der Schnittfläche nach unten. Diese werden schön karamellisieren und sind eine tolle Ergänzung zu deinem Hummer.

8. Prüfe nach insgesamt 20 Minuten Grillzeit, ob der Hummer gar ist. Das Fleisch sollte fest und weiß sein.

9. Nimm den Hummer und die Zitronen vom Grill. Serviere den Hummer mit einer karamellisierten Zitronenhälfte zum Beträufeln.

Mediterrane Muschelpfanne

Zubereitungszeit: 15 Minuten + 10 Minuten Grillzeit
Portionen: 2

Zutaten:

- 500 g Miesmuscheln, bereits gereinigt und bereit zum Grillen
- 200 ml Weißwein
- 2 EL natives Olivenöl extra
- 2 Knoblauchzehen, fein gehackt
- 1 rote Chilischote, entkernt und fein gehackt
- 250 g Kirschtomaten, halbiert
- 1 Bio-Zitrone, geviertelt
- 2 EL frisch gehackte Petersilie
- Salz und Pfeffer zum Abschmecken

Zubereitung:

1. Heize deinen Gasgrill auf 220 Grad vor. Stelle sicher, dass alle Brenner eingeschaltet sind.

2. Während der Grill aufheizt, mische in einer großen Schüssel die Miesmuscheln, den Weißwein, das Olivenöl, den Knoblauch und die Chilischote. Gib eine Prise Salz und Pfeffer hinzu und vermische alles gut.

3. Lege ein Stück Aluminiumfolie auf den Grill und verteile die Muschelmischung gleichmäßig darauf. Lege die Kirschtomaten und Zitronenviertel zwischen die Muscheln.

4. Schließe den Deckel des Grills und lass die Muscheln für etwa 10 Minuten garen. Sie sollten sich öffnen, wenn sie gar sind.

5. Nimm die Pfanne vom Grill und streue die gehackte Petersilie über die Muscheln. Drücke die gegrillten Zitronenviertel über die Muscheln aus.

6. Serviere die Muschelpfanne direkt vom Grill. Pass auf, sie ist heiß!

Jakobsmuscheln auf Zitronengras

Zubereitungszeit: 20 Minuten + 6 Minuten Grillzeit
Portionen: 8 Jakobsmuscheln

Zutaten:

- 8 frische Jakobsmuscheln, aus der Schale gelöst und gereinigt
- 2 Stängel Bio-Zitronengras, längs halbiert
- 1 EL natives Olivenöl extra
- Salz und frisch gemahlener Pfeffer nach Geschmack
- 1 frische Bio-Zitrone, ausgepresst
- 1 kleine rote Chilischote, entkernt und fein gehackt
- 1 Knoblauchzehe, fein gehackt
- 2 EL frischer Koriander, grob gehackt

Zubereitung:

1. Zuerst musst du den Gasgrill vorheizen. Stell die Temperatur auf 220 Grad ein.
2. Während der Grill vorheizt, bereitest du die Jakobsmuscheln vor. Tupfe sie trocken und leg sie beiseite.
3. Nun nimm das Zitronengras und bepinsel es mit einem Teil des Olivenöls. Leg die Jakobsmuscheln auf die Zitronengrasstängel.
4. Jetzt bereitest du die Marinade vor. Vermische in einer kleinen Schüssel das restliche Olivenöl, den Zitronensaft, die gehackte Chilischote und den Knoblauch. Schmecke sie mit Salz und Pfeffer ab.
5. Jetzt nimmst du die Jakobsmuscheln und beträufelst sie mit der Marinade. Lass sie kurz einziehen.
6. Jetzt geht es ans Grillen. Leg die Jakobsmuscheln mitsamt den Zitronengrasstängeln auf den vorgeheizten Grill. Grill sie 3 Minuten pro Seite.
7. Nach dem Grillen bestreue die Jakobsmuscheln mit dem gehackten Koriander.
8. Nun kannst du sie servieren. Guten Appetit!

Grilliertes Thunfischsteak

Zubereitungszeit: 10 Minuten + 10 Minuten Grillzeit
Portionen: 2 Steaks

Zutaten:

- 2 Thunfischsteaks, etwa 200 g pro Stück und mindestens 2 cm dick
- 3 EL natives Olivenöl extra
- Saft und Schale von 1 unbehandelten Bio-Zitrone
- 2 Knoblauchzehen, fein gehackt
- 1 TL Chiliflocken
- Salz und Pfeffer zum Abschmecken
- Frischer Koriander, grob gehackt

Zubereitung:

1. Sorge dafür, dass dein Gasgrill auf etwa 220 Grad vorgeheizt ist.

2. Mische in einer kleinen Schüssel das Olivenöl, den Zitronensaft, die Zitronenschale, den Knoblauch und die Chiliflocken. Diese Mischung wird als Marinade für das Thunfischsteak genutzt.

3. Bestreiche die Thunfischsteaks gleichmäßig mit der Marinade. Lass sie für ungefähr 10 Minuten einziehen.

4. Nach der Marinierzeit platzierst du die Steaks auf den heißen Grill. Grilliere sie für ungefähr 2 Minuten auf jeder Seite. Sie sollten eine schöne, leicht verkohlte Oberfläche haben, aber innen noch rosafarben und saftig sein.

5. Sobald sie fertig gegrillt sind, nimm die Steaks vom Grill und lass sie ein paar Minuten ruhen.

6. Schmecke sie vor dem Servieren mit Salz und Pfeffer ab und streue den frischen Koriander darüber.

7. Genieße deine gegrillten Thunfischsteaks zusammen mit einem frischen Salat und einer Scheibe Zitrone.

Fischburger mit Tartarsauce

Zubereitungszeit: 20 Minuten + 15 Minuten Grillzeit
Portionen: 2 Burger

Zutaten:

- 2 frische Brötchen, zum Toasten
- 300 g Weißfischfilet, z.B. Kabeljau, ohne Haut
- 1 TL natives Olivenöl extra
- Salz und Pfeffer nach Geschmack
- 1 EL Bio-Zitronensaft
- 4 Blätter Salat
- 1 Tomate, in Scheiben geschnitten
- 1 kleine rote Zwiebel, in dünne Ringe geschnitten
- **Für die Tartarsauce:**
- 100 g Mayonnaise
- 2 TL Kapern, fein gehackt
- 1 kleine Gewürzgurke, fein gehackt
- 1 EL frischer Dill, fein gehackt
- 1 TL Bio-Zitronensaft
- Salz und Pfeffer nach Geschmack

Zubereitung:

1. Heize deinen Gasgrill auf 180 Grad vor.
2. Würze die Fischfilets mit Salz, Pfeffer und Zitronensaft, beträufele sie mit Olivenöl und lege sie beiseite.
3. Für die Tartarsauce: Vermische Mayonnaise, Kapern, Gewürzgurke, Dill und Zitronensaft in einer Schüssel. Schmecke mit Salz und Pfeffer ab und stelle die Sauce beiseite.
4. Grilliere die Fischfilets auf dem Gasgrill für etwa 4-5 Minuten auf jeder Seite, bis sie durchgegart sind. Achte darauf, dass sie nicht zu trocken werden.
5. Während der Grillzeit kannst du die Brötchen aufschneiden und die Hälften kurz auf dem Grill rösten, bis sie leicht gebräunt sind.
6. Nun geht es ans Zusammenstellen der Burger: Bestreiche die untere Brötchenhälfte großzügig mit der Tartarsauce, belege sie dann mit einem Salatblatt, einem Stück Fischfilet, ein paar Tomatenscheiben und Zwiebelringen. Bedecke alles mit der oberen Brötchenhälfte.
7. Wiederhole Schritt 6 für den zweiten Burger.
8. Serviere die Fischburger sofort, solange sie noch warm sind. Genieße deinen selbstgemachten Fischburger mit Tartarsauce!

Sardinen „Grill Deluxe"

Zubereitungszeit: 15 Minuten + 10 Minuten Grillzeit
Portionen: 2

Zutaten:

- 6 frische Sardinen, ausgenommen und gereinigt
- 60 ml natives Olivenöl extra
- Saft einer Bio-Zitrone, halbiert
- 2 EL fein gehackter frischer Dill
- 1 TL Meersalz
- 1/2 TL frisch gemahlener schwarzer Pfeffer
- 2 Knoblauchzehen, fein gehackt
- 1 Rote Paprika, entkernt und in Streifen geschnitten

Zubereitung:

1. Zuerst den Gasgrill auf etwa 220 Grad vorheizen.

2. Dann nimmst du eine große Schüssel und vermischst das Olivenöl, den Zitronensaft, den Dill, das Meersalz, den schwarzen Pfeffer und den gehackten Knoblauch.

3. Die Sardinen in die Schüssel geben und sicherstellen, dass sie vollständig mit der Marinade bedeckt sind. Lasse sie für etwa 10 Minuten marinieren.

4. Nun nimmst du die Sardinen aus der Marinade und legst sie vorsichtig auf den Grill. Achte darauf, dass du sie nicht zu dicht aneinander platzierst, damit sie gleichmäßig garen können.

5. Die Sardinen für etwa 3-4 Minuten pro Seite grillen, bis sie goldbraun und knusprig sind.

6. In der Zwischenzeit die rote Paprika mit der restlichen Marinade in einer Pfanne bei mittlerer Hitze anbraten, bis sie weich ist.

7. Die gegrillten Sardinen auf einen Teller geben und die sautierte rote Paprika darüber verteilen.

Niedrigtemperatur-Spezialitäten

Pulled Pork „Low & Slow"

Zubereitungszeit: 10 Minuten + 6 Stunden Grillzeit
Portionen: 2

Zutaten:

- 1 kg Schweineschulter, entbeint und in grobe Stücke geschnitten
- 2 EL brauner Zucker
- 2 EL Paprikapulver
- 1 EL Meersalz
- 1 TL schwarzer Pfeffer, frisch gemahlen
- 1 TL Knoblauchpulver
- 250 ml Apfelsaft
- 2 EL natives Olivenöl extra
- 2 Brötchen
- 100 g Coleslaw (Krautsalat)

Zubereitung:

1. Mische den braunen Zucker, Paprikapulver, Meersalz, schwarzen Pfeffer und Knoblauchpulver in einer Schüssel zusammen, um deine Gewürzmischung herzustellen.

2. Reibe die Schweineschulterstücke gründlich mit Olivenöl ein und streue die Gewürzmischung gleichmäßig über das Fleisch. Stelle sicher, dass alle Seiten gut bedeckt sind.

3. Stelle deinen Gasgrill auf eine niedrige Temperatur ein, etwa 110 Grad.

4. Lege die Schweineschulter auf den Grill und schließe den Deckel. Lasse das Fleisch für ca. 6 Stunden grillen, bis es sehr zart ist und sich leicht zerteilen lässt.

5. Spritze während des Grillens etwa jede Stunde etwas Apfelsaft auf das Fleisch, um es feucht zu halten.

6. Wenn das Fleisch fertig ist, entferne es vom Grill und lasse es 10 Minuten ruhen. Zerzupfe das Fleisch dann mit zwei Gabeln zu kleineren Stücken.

7. Fülle die Brötchen mit dem Pulled Pork und toppe es mit Coleslaw.

8. Guten Appetit!

Rinderbrisket mit BBQ-Glasur

Zubereitungszeit: 30 Minuten + 4 Stunden Grillzeit
Portionen: 2

Zutaten:

- 1 kg Rinderbrisket, in 2 cm dicke Scheiben geschnitten
- 4 EL natives Olivenöl extra
- Salz und schwarzer Pfeffer zum Würzen
- 1 EL Chiliflocken
- 2 TL Paprikapulver
- 2 Knoblauchzehen, fein gehackt
- 2 EL Honig
- 100 ml Sojasoße
- 200 ml Tomatenketchup
- 2 EL Apfelessig
- 2 EL Brauner Zucker

Zubereitung:

1. Würze das Rinderbrisket mit Salz, Pfeffer, Chiliflocken und Paprikapulver auf beiden Seiten. Gib dann das Olivenöl darauf und massiere die Gewürze gut in das Fleisch ein. Lass es etwa 15 Minuten einwirken.

2. Während das Fleisch einwirkt, machst du die BBQ-Glasur. Dazu vermischst du den gehackten Knoblauch, Honig, Sojasoße, Ketchup, Apfelessig und braunen Zucker in einer mittelgroßen Schüssel. Rühre alles gut durch, bis du eine glatte Glasur erhältst.

3. Heize deinen Gasgrill auf 110 Grad vor. Lege das gewürzte Brisket auf den Grillrost, schließe den Deckel und lass es etwa 2 Stunden langsam grillen.

4. Nach 2 Stunden bestreichst du das Brisket großzügig mit der BBQ-Glasur. Schließe dann den Deckel erneut und lass das Fleisch weitere 2 Stunden grillen. Wende es dabei alle 30 Minuten und bestreiche es jedes Mal erneut mit der Glasur.

5. Prüfe nach 4 Stunden Grillzeit, ob das Brisket zart und saftig ist. Wenn es perfekt ist, nimmst du es vom Grill und lässt es einige Minuten ruhen, bevor du es aufschneidest.

6. Serviere das Brisket in Scheiben und beträufle es mit der restlichen BBQ-Glasur. Genieße es heiß mit deinen Lieblingssalaten oder Beilagen.

Lammkeule mit Rosmarin und Knoblauch

Zubereitungszeit: 20 Minuten + 2 Stunden Grillzeit
Portionen: 2

Zutaten:

- 1 Lammkeule, etwa 1 kg, pariert und abgespült
- 3 Knoblauchzehen, geschält und fein gehackt
- 2 Zweige frischer Rosmarin, gewaschen und die Blätter fein gehackt
- 1 EL natives Olivenöl extra
- 1 TL Meersalz
- 1/2 TL frisch gemahlener schwarzer Pfeffer
- 50 ml trockener Rotwein
- 1 frische Bio-Zitrone, halbiert und ausgepresst

Zubereitung:

1. Zuerst präpariere die Lammkeule. Mache ein paar kleine Schnitte in das Fleisch und fülle sie mit den fein gehackten Knoblauch und Rosmarin. Sei großzügig, das gibt Geschmack!

2. Bestreue die Lammkeule rundum mit Salz und Pfeffer. Drücke die Gewürze gut in das Fleisch, damit es ordentlich gewürzt ist.

3. Jetzt heize deinen Gasgrill auf 80 Grad vor. Stelle sicher, dass der Grill sauber ist und kein Fett mehr von vorherigen Grillvorgängen vorhanden ist.

4. Während der Grill vorheizt, beträufle die Lammkeule mit dem Olivenöl und dem Zitronensaft. Das gibt nicht nur zusätzlichen Geschmack, sondern hilft auch, die Lammkeule saftig zu halten.

5. Sobald der Grill bereit ist, lege die Lammkeule auf den Rost. Achte darauf, dass sie nicht direkt über der Flamme liegt. Das ist wichtig, um eine gleichmäßige Gartemperatur zu gewährleisten.

6. Lasse die Lammkeule nun etwa 2 Stunden bei 80 Grad grillen. Drehe sie alle 30 Minuten um, damit sie gleichmäßig gart.

7. In der letzten halben Stunde der Grillzeit beträufle die Lammkeule mit dem Rotwein. Dies gibt dem Fleisch eine zusätzliche Geschmacksnote und hält es saftig.

8. Prüfe nach 2 Stunden die Kerntemperatur des Fleisches. Sie sollte zwischen 58 und 62 Grad liegen. Wenn das der Fall ist, ist die Lammkeule perfekt.

9. Lasse das Fleisch vor dem Aufschneiden etwa 10 Minuten ruhen, um die Säfte im Fleisch zu verteilen. Dann schneide die Keule in Scheiben und serviere sie sofort.

Gegrillter Schweinebauch

Zubereitungszeit: 20 Minuten + 3 Stunden Grillzeit
Portionen: 2

Zutaten:

- 500 g Schweinebauch, in dicke Streifen geschnitten
- 1 EL natives Olivenöl extra
- 1 TL Salz
- 1 TL schwarzer Pfeffer, frisch gemahlen
- 2 EL Honig
- 2 Knoblauchzehen, fein gehackt
- 1 Stück Ingwer (etwa 2 cm), fein gehackt
- 1 rote Chilischote, fein gehackt
- 1 TL Sojasauce
- 1 TL Apfelessig

Zubereitung:

1. Heize zuerst den Gasgrill auf 130 Grad vor.

2. Mische in einer Schüssel das Olivenöl, Salz, Pfeffer, Honig, den fein gehackten Knoblauch, den fein gehackten Ingwer, die fein gehackte rote Chilischote, die Sojasauce und den Apfelessig zu einer Marinade.

3. Tupfe den Schweinebauch mit Küchenpapier trocken und gib ihn dann in die Marinade. Stelle sicher, dass jedes Stück gut bedeckt ist.

4. Lasse den Schweinebauch in der Marinade etwa 20 Minuten ziehen, während du dich um den Grill kümmerst.

5. Platziere den marinierten Schweinebauch auf den Grill, schließe den Deckel und lasse ihn bei niedriger Hitze etwa 3 Stunden garen.

6. Wende den Schweinebauch alle 30 Minuten, damit er gleichmäßig gart und eine schöne, knusprige Kruste erhält.

7. Prüfe nach 3 Stunden die Kerntemperatur mit einem Fleischthermometer. Sie sollte bei etwa 75 Grad liegen.

8. Sobald der Schweinebauch die gewünschte Temperatur erreicht hat, entferne ihn vom Grill und lasse ihn etwa 10 Minuten ruhen, bevor du ihn in Scheiben schneidest.

Spareribs „Sweet & Smoky"

Zubereitungszeit: 15 Minuten + 3 Stunden Grillzeit
Portionen: 2

Zutaten:

- 1 kg Spareribs, bereits pariert und in zwei Teile geteilt
- 60 g brauner Zucker
- 30 ml Ahornsirup
- 30 ml Sojasauce
- 1 EL Tomatenmark
- 2 TL geräuchertes Paprikapulver

- 1 TL schwarzer Pfeffer, frisch gemahlen
- 1 TL Salz
- 2 Knoblauchzehen, fein gehackt
- 1 mittelgroße Zwiebel, fein gewürfelt
- 250 ml Apfelsaft

Zubereitung:

1. Nimm zuerst die Spareribs und trockne sie mit Küchenpapier ab. Stelle sie zur Seite.

2. In einer mittelgroßen Schüssel vermischst du braunen Zucker, Ahornsirup, Sojasauce, Tomatenmark, geräuchertes Paprikapulver, schwarzen Pfeffer, Salz, gehackten Knoblauch und gewürfelte Zwiebel, um eine köstliche süße und rauchige Marinade zu erstellen.

3. Nimm die Spareribs und trage die Marinade großzügig auf beiden Seiten auf. Lass sie dann mindestens eine Stunde im Kühlschrank ruhen, damit die Aromen gut einziehen können.

4. Während die Spareribs marinieren, heize deinen Gasgrill auf 120 Grad vor.

5. Nach dem Marinieren legst du die Spareribs mit der Knochenseite nach unten auf den Grill. Schließe den Deckel und lass sie etwa 2 Stunden lang langsam garen.

6. Öffne nach 2 Stunden den Grill und pinsel die Spareribs mit Apfelsaft ein. Dies gibt den Spareribs zusätzliche Feuchtigkeit und Süße. Schließe den Grill erneut und lasse die Spareribs eine weitere Stunde grillen.

7. Nach insgesamt 3 Stunden Grillzeit sollten deine Spareribs fertig sein. Sie sollten außen schön karamellisiert und innen saftig und zart sein.

Beef Ribs „Texas Style"

Zubereitungszeit: 30 Minuten + 4 Stunden Grillzeit
Portionen: 2

Zutaten:

- 1 kg Rinderrippen, gut mariniert
- 50 ml natives Olivenöl extra
- 50 g brauner Zucker
- 30 ml Apfelessig
- 2 EL Paprikapulver, edelsüß
- 1 EL Kreuzkümmel, gemahlen
- 1 TL Cayennepfeffer
- 2 TL Salz
- 2 TL schwarzer Pfeffer, gemahlen
- 1 frische Chilischote, fein gehackt
- 2 Knoblauchzehen, gepresst

Zubereitung:

1. Beginne damit, die Rinderrippen unter kaltem Wasser abzuspülen und trocken zu tupfen.

2. In einer Schüssel vermengst du das Olivenöl, den braunen Zucker, den Apfelessig, das Paprikapulver, den Kreuzkümmel, den Cayennepfeffer, das Salz, den schwarzen Pfeffer, die gehackte Chilischote und den gepressten Knoblauch zu einer Marinade.

3. Massiere die Marinade gründlich in die Rinderrippen ein. Stelle sicher, dass jedes Stück gut bedeckt ist. Lass das Fleisch etwa 30 Minuten ruhen, damit die Aromen gut einziehen können.

4. In der Zwischenzeit heizt du deinen Gasgrill auf 110 Grad vor.

5. Platziere die Rinderrippen auf dem Grillrost und schließe den Deckel. Lass die Rippchen für etwa 4 Stunden grillen. Drehe sie alle 60 Minuten um, um eine gleichmäßige Garung zu gewährleisten.

6. Nach etwa 4 Stunden sollten die Rinderrippen zart und saftig sein. Sie sind fertig, wenn das Fleisch leicht vom Knochen fällt. Nimm die Rippchen vom Grill und lass sie ein paar Minuten ruhen, bevor du sie servierst.

Gegrilltes Entenbrustfilet

Zubereitungszeit: 15 Minuten+ 60 Minuten Grillzeit
Portionen: 2 Entenbrustfilets

Zutaten:

- 2 Entenbrustfilets, jeweils etwa 200 g, Haut eingeritzt
- 2 EL natives Olivenöl extra
- Salz und Pfeffer
- 2 EL Honig
- 1 EL Sojasauce
- 1 EL Senf, mittelscharf
- 2 Knoblauchzehen, gehackt
- 1 EL Rosmarin, gehackt
- 2 EL frischer Bio-Orangensaft

Zubereitung:

1. Tupfe die Entenbrustfilets mit Küchenpapier ab und ritze die Haut vorsichtig mit einem scharfen Messer ein. Aber Vorsicht, nicht ins Fleisch schneiden! Reibe die Filets mit Olivenöl ein und würze sie mit Salz und Pfeffer.

2. Stelle deinen Gasgrill auf 140 Grad ein. Leg die Entenbrustfilets mit der Hautseite nach unten auf den Grillrost und schließe den Deckel. Lass sie für etwa 30 Minuten grillen.

3. Währenddessen bereitest du die Marinade vor: Vermische Honig, Sojasauce, Senf, gehackten Knoblauch, Rosmarin und Orangensaft in einer kleinen Schüssel.

4. Nach 30 Minuten wendest du die Entenbrustfilets und bestreichst sie großzügig mit der Marinade. Lass sie weitere 30 Minuten grillen, bis sie eine Kerntemperatur von etwa 70 Grad erreicht haben.

5. Nimm die Entenbrustfilets vom Grill und lass sie für etwa 10 Minuten ruhen, bevor du sie aufschneidest.

6. Serviere die Entenbrustfilets auf vorgewärmten Tellern. Du kannst sie mit der restlichen Marinade beträufeln und nach Belieben mit Beilagen deiner Wahl servieren.

Lachs auf Zedernholzbrett

Zubereitungszeit: 10 Minuten + 40 Minuten Grillzeit
Portionen: 2 Lachsfilets

Zutaten:

- 2 Lachsfilets, jeweils etwa 200 g
- 1 Zedernholzbrett, vorher in Wasser eingeweicht
- 2 EL natives Olivenöl extra
- 1 EL Honig
- 1 TL Senf
- Saft einer halben Bio-Zitrone
- Salz und Pfeffer nach Geschmack
- Frische Kräuter (Dill, Petersilie), grob gehackt
- 1 Knoblauchzehe, gehackt
- 200 g grüne Bohnen, gewaschen und geputzt
- 1 EL Butter

Zubereitung:

1. Du beginnst mit dem Einweichen des Zedernholzbretts. Das Brett sollte mindestens eine Stunde, besser über Nacht, in Wasser liegen. So vermeidest du, dass es auf dem Grill verbrennt.

2. Heize deinen Gasgrill auf 120 Grad vor.

3. Während der Grill vorheizt, bereitest du die Marinade zu. Vermische das Olivenöl, den Honig, den Senf, den Zitronensaft, Salz und Pfeffer in einer kleinen Schüssel. Füge die gehackten Kräuter und den gehackten Knoblauch hinzu.

4. Trage die Marinade gleichmäßig auf die Lachsfilets auf. Stelle sicher, dass jede Seite gut bedeckt ist.

5. Lege die marinierten Lachsfilets auf das eingeweichte Zedernholzbrett und stelle es auf den Grill.

6. Grille den Lachs bei geschlossenem Deckel für etwa 40 Minuten. Der Fisch ist fertig, wenn er fest ist und sich leicht mit einer Gabel zerteilen lässt.

7. Während der Lachs grillt, bereitest du die Bohnen zu. Bringe Wasser in einem Topf zum Kochen und füge die Bohnen hinzu. Lasse sie für etwa 5 Minuten kochen, bis sie zart sind.

8. Gieße die Bohnen ab und gebe die Butter dazu. Schwenke sie in der Butter, bis sie gut überzogen sind.

9. Sobald der Lachs fertig ist, nimm ihn vom Grill. Serviere den Lachs auf dem Zedernholzbrett mit den butterigen grünen Bohnen.

Short Ribs mit Honig-Senf-Glasur

Zubereitungszeit: 15 Minuten + 3 Stunden Grillzeit
Portionen: 2

Zutaten:

- 500 g Short Ribs (kurze Rippen-stücke vom Rind, von der Metzgerei in 5 cm Stücke schneiden lassen)
- 3 EL Dijon Senf
- 2 EL flüssiger Honig
- 1 TL Chilipulver
- 1 TL gemahlener Kreuzkümmel
- 1 TL Knoblauchpulver
- Salz und Pfeffer zum Würzen
- 2 EL natives Olivenöl extra
- 2 EL Apfelessig
- 1 TL brauner Zucker

Zubereitung:

1. Zuerst die Glasur herstellen. Dijon Senf, flüssigen Honig, Chilipulver, gemahlenen Kreuzkümmel und Knoblauchpulver in einer Schüssel mischen. Mit Salz und Pfeffer abschmecken.

2. Die Short Ribs gründlich mit der Glasur einstreichen und für mindestens 15 Minuten marinieren lassen. Länger ist natürlich besser.

3. Den Gasgrill auf 120 Grad vorheizen.

4. Die Ribs mit der Knochenseite nach unten auf den Grill legen und bei geschlossenem Deckel für etwa 2,5 Stunden grillen lassen.

5. Währenddessen Olivenöl, Apfelessig und braunen Zucker in einer Schüssel vermengen. Diese Mischung dient als Grillsoße.

6. Nach den 2,5 Stunden die Ribs mit der vorbereiteten Grillsoße bestreichen und nochmal für etwa 30 Minuten grillen. Dabei öfters die Soße auftragen.

7. Nach insgesamt 3 Stunden sind die Short Ribs fertig und können vom Grill genommen werden. Vor dem Servieren noch einmal 5 Minuten ruhen lassen.

„Midnight" Bacon Bomb

Zubereitungszeit: 15 Minuten + 2 Stunden Grillzeit
Portionen: 2

Zutaten:

- 500 g Schweinebauch, in dicke Scheiben geschnitten
- 200 g Cheddar-Käse, in Würfel geschnitten
- 2 EL Ahornsirup
- 2 EL Worcestersoße
- 1 TL Cayennepfeffer
- Salz und Pfeffer nach Geschmack
- 1 frische Jalapeño, entkernt und fein gehackt
- 4 EL Barbecue-Sauce, deiner Wahl

Zubereitung:

1. Du nimmst eine Schüssel und vermischst darin Ahornsirup, Worcestersoße, Cayennepfeffer, Salz und Pfeffer. Das wird die Marinade für den Schweinebauch.

2. Lege den Schweinebauch in die Schüssel und massiere die Marinade gut in das Fleisch ein. Lass das Ganze für etwa 10 Minuten marinieren.

3. Während der Schweinebauch mariniert, heizt du deinen Gasgrill auf 110 Grad vor.

4. Nun verteilst du die Cheddar-Würfel und die gehackte Jalapeño gleichmäßig auf den marinierten Schweinebauchscheiben. Roll dann den Schweinebauch vorsichtig auf, sodass die Füllung gut verpackt ist.

5. Leg die aufgerollten Schweinebauchscheiben auf den Grill und schließe den Deckel. Sie brauchen etwa 2 Stunden, um perfekt zu werden. Du solltest sie etwa alle 30 Minuten wenden, damit sie gleichmäßig garen.

6. Kurz vor dem Ende der Garzeit bestreichst du die Schweinebauchrollen mit der Barbecue-Sauce. Gib ihnen noch weitere 10 Minuten auf dem Grill, damit die Sauce schön karamellisieren kann.

7. Danach nimmst du die „Midnight" Bacon Bomb vom Grill und lässt sie ein paar Minuten ruhen, bevor du sie aufschneidest und servierst. Guten Appetit!

Gesunde Salate vom Grill

Gegrillter Caesar Salad

Zubereitungszeit: 15 Minuten + 10 Minuten Grillzeit
Portionen: 2

Zutaten:

- 1 großer Romana Salat, halbiert
- 2 Hähnchenbrustfilets, gewürzt nach Belieben
- 4 Scheiben Vollkorntoast, in Würfel geschnitten
- 50 g Parmesan, frisch gerieben
- 2 EL natives Olivenöl extra
- 1 Knoblauchzehe, gepresst

- Salz und Pfeffer nach Geschmack
- **Für das Dressing:**
- 100 ml Joghurt
- 1 EL Dijon-Senf
- 1 EL Bio-Zitronensaft, frisch gepresst
- 1 TL Worcestershire-Sauce
- Salz und Pfeffer nach Geschmack

Zubereitung:

1. Schalte den Gasgrill ein und erhitze ihn auf etwa 200 Grad.

2. Während der Grill vorheizt, bereite die Zutaten vor. Putze den Salat und halbiere ihn. Würze die Hähnchenbrustfilets nach Belieben und schneide den Toast in Würfel. Reibe den Parmesan und presse den Knoblauch.

3. Bestreiche den Salat und die Hähnchenbrustfilets mit etwas Olivenöl. Platziere sie dann auf dem Grill und lasse sie etwa 5 Minuten grillen, bis das Hähnchen durchgegart ist und der Salat leicht verkohlt ist.

4. Während das Hähnchen und der Salat grillen, kannst du die Toastwürfel in einer Pfanne mit dem restlichen Olivenöl und dem Knoblauch knusprig braten.

5. Mische währenddessen die Zutaten für das Dressing zusammen: Joghurt, Dijon-Senf, Zitronensaft, Worcestershire-Sauce und Salz und Pfeffer nach Geschmack.

6. Nachdem das Hähnchen und der Salat fertig gegrillt sind, schneide das Hähnchen in Scheiben und arrangiere es mit dem Salat auf den Tellern. Bestreue es mit den Toastwürfeln und dem geriebenen Parmesan.

7. Serviere den Salat mit dem Dressing und genieße dein selbstgemachten, gegrillten Caesar Salad.

Halloumi-Salat mit Grillgemüse

Zubereitungszeit: 20 Minuten + 10 Minuten Grillzeit
Portionen: 2

Zutaten:

- 200 g Halloumi-Käse, in Scheiben schneiden
- 1 große rote Paprika, entkernt und in Stücke schneiden
- 1 große gelbe Paprika, entkernt und in Stücke schneiden
- 1 mittelgroße Zucchini, in dünne Scheiben schneiden
- 2 EL natives Olivenöl extra
- 1 EL Honig
- 1 EL Sojasauce
- Saft und Schale einer Bio-Zitrone
- Eine Handvoll frischer Basilikum, grob hacken
- Salz und Pfeffer nach Geschmack

Zubereitung:

1. Heize deinen Gasgrill auf etwa 200 Grad vor.

2. Gib das Olivenöl, den Honig, die Sojasauce, den Zitronensaft und die Zitronenschale in eine Schüssel und verrühre alles gut miteinander. Dies wird deine Marinade sein.

3. Tauche die Halloumi-Scheiben und das geschnittene Gemüse in die Marinade. Achte darauf, dass alles gut bedeckt ist.

4. Lege den Halloumi und das Gemüse auf den Grill und grille sie für etwa 10 Minuten, bis sie schön gebräunt und weich sind. Wende sie regelmäßig, damit sie nicht verbrennen.

5. Gib den gegrillten Halloumi und das Gemüse in eine Salatschüssel. Gib den gehackten Basilikum darüber und würze mit Salz und Pfeffer nach Belieben.

6. Gut umrühren und sofort servieren.

Gegrillte Wassermelone mit Feta

Zubereitungszeit: 10 Minuten + 6 Minuten Grillzeit
Portionen: 2

Zutaten:

- 1/4 Wassermelone, ohne Kerne, in etwa 2 cm dicke Scheiben geschnitten
- 150 g Feta, in Würfel geschnitten
- 1 Handvoll frische Minze, grob gehackt
- 1 kleine rote Zwiebel, in dünne Ringe geschnitten
- 2 EL natives Olivenöl extra
- 1 EL Balsamico-Essig
- Salz und schwarzer Pfeffer nach Geschmack

Zubereitung:

1. Heize deinen Gasgrill auf etwa 200 Grad vor. Während der Grill aufheizt, kannst du mit dem Salat beginnen.

2. In einer großen Schüssel die roten Zwiebelringe, Feta und Minze mischen. Gib das Olivenöl und den Balsamico-Essig dazu, würze mit Salz und Pfeffer und rühre alles gut durch, um sicherzustellen, dass alle Zutaten gut miteinander vermischt sind.

3. Sobald der Grill bereit ist, legst du die Wassermelonenscheiben auf den Grill und lässt sie etwa 3 Minuten pro Seite grillen, bis sie schöne Grillstreifen haben.

4. Nimm die gegrillten Wassermelonenscheiben vom Grill und schneide sie in mundgerechte Stücke. Füge sie zu der Salatmischung in der Schüssel hinzu und mische alles noch einmal gut durch.

5. Serviere den Salat sofort, solange die Wassermelone noch warm ist.

Caprese Salat mit gegrillten Tomaten

Zubereitungszeit: 10 Minuten + 10 Minuten Grillzeit
Portionen: 2

Zutaten:

- 4 mittelgroße reife Tomaten, halbiert
- 2 Mozzarella-Kugeln (à 125 g), in Scheiben geschnitten
- 20 g frisches Basilikum, grob gehackt
- 4 EL natives Olivenöl extra, zum Pinseln
- 2 EL Balsamico-Creme
- Salz und Pfeffer nach Geschmack

Zubereitung:

1. Heize deinen Gasgrill auf etwa 180 Grad vor.

2. Pinsle die Tomatenhälften mit 2 EL Olivenöl ein und würze sie mit Salz und Pfeffer.

3. Lege die Tomatenhälften mit der Schnittfläche nach unten auf den Grill. Grill sie für 5 Minuten, bis sie weich und leicht verkohlt sind.

4. Wende die Tomaten vorsichtig und grill sie nochmals für 5 Minuten.

5. In der Zwischenzeit lege die Mozzarellascheiben auf eine Servierplatte und träufle die Balsamico-Creme darüber.

6. Sobald die Tomaten fertig sind, lege sie auf den Mozzarella. Gib das gehackte Basilikum und das restliche Olivenöl darüber und würze nach Bedarf mit weiterem Salz und Pfeffer.

7. Serviere den Salat sofort, solange die Tomaten noch warm sind. Guten Appetit!

Warme Grillkartoffeln auf Feldsalat

Zubereitungszeit: 15 Minuten + 20 Minuten Grillzeit
Portionen: 2

Zutaten:

- 10 kleine Kartoffeln, gewaschen und halbiert
- 1 EL natives Olivenöl extra
- 1/2 TL Salz
- 1/4 TL Pfeffer
- 2 Handvoll Feldsalat, gewaschen und getrocknet
- 2 EL Balsamico Essig
- 50 ml natives Olivenöl extra
- 1 TL Senf
- 1 Knoblauchzehe, gepresst
- 30 g Parmesan, gerieben

Zubereitung:

1. Heize deinen Gasgrill auf 200 Grad vor.

2. Vermische die Kartoffelhälften in einer Schüssel mit 1 EL Olivenöl, Salz und Pfeffer. Achte darauf, dass alle Kartoffelhälften gut mit dem Öl bedeckt sind.

3. Platziere die Kartoffelhälften mit der Schnittfläche nach unten auf dem Grill. Schließe den Deckel und lass die Kartoffeln etwa 20 Minuten grillen, bis sie innen weich und außen knusprig sind.

4. Während die Kartoffeln grillen, bereite das Dressing vor. Vermische dazu in einer kleinen Schüssel Balsamico Essig, 50 ml Olivenöl, Senf und Knoblauch. Rühre gut um, bis sich alles vermischt hat.

5. Lege den Feldsalat auf zwei Teller und verteile das Dressing darauf.

6. Sobald die Kartoffeln fertig sind, nimm sie vom Grill und verteile sie warm auf dem Feldsalat.

7. Streue zum Schluss den geriebenen Parmesan über die Salate und serviere sie sofort.

Mediterraner Salat mit gegrillter Aubergine

Zubereitungszeit: 10 Minuten + 20 Minuten Grillzeit
Portionen: 2

Zutaten:

- 1 große Aubergine, in 1 cm dicke Scheiben geschnitten
- 2 EL natives Olivenöl extra
- Salz und Pfeffer nach Geschmack
- 200 g gemischte Salatblätter (Rucola, Spinat, Lollo Rosso), gewaschen und getrocknet
- 200 g Kirschtomaten, halbiert
- 1 gelbe Paprika, entkernt und in dünne Streifen geschnitten
- 100 g Fetakäse, zerbröckelt
- 50 g Oliven, entsteint und halbiert
- 50 ml Balsamico Creme
- 2 EL Honig
- 2 EL Bio-Zitronensaft

Zubereitung:

1. Heize deinen Gasgrill auf 180 Grad vor. Während der Grill vorheizt, pinselst du die Auberginenscheiben mit Olivenöl ein und würzt sie mit Salz und Pfeffer.

2. Lege die Auberginenscheiben auf den Grill und lasse sie etwa 10 Minuten grillen. Wende sie einmal, um sicherzugehen, dass sie auf beiden Seiten gleichmäßig gegrillt sind.

3. Während die Auberginen grillen, kannst du den Salat zubereiten. Mische die Salatblätter, Kirschtomaten, Paprika und Oliven in einer großen Schüssel.

4. Wenn die Auberginen schön gegrillt sind, nimm sie vom Grill und lasse sie ein wenig abkühlen.

5. Für das Dressing mischst du die Balsamico Creme, Honig und Zitronensaft in einer kleinen Schüssel.

6. Schneide die abgekühlten Auberginenscheiben in kleinere Stücke und füge sie dem Salat hinzu. Gib den Fetakäse hinzu und vermische alles gut.

7. Gieße das Dressing über den Salat und vermische noch einmal alles gut, bis alle Zutaten gleichmäßig mit Dressing bedeckt sind.

8. Serviere den Salat sofort. Guten Appetit!

Gegrillter Spargelsalat

Zubereitungszeit: 15 Minuten + 10 Minuten Grillzeit
Portionen: 2

Zutaten:

- 500 g grüner Spargel, Enden abgeschnitten und längs halbiert
- 2 EL natives Olivenöl extra
- Salz und Pfeffer nach Geschmack
- 200 g Kirschtomaten, halbiert
- 1 rote Zwiebel, dünn geschnitten
- 1 Bund frisches Basilikum, grob gehackt
- 2 EL Balsamico Essig
- 1 EL Honig
- 50 g Fetakäse, zerbröselt

Zubereitung:

1. Heize deinen Gasgrill auf etwa 200 Grad vor.

2. Tränke den Spargel in einer Schüssel mit Olivenöl und würze mit Salz und Pfeffer. Lege ihn dann auf den Grill und lasse ihn etwa 5 Minuten grillen, bis er leicht gebräunt und knusprig ist. Drehe den Spargel gelegentlich um, um ein gleichmäßiges Garen zu gewährleisten.

3. Nimm den Spargel vom Grill und lege ihn beiseite, um etwas abzukühlen.

4. In einer großen Schüssel kombinierst du die gegrillten Spargel, die halbierten Kirschtomaten, die dünn geschnittenen roten Zwiebeln und das grob gehackte Basilikum.

5. In einer kleinen Schüssel mischst du den Balsamico Essig und den Honig zusammen, um das Dressing herzustellen. Gib das Dressing über den Salat und vermische alles gut.

6. Streue den zerbröselten Fetakäse über den Salat und serviere ihn sofort. Genieße diesen leckeren, gesunden und frischen gegrillten Spargelsalat!

Steak-Salat mit Rucola und Parmesan

Zubereitungszeit: 10 Minuten + 8 Minuten Grillzeit
Portionen: 2

Zutaten:

- **Für das Steak:**
- 2 Rindersteaks, à 200 g, in Zimmertemperatur
- Salz und Pfeffer nach Geschmack
- 2 EL natives Olivenöl extra
- **Für den Salat:**
- 100 g Rucola, gewaschen und getrocknet
- 50 g Parmesan, in feine Scheiben gehobelt
- 10 Kirschtomaten, halbiert
- 1 kleine rote Zwiebel, in dünne Ringe geschnitten
- **Für das Dressing:**
- 4 EL natives Olivenöl extra
- 2 EL Balsamicoessig
- 1 TL Senf
- Salz und Pfeffer nach Geschmack

Zubereitung:

1. Stelle deinen Gasgrill auf ca. 200 Grad ein.
2. Würze die Steaks beidseitig mit Salz und Pfeffer. Bestreiche sie mit Olivenöl.
3. Lege die Steaks auf den Grillrost und grille sie 4 Minuten pro Seite für eine perfekte Garstufe. Bei Bedarf kannst du die Zeit verlängern oder verkürzen.
4. Nimm die Steaks vom Grill und lasse sie 5 Minuten ruhen.
5. Während die Steaks ruhen, bereite den Salat vor. Verteile Rucola, Tomaten, Zwiebelringe und Parmesanscheiben auf zwei Tellern.
6. Für das Dressing vermische Olivenöl, Balsamicoessig, Senf, Salz und Pfeffer in einer kleinen Schüssel. Rühre es gut durch, bis es emulgiert.
7. Schneide das Steak in dünne Scheiben und verteile es auf dem Salat.
8. Gib das Dressing über den Salat und serviere ihn sofort.

Gegrillter Mais-Salat mit Limettendressing

Zubereitungszeit: 15 Minuten + 15 Minuten Grillzeit
Portionen: 2

Zutaten:

- **Für den Salat:**
- 2 frische Maiskolben, Blätter und Fäden entfernt
- 1 Bund frischer Rucola, gewaschen und getrocknet
- 1 mittelgroße rote Zwiebel, dünn geschnitten
- 150 g Cherrytomaten, halbiert
- 1 EL natives Olivenöl extra
- Salz und Pfeffer zum Abschmecken
- **Für das Limettendressing:**
- Saft und Schale von 1 frischen Bio-Limette
- 4 EL natives Olivenöl extra
- 1 TL Honig
- Salz und Pfeffer zum Abschmecken

Zubereitung:

1. Heize deinen Gasgrill auf etwa 200 Grad vor.

2. Tränke die Maiskolben in Olivenöl und würze sie mit Salz und Pfeffer. Lege sie auf den Grill und lass sie ungefähr 15 Minuten grillen, bis sie rundum schön gebräunt sind. Wende sie alle 5 Minuten, um ein gleichmäßiges Garen zu gewährleisten.

3. Während der Mais grillt, kannst du das Limettendressing vorbereiten. Vermische in einer kleinen Schüssel den Limettensaft, die Limettenschale, das Olivenöl und den Honig. Schmecke es mit Salz und Pfeffer ab.

4. Sobald der Mais fertig ist, nimm ihn vom Grill und lass ihn ein paar Minuten abkühlen. Danach schneidest du die Maiskörner vorsichtig mit einem scharfen Messer vom Kolben ab.

5. Nun kannst du den Salat zusammenstellen. Verteile den Rucola auf zwei Tellern. Gib dann die gegrillten Maiskörner, die geschnittene rote Zwiebel und die halbierten Cherrytomaten darüber.

6. Gib zum Schluss das Limettendressing über den Salat und serviere ihn sofort.

Salat mit gegrillten Pfirsichen und Ziegenkäse

Zubereitungszeit: 15 Minuten + 10 Minuten Grillzeit
Portionen: 2

Zutaten:

- 4 reife Pfirsiche, halbiert und entsteint
- 100 g Ziegenkäse, in Scheiben geschnitten
- 100 g gemischter Salat (Rucola, Spinat, Feldsalat)
- 50 g Walnüsse, grob gehackt
- 3 EL natives Olivenöl extra
- 2 EL Balsamico Essig
- Salz und Pfeffer nach Geschmack
- 1 EL Honig

Zubereitung:

1. Heize deinen Gasgrill auf 200 Grad vor.

2. Während der Grill vorheizt, mische in einer kleinen Schüssel das Olivenöl, den Balsamico Essig, den Honig, Salz und Pfeffer. Das ist dein Dressing.

3. Bestreiche die Schnittflächen der Pfirsiche mit etwas von dem Dressing. Bewahre den Rest für den Salat auf.

4. Lege die Pfirsiche mit der Schnittseite nach unten auf den Grill. Lasse sie ungefähr 5-7 Minuten grillen, bis sie weich und mit Grillstreifen versehen sind.

5. Während die Pfirsiche grillen, verteile den gemischten Salat auf zwei Tellern. Leg die Ziegenkäsescheiben dazu und streue die gehackten Walnüsse darüber.

6. Wenn die Pfirsiche fertig gegrillt sind, nimm sie vom Grill und lass sie ein bisschen abkühlen. Schneide sie dann in Spalten.

7. Verteile die gegrillten Pfirsichspalten auf den Salattellern und beträufle alles mit dem restlichen Dressing.

8. Serviere den Salat sofort. Guten Appetit!

Schlusswort

Liebe Leserin, lieber Leser,

jetzt sind wir am Ende angekommen. Ich hoffe, du hast eine Fülle von neuen Ideen, Inspirationen und praktischen Tipps mitgenommen, die du auf deinem eigenen Grill-Abenteuer anwenden kannst.

Ich wünsche mir, dass dieses Buch dich dazu inspiriert hat, das Grillen nicht nur als eine Methode zur Zubereitung von Speisen zu betrachten, sondern auch als eine Gelegenheit, neue Aromen zu entdecken, kreativ zu sein und Freude an der Zubereitung von Speisen zu haben. Die Freude am Entdecken neuer Rezepte, das Experimentieren mit verschiedenen Marinaden und Würzungen und das Teilen von köstlichem Essen mit Freunden und Familie ist das, was das Grillen für mich zu einem besonderen Erlebnis macht.

Denke daran, dass Übung den Meister macht. Jedes Mal, wenn du deinen Gasgrill anfeuerst, hast du die Chance, etwas Neues auszuprobieren und deine Fähigkeiten zu verbessern. Mit jeder Grillparty wirst du mehr Vertrauen in deine Grillfähigkeiten gewinnen und mehr Freude an diesem wunderbaren Hobby finden.

Ich wünsche dir viele wunderbare und genussvolle Stunden am Grill.

Viel Vergnügen und guten Appetit wünscht dir,

Jan Schmidt

Dutch Oven

Vorwort

Liebe Leserin, lieber Leser,

willkommen in der faszinierenden Welt des Dutch Oven Kochens! Im Laufe der Jahre habe ich eine Vielzahl von Informationen, Kenntnissen und Geheimnissen rund um das Kochen mit dem Dutch Oven gesammelt, die ich nun gerne mit dir teilen möchte.

Der Dutch Oven ist mehr als nur ein Kochgerät. Er ist ein vielseitiges Küchenwerkzeug, das ein einzigartiges Kocherlebnis ermöglicht. Egal ob du ein knuspriges Brot, eine köstliche Suppe oder einen saftigen Braten zubereiten möchtest, der Dutch Oven bietet dir die Kontrolle und Flexibilität, um jedes Gericht zu perfektionieren. Die robuste Bauweise und die hervorragende Wärmeverteilung des Dutch Oven sorgen für eine gleichmäßige und sanfte Gartemperatur – das ist das Geheimnis seines Erfolgs.

Ob du ein Anfänger bist, der seinen ersten Dutch Oven gekauft hat, oder ein erfahrener Koch, der nach neuen Inspirationen sucht, dieses Kochbuch bietet für jeden etwas. Ich hoffe, dass meine Erfahrungen und Tipps dich inspirieren und dich dazu ermutigen, dein eigenes Dutch Oven Abenteuer zu beginnen.

Die Verwendung eines Dutch Oven kann zunächst einschüchternd wirken, aber ich verspreche dir, dass es mit der richtigen Anleitung und ein wenig Übung einfacher ist, als du denkst. Mit diesem Buch möchte ich dir zeigen, wie vielseitig der Dutch Oven ist und wie du seine Funktionen optimal nutzen kannst.

Im zweiten Teil findest du eine große Auswahl an leckeren und abwechslungsreichen Rezepten, die speziell für den Dutch Oven entwickelt wurden. Jedes Rezept ist so gestaltet, dass es sowohl den Einsteiger als auch den erfahrenen Koch begeistert.

In diesem Sinne: Schnapp dir deinen Kochlöffel und mach dich bereit für eine Reise in die faszinierende Welt des Dutch Oven Kochens!

Viel Vergnügen und guten Appetit wünscht dir,

Jan Schmidt

Einführung

Ursprung und Entwicklung

Die ersten Dutch Ovens, wie wir sie heute kennen, haben ihren Ursprung im 17. Jahrhundert, in einem kleinen europäischen Land, das wir heute als die Niederlande kennen. Niederländische Handwerker waren Meister der Gusseisenproduktion. Sie verwendeten ein spezielles Verfahren, das die Verwendung von Sandformen zur Herstellung der Töpfe beinhaltete, eine Praxis, die eine feinere und glattere Oberfläche ergab als die herkömmlichen Methoden. Dieser niederländische Ofen oder Dutch Oven, wie wir ihn kennen, hat seinen Namen von diesen fleißigen Handwerkern und ihrer beeindruckenden Fähigkeit zur Gusseisenproduktion.

Nun könnte man sich fragen, wie kam es, dass ein niederländischer Ofen seinen Weg über den Atlantik fand und zu einem festen Bestandteil der amerikanischen Küche und Kultur wurde? Die Antwort auf diese Frage führt uns zu einem englischen Kaufmann namens Abraham Darby. Darby, fasziniert von der Gusseisenproduktion, reiste im frühen 18. Jahrhundert in die Niederlande, um das Geheimnis dieser Technik zu lüften. Er lernte, perfektionierte und führte letztendlich diese Methode in England ein, wobei er eine Technik patentierte, um gusseiserne Töpfe in Sandformen herzustellen.

Darbys Gusseisentöpfe waren robust und langlebig, genau wie ihre niederländischen Gegenstücke. Diese Töpfe wurden in England und schließlich auch in Amerika als „Dutch Ovens" bekannt. Sie waren unverzichtbar für die ersten Siedler, die aus England und anderen Teilen Europas kamen und sich in Amerika niederließen. Ihr Dutch Oven begleitete sie auf ihrer Reise in die neue Welt und wurde schnell zu einem unverzichtbaren Werkzeug für das Kochen und Überleben in der neuen Welt.

In Amerika hat der Dutch Oven eine neue Bedeutung und Zweck erlangt. Die Pioniere, die den Wilden Westen besiedelten, mussten in einer oft feindseligen Umgebung überleben, und der Dutch Oven wurde zu ihrem treuen Verbündeten. Er diente ihnen als praktisches Allzweck-Kochgerät – ideal zum Schmoren von Fleisch, zum Backen von Brot und sogar zum Zubereiten von Kuchen. Der Dutch Oven wurde für die Siedler zu einer Art überlebensgroßem Schweizer Taschenmesser, nur eben für die Küche.

Mit der Zeit wurde der Dutch Oven weiter angepasst und verfeinert, um den Bedürfnissen seiner Benutzer gerecht zu werden. So wurden beispielsweise Füße hinzugefügt, um den Topf stabil über dem Feuer halten zu können. Der Deckel wurde so modifiziert, dass er flach war und einen Rand hatte, damit heiße Kohlen darauf platziert werden konnten. Diese Änderungen ermöglichten eine gleichmäßigere Wärmeverteilung im Topf, wodurch der Dutch Oven praktisch zu einem mobilen Ofen wurde.

Mit der Weiterentwicklung der Küchentechnik und dem Aufkommen von modernen Öfen und Herden im 20. Jahrhundert verlor der Dutch Oven zunächst etwas an Bedeutung. Doch in den letzten Jahrzehnten hat er durch die zunehmende Beliebtheit des Outdoor-Kochens und -Campings eine Renaissance erlebt. Ob es nun darum geht, ein herzhaftes Chili zu köcheln, ein knuspriges Brot zu backen oder sogar einen Schokoladenkuchen zu zaubern, der Dutch Oven zeigt, dass er immer noch genauso vielseitig und zuverlässig ist wie in den Tagen der Pioniere.

Heute ist der Dutch Oven weit mehr als nur ein Küchengerät. Er ist ein Symbol für die robuste, unkomplizierte Küche, ein Relikt aus einer Zeit, in der Kochen noch eine Kunst war, die Geduld, Geschick und Kreativität erforderte. Er ist ein Stück Geschichte, das über Jahrhunderte hinweg bewahrt wurde und uns immer noch dient. Der Dutch Oven ist ein Beweis für die Zeitlosigkeit guter Küche und für die Tatsache, dass manchmal die einfachsten Werkzeuge die besten sind.

Was ist ein Dutch Oven?

Wenn du auf den Begriff „Dutch Oven" stößt, könntest du zuerst denken, dass es sich um einen besonderen Ofen aus den Niederlanden handelt. Aber der Dutch Oven, wie wir ihn kennen, ist kein Ofen im herkömmlichen Sinne. Vielmehr ist er ein schwerer, meist aus Gusseisen gefertigter Topf mit einem dicht schließenden Deckel. Die Hauptmerkmale dieses Töpfchens sind seine Robustheit und Vielseitigkeit. Aber bevor wir uns weiter in die Details vertiefen, lassen wir uns zuerst einen Überblick über seine grundlegenden Eigenschaften verschaffen.

Zuallererst, wie bereits erwähnt, ist der Dutch Oven in der Regel aus Gusseisen hergestellt. Dieses Material ist bekannt für seine hervorragenden Wärmeeigenschaften. Es speichert Wärme über einen langen Zeitraum und gibt sie gleichmäßig ab. Das ist ein großer Vorteil, wenn man gleichmäßig gekochtes Essen oder perfekt gebackenes Brot zubereiten möchte. Glaube mir, wenn ich dir sage, dass die Wärmeverteilung in der Küche von entscheidender Bedeutung ist, und der Dutch Oven ist ein Champion in diesem Bereich.

Der Dutch Oven hat einen schweren Deckel, der sicher auf dem Topf sitzt. Der De-ckel spielt eine entscheidende Rolle bei der Funktionalität des Dutch Oven, da er hilft, die Hitze einzuschließen und eine „Ofen"-ähnliche Umgebung innerhalb des Topfes zu schaffen. Dies ist besonders nützlich beim Backen oder Schmoren, wenn eine konstante Temperatur für eine längere Zeit beibehalten werden muss.

Die meisten Dutch Ovens haben auch drei kleine Beine an der Unterseite. Die Beine sind dazu da, den Topf über den Kohlen zu halten, so dass Luft darunter zirkulieren kann. Dies ist besonders wichtig beim Kochen im Freien, wo der Dutch Oven oft direkt auf ein offenes Feuer oder auf heiße Kohlen gesetzt wird. Die Beine helfen, eine konstante Temperatur aufrechtzuerhalten und verhindern, dass der Boden des Topfes durch direkten Kontakt mit der Hitzequelle überhitzt wird.

Obwohl der Dutch Oven traditionell aus Gusseisen hergestellt wird, gibt es heute auch Modelle aus anderen Materialien wie Aluminium oder Edelstahl. Diese Töpfe haben ihre eigenen Vor- und Nachteile. Persönlich bevorzuge ich die klassischen gusseisernen Dutch Ovens, aber je nach deinen Bedürfnissen und Vorlieben könn-ten auch andere Materialien passend sein.

Jetzt, da wir die Grundlagen geklärt haben, kommen wir zum spannenden Teil: den vielseitigen Möglichkeiten des Dutch Oven. Dieser Topf ist ein echter Alles-könner. Er kann zum Braten, Backen, Schmoren, Frittieren und sogar zum Grillen verwendet werden. Du kannst damit praktisch alles zubereiten, von Eintöpfen und Suppen bis hin zu Brot und Kuchen.

Das Kochen mit einem Dutch Oven kann ein bisschen Übung erfordern, besonders wenn du es gewohnt bist, auf einem normalen Herd oder Ofen zu kochen. Die Temperaturkontrolle ist der Schlüssel zur Meisterung des Dutch Oven. Du musst lernen, wie man die Hitze reguliert, indem man die Menge und Anordnung der Kohlen oder das Feuer kontrolliert. Aber keine Sorge, es ist nicht so kompliziert, wie es klingt, und mit ein bisschen Übung wirst du bald ein Profi sein.

Einer meiner Lieblingstipps für das Kochen mit dem Dutch Oven ist, immer ein Paar hitzebeständige Handschuhe zur Hand zu haben. Da der gesamte Topf heiß wird, auch die Griffe und der Deckel, ist es wichtig, sich vor Verbrennungen zu schützen. Ich kann dir nicht sagen, wie oft ich mir fast die Finger verbrannt hätte, weil ich vergessen hatte, dass der Griff heiß ist!

In Bezug auf die Pflege, der Dutch Oven benötigt ein wenig mehr Aufmerksamkeit als deine Töpfe und Pfannen. Aber wenn du ihn gut behandelst, wird er dir jahrzehntelang treu dienen. Einer der wichtigsten Aspekte bei der Pflege eines Dutch Oven ist das Einbrennen, ein Prozess, der dazu dient, eine natürliche Antihaftschicht auf der Oberfläche des Topfes zu erzeugen und ihn vor Rost zu schützen. Dieser Prozess sollte regelmäßig wiederholt werden, um den Topf in gutem Zustand zu halten.

Grundlagen

Auswahl des richtigen Dutch Oven

Die Wahl des richtigen Dutch Oven kann zunächst wie eine entmutigende Aufgabe erscheinen. Die Vielfalt der Modelle, Größen und Materialien kann überwältigend sein.

Das richtige Material

Wie bereits erwähnt, ist Gusseisen das traditionelle Material für Dutch Ovens und es ist nach wie vor die erste Wahl für viele. Gusseisen ist langlebig, robust und bekannt für seine gleichmäßige Wärmeverteilung und -speicherung. Es hat allerdings seine eigenen Nachteile: es ist schwer und kann rosten, wenn es nicht ordnungsgemäß gepflegt wird. Trotzdem ist es meine erste Wahl und meiner Meinung nach die beste Option für einen Dutch Oven, wenn du bereit bist, die nötige Pflege auf dich zu nehmen.

Aluminium-Dutch Ovens sind eine leichtere Alternative zu Gusseisen. Sie reagieren schnell auf Temperaturveränderungen und sind pflegeleicht. Sie verteilen allerdings die Wärme nicht so gleichmäßig wie Gusseisen und können leichter beschädigt werden. Wenn du nach einem leichtgewichtigen Dutch Oven suchst und bereit bist, Abstriche bei der Wärmeverteilung zu machen, könnte ein Aluminium-Dutch Oven die richtige Wahl für dich sein.

Die richtige Größe

Dutch Ovens gibt es in verschiedenen Größen, von kleinen Modellen für zwei Personen bis hin zu großen Töpfen, die eine ganze Familie ernähren können. Die richtige Größe hängt von deinen individuellen Bedürfnissen ab. Wenn du vorhast, hauptsächlich für dich selbst oder für zwei Personen zu kochen, könnte ein kleiner Dutch Oven mit einer Kapazität von 2 bis 4 Litern ausreichend sein. Wenn du aber oft für eine größere Gruppe kochst oder gerne große Mengen zubereitest und Reste für später aufbewahrst, solltest du einen größeren Dutch Oven in Betracht ziehen, der 6 Liter oder mehr fasst.

Stil und Design

Die meisten Dutch Ovens haben ein traditionelles Design mit einem flachen Deckel und drei Beinen, die es ermöglichen, den Topf über Kohlen zu stellen. Es gibt jedoch auch Modelle ohne Beine, die auf einer Herdplatte oder im Ofen verwendet werden können. Einige Dutch Ovens haben einen tiefen Deckel mit einem Rand, der es ermöglicht, Kohlen auf den Deckel zu legen und so die Hitze von oben zu verstärken. Dies ist besonders nützlich für das Backen.

Preis-Leistungs-Verhältnis

Dutch Ovens können je nach Marke, Größe und Material erhebliche Preisunterschiede aufweisen. Ich würde empfehlen, ein Budget festzulegen und innerhalb dieses Budgets nach dem besten verfügbaren Dutch Oven zu suchen. Es ist wichtig zu bedenken, dass ein teurer Dutch Oven nicht unbedingt besser ist als ein günstigerer. Es kommt auf das Material, die Größe, das Design und natürlich deine individuellen Bedürfnisse an.

Wichtige Utensilien und Zubehör

Deckelheber

Eines der wichtigsten Utensilien, das du für deinen Dutch Oven brauchst, ist ein Deckelheber. Ein Deckelheber ist ein einfaches, aber unverzichtbares Werkzeug, das dir hilft, den heißen Deckel deines Dutch Ovens sicher und ohne Verbrennungen zu heben. Es gibt verschiedene Arten von Deckelhebern, aber die gängigsten sind jene, die speziell für Dutch Ovens entwickelt wurden und über einen langen Griff und Haken verfügen. Ich kann nicht genug betonen, wie wichtig dieses Werkzeug ist – es macht das Kochen mit deinem Dutch Oven so viel sicherer und einfacher!

Deckelständer

Ein Deckelständer kann sehr praktisch sein, wenn du den Deckel deines Dutch Ovens abnehmen musst. Statt den heißen Deckel auf den Boden oder eine andere unsichere Oberfläche zu legen, kannst du ihn einfach auf den Deckelständer legen. So wird sichergestellt, dass der Deckel sicher und sauber ist, während du dein Essen überprüfst oder Zutaten hinzufügst.

Kohlenzange

Eine Kohlenzange ist ein weiteres unverzichtbares Werkzeug. Es wird verwendet, um heiße Kohlen sicher zu bewegen und zu positionieren. Mit einer Kohlenzange kannst du die Kohlen präzise positionieren, um die ideale Temperatur für dein Gericht zu erreichen. Es gibt viele verschiedene Arten von Kohlenzangen, aber ich empfehle eine mit langen Griffen und stabilen Zinken.

Feuerfeste Handschuhe

Sicherheit sollte immer an erster Stelle stehen, und das gilt auch für das Kochen mit dem Dutch Oven. Deshalb sind feuerfeste Handschuhe ein Muss. Sie schützen deine Hände vor der Hitze und ermöglichen es dir, heiße Utensilien sicher zu greifen und zu bewegen. Es gibt verschiedene Arten von feuerfesten Handschuhen, aber ich empfehle solche, die bis über den Unterarm reichen und einen guten Hitzeschutz bieten.

Tragetasche

Eine Tragetasche mag nicht unbedingt notwendig sein, aber sie ist definitiv praktisch. Sie erleichtert den Transport deines Dutch Ovens und schützt ihn gleichzeitig vor Beschädigungen. Zudem hilft sie dabei, deinen Dutch Oven sauber zu halten, wenn er nicht in Gebrauch ist. Wenn du vorhast, deinen Dutch Oven häufig zu transportieren, etwa zum Campen oder Picknicken, dann ist eine Tragetasche eine lohnende Investition.

Pflegeprodukte für Gusseisen

Wenn dein Dutch Oven aus Gusseisen besteht, wirst du einige Pflegeprodukte benötigen, um ihn in gutem Zustand zu halten. Dazu gehört ein gutes Öl zum Einbrennen und eventuell ein Reinigungsmittel, das speziell für Gusseisen entwickelt wurde. Gusseisen kann rosten, wenn es nicht ordnungsgemäß gepflegt wird, daher ist die richtige Pflege sehr entscheidend.

Schaber

Gusseisen kann etwas schwieriger zu reinigen sein als andere Materialien. Ein Schaber kann daher sehr hilfreich sein. Mit ihm kannst du angebrannte Reste leicht von der Oberfläche deines Dutch Ovens entfernen, ohne das Gusseisen zu beschädigen. Es gibt Schaber aus verschiedenen Materialien, aber ich empfehle solche aus Kunststoff, um Kratzer auf deinem Dutch Oven zu vermeiden.

Untersetzer

Ein Untersetzter, oft auch Trivet genannt, ist ein weiteres nützliches Accessoire. Es handelt sich dabei um ein kleines Gestell, das unter den Boden des Dutch Ovens gestellt wird, um zu verhindern, dass das Essen direkt auf dem Boden des Topfes kocht. Dies kann besonders hilfreich sein, um ein Anbrennen zu vermeiden und eine gleichmäßigere Wärmeverteilung zu gewährleisten.

Kochlöffel und Pfannenwender

Natürlich wirst du auch einige grundlegende Kochutensilien benötigen, wie zum Beispiel einen Kochlöffel und einen Pfannenwender. Da dein Dutch Oven aus Gusseisen besteht und daher möglicherweise zerkratzt werden könnte, empfehle ich dir, Utensilien aus Holz oder Kunststoff zu verwenden.

Thermometer

Ein Thermometer kann beim Kochen mit einem Dutch Oven von großem Nutzen sein. Mit einem Thermometer kannst du die Temperatur in deinem Dutch Oven genau überwachen und sicherstellen, dass dein Essen perfekt gegart wird. Es gibt spezielle Thermometer, die für die Verwendung mit einem Dutch Oven entwickelt wurden, aber ein herkömmliches Lebensmittelthermometer kann ebenso gut funktionieren.

Anzündmethoden

Anzünden mit Holzkohlebriketts

Das Anzünden deines Dutch Ovens mit Holzkohlebriketts ist wohl die gängigste Methode und bietet eine Menge Kontrolle über die Kochtemperatur. Eine einfache Faustregel für die Menge der benötigten Briketts: Benutze ungefähr so viele Briketts wie das doppelte des Dutch Oven-Durchmessers in Zoll. Wenn du also einen 12 Zoll (etwa 30 cm) Dutch Oven hast, benötigst du etwa 24 Briketts. Diese Methode zielt darauf ab, eine ungefähre Temperatur von 180 °C im Inneren des Dutch Ovens zu erreichen. Aber Vorsicht, dies ist nur ein Anhaltspunkt und die tatsächliche Anzahl kann je nach Wind, Außentemperatur und dem spezifischen Gericht, das du zubereitest, variieren.

Die Briketts kannst du in einem Anzündkamin entzünden, welches eine sehr effektive Methode ist, um Holzkohle schnell und gleichmäßig zum Glühen zu bringen. Nachdem die Briketts vollständig entzündet sind – sie sollten mit einer feinen Schicht Asche bedeckt sein –, kannst du sie gleichmäßig unter und auf den Deckel des Dutch Ovens verteilen.

Für die meisten Gerichte funktioniert die Methode „Drei-zu-eins" gut. Das bedeutet, dass du etwa ein Drittel der Briketts unter den Dutch Oven legst und zwei Drittel auf den Deckel. Die Hitze im Dutch Oven verteilt sich dann wie in einem

Konvektionsofen. Für bestimmte Gerichte, wie zum Beispiel Brot, kannst du aber auch mehr Hitze von oben benötigen.

Anzünden mit Holz

Die Verwendung von Holz zum Anzünden deines Dutch Ovens ist eine eher traditionelle Methode, die etwas mehr Geschick und Erfahrung erfordert, da die Temperaturkontrolle schwieriger ist als bei Holzkohlebriketts. Aber keine Sorge, mit etwas Übung wirst du auch diese Methode beherrschen.

Für das Anzünden mit Holz ist trockenes, gut gelagertes Holz am besten geeignet. Es brennt heiß und gleichmäßig und hinterlässt gute Glut, mit der du deinen Dutch Oven effektiv erhitzen kannst. Du kannst das Holz entweder in einer Feuerstelle oder direkt unter deinem Dutch Oven anzünden. Wichtig ist, dass du genügend Glut hast, um den Dutch Oven sowohl von unten als auch von oben zu erhitzen. Du kannst die Glut dann mit einer Schaufel oder einer Grillzange unter und auf den Dutch Oven verteilen.

Tipp: Verwende nicht zu viel Holz auf einmal. Es ist besser, kontinuierlich kleine Mengen Holz nachzulegen, um die Temperatur zu regulieren.

Anzünden mit Gas

Eine weitere Möglichkeit ist das Anzünden mit einem Gasbrenner. Diese Methode erfordert spezielle Ausrüstung, wie einen Gasbrenner und eine Gasflasche, bietet aber auch einige Vorteile. So ist die Temperaturkontrolle zum Beispiel sehr einfach, und du hast keine Asche oder Glut, die du anschließend entsorgen musst. Zum Anzünden mit Gas stellst du deinen Dutch Oven einfach auf den Gasbrenner und regelst die Flamme, um die gewünschte Temperatur zu erreichen. Achte dabei auf eine gleichmäßige Hitzeverteilung, um ein Anbrennen des Essens zu vermeiden. Manche Gasbrenner verfügen sogar über ein Thermostat, das dir dabei hilft, die Temperatur konstant zu halten.

Beim Gaskocher ist es allerdings schwieriger, Hitze von oben auf den Dutch Oven zu bringen, was bei einigen Gerichten erforderlich ist. Du kannst dieses Problem umgehen, indem du einen speziellen Dutch Oven mit einem hohlen Deckel verwendest, in den du heiße Kohlen oder Briketts legen kannst.

Anzünden mit einer Feuerstelle

Das Anzünden deines Dutch Ovens in einer Feuerstelle ist eine weitere Option, die sich besonders für das Campen oder für das Kochen im Freien eignet. Bei dieser

Methode platzierst du den Dutch Oven direkt in eine Feuerstelle und nutzt die Glut und Hitze des Feuers zum Kochen. Es ist ratsam, ein stabiles Gitter oder einen Grillrost zu verwenden, um den Dutch Oven sicher in der Feuerstelle zu platzieren.

Für die Feuerstelle benötigst du ausreichend trockenes Holz und ein geeignetes Feueranzündmittel. Zünde das Feuer an und warte, bis genügend Glut entstanden ist. Dann kannst du deinen Dutch Oven in die Glut stellen und mit Kochen beginnen.

Anzünden mit einem Holzkohlegrill

Wenn du einen Holzkohlegrill hast, kannst du diesen auch zum Anzünden deines Dutch Ovens verwenden. Das Prinzip ist das gleiche wie bei der Verwendung von Holzkohlebriketts. Du zündest die Kohle im Grill an und verteilst sie dann unter und auf dem Dutch Oven.

Ein Vorteil dieser Methode ist, dass du die Temperatur durch das Öffnen oder Schließen der Lüftungsöffnungen am Grill regulieren kannst. Aber auch hier ist Übung erforderlich, um die perfekte Temperatur zu erreichen.

Wähle die Anzündmethode, die am besten zu deinen Kochbedürfnissen und deiner Ausrüstung passt. Mit ein wenig Übung und Geduld wirst du bald in der Lage sein, deinen Dutch Oven wie ein Profi anzuzünden!

Kochtechniken

Wärmeverteilung

Anordnung der Briketts

Das Muster, indem du die Briketts platzierst, spielt eine entscheidende Rolle für die Wärmeverteilung. Eine gebräuchliche Methode ist die Ringanordnung. Dabei legst du die Briketts in einem gleichmäßigen Kreis unter und auf dem Dutch Oven. Für spezielle Kochtechniken wie das Backen, ist es ratsam, mehr Briketts auf dem Deckel zu platzieren, um die Oberhitze zu erhöhen. Bei anderen Techniken, wie dem Schmoren, brauchst du mehr Unterhitze und legst entsprechend mehr Briketts unter den Topf.

Rotation des Dutch Ovens

Eine weitere effektive Methode zur Optimierung der Wärmeverteilung ist das Rotieren des Dutch Ovens und seines Deckels. Durch die Rotation gleicht man die ungleiche Hitzeverteilung, die durch Wind oder andere äußere Bedingungen verursacht werden kann, aus. Die Rotation sollte alle 15 Minuten um 90 Grad erfolgen, allerdings in entgegengesetzten Richtungen für den Topf und den Deckel.

Besondere Situationen

Kochen in der Kälte

Wenn du in kälteren Umgebungen kochst, musst du bedenken, dass du mehr Briketts benötigst, um die gewünschte Temperatur zu erreichen. Ähnlich verhält es sich bei Wind – der Wind kann die Hitze „wegblasen", so dass du mehr Briketts hinzufügen musst, um eine konstante Temperatur zu halten.

Höhere Kochtemperaturen

Für Gerichte, die hohe Temperaturen erfordern, wie zum Beispiel das Anbraten von Fleisch, kannst du mehr Briketts verwenden oder den Dutch Oven auf eine Flamme oder einen heißen Grill stellen. Achte dabei jedoch darauf, dass die Hitze nicht so hoch ist, dass das Essen anbrennt.

Niedrigere Kochtemperaturen

Für Gerichte, die niedrige Temperaturen erfordern, wie zum Beispiel das langsame Schmoren von Eintöpfen, kannst du weniger Briketts verwenden oder die Briketts weiter vom Dutch Oven entfernt platzieren. Du kannst auch einen Trivet (ein dreibeiniges Gestell) verwenden, um den Dutch Oven von den Briketts wegzubewegen und so die Hitze zu reduzieren.

Grundlegende Kochtechniken

Sieden und Köcheln

Das Sieden und Köcheln von Speisen im Dutch Oven ist eine der Grundtechniken, die du erlernen solltest. Bei dieser Technik füllst du den Dutch Oven mit ausreichend Flüssigkeit (wie Wasser, Brühe oder Wein), um die Zutaten zu bedecken, und lässt sie bei mäßiger Hitze garen. Diese Methode eignet sich hervorragend für die Zubereitung von Suppen, Eintöpfen und Schmorgerichten.

***Ein Tipp:** Lasse den Deckel während des Köchelns auf dem Dutch Oven, um die Flüssigkeit im Topf zu halten und gleichzeitig die Hitze zu regulieren.*

Backen

Ein weiterer großer Vorteil des Dutch Ovens ist seine Fähigkeit, als tragbarer Ofen zu fungieren. Das Backen im Dutch Oven erfordert eine genaue Kontrolle der Temperatur und eine gleichmäßige Wärmeverteilung, um sicherzustellen, dass das Backgut gleichmäßig gart und nicht anbrennt.

***Ein Tipp für dich:** Das Backen im Dutch Oven ist ideal für Brote, Kuchen, Muffins und sogar Pizza!*

Schmoren

Schmoren ist eine Kombination aus Anbraten und langsamen Garen in Flüssigkeit. Bei dieser Methode werden die Zutaten zunächst bei hoher Hitze angebraten, um eine leckere Kruste zu entwickeln und Aromen freizusetzen. Anschließend wird eine Flüssigkeit hinzugefügt, der Topf abgedeckt und das Ganze bei niedriger Hitze geschmort.

***Ein Tipp von mir:** Das Schmoren eignet sich besonders gut für zähes Fleisch, da die langsame Garzeit das Kollagen im Fleisch abbaut und es zart und saftig macht.*

Braten und Anbraten

Beim Braten wird das Fleisch oder Gemüse bei hoher Hitze angebraten, um eine aromatische Kruste zu entwickeln. Anschließend wird das Ganze bei niedrigerer Hitze weitergegart.

***Ein Tipp:** Beim Anbraten ist es wichtig, den Dutch Oven und das Öl gut vorzuheizen, damit das Fleisch oder Gemüse sofort anbrät, wenn es den Topf berührt. So verhindert man, dass das Fleisch Saft verliert und trocken wird.*

Dünsten und Dämpfen

Beim Dünsten und Dämpfen wird die Feuchtigkeit, die durch das Garen von Lebensmitteln entsteht, genutzt, um die Zutaten zu garen. Beim Dünsten wird eine kleine Menge Flüssigkeit in den Dutch Oven gegeben und die Zutaten werden bei niedriger Hitze gegart. Beim Dämpfen werden die Zutaten auf einem Einsatz oder einem Dämpferkorb über siedendem Wasser platziert, so dass sie vom Dampf gegart werden.

Ein Tipp für dich: Dünsten und Dämpfen eignen sich besonders gut für Gemüse und Fisch, da diese Methoden dazu beitragen, die Nährstoffe in den Lebensmitteln zu erhalten und ein Überkochen zu vermeiden.

Verwendung bei Outdoor-Aktivitäten

Der Dutch Oven ist wie geschaffen für Outdoor-Aktivitäten. Egal ob beim Camping, Wandern oder Angeln, dieses robuste Kochgerät ist dein idealer Begleiter. Du kannst ihn direkt auf die Glut eines Lagerfeuers setzen oder, wenn du ihn mit Füßen kaufst, auf die heißen Kohlen stellen. Der massive Eisentopf verteilt die Wärme gleichmäßig und hält die Speisen lange warm. So kannst du nach einem langen Tag in der Natur ein köstliches, heißes Gericht genießen.

Feuer machen: ein wichtiger Punkt

Beim Outdoor-Kochen mit dem Dutch Oven ist das Feuer machen ein zentraler Aspekt. Ob du nun ein Lagerfeuer machst oder Grillkohle verwendest, die Glut ist der „Herd" für deinen Dutch Oven. Sie sorgt für die notwendige Hitze und je nachdem, wie du sie platzierst, kannst du die Temperatur und die Kochrichtung beeinflussen.

Aber nicht vergessen: Bei Outdoor-Aktivitäten steht die Sicherheit immer an erster Stelle. Stelle sicher, dass du das Feuer nur an dafür vorgesehenen und sicheren Stellen machst und lösche es gründlich, bevor du den Ort verlässt.

Camping

Camping ist eine der beliebtesten Outdoor-Aktivitäten und der Dutch Oven passt perfekt dazu. Mit ihm kannst du am Campingplatz eine Vielzahl von Gerichten zubereiten, vom Frühstück bis zum Abendessen. Wie wäre es zum Beispiel mit einem herzhaften Eintopf, der langsam über dem Feuer köchelt, während du eine Wanderung unternimmst? Oder mit frisch gebackenem Brot zum Frühstück? Die Möglichkeiten sind nahezu endlos.

Picknick

Auch für ein Picknick ist der Dutch Oven bestens geeignet. Du kannst zu Hause eine köstliche Mahlzeit zubereiten, sie in den Dutch Oven füllen und dann einfach den Deckel draufsetzen. Durch die hervorragende Wärmespeicherung des Dutch Ovens bleibt dein Essen lange warm und du kannst es direkt aus dem Topf servieren. Kein extra Geschirr, keine zusätzliche Reinigung – einfach praktisch!

Besondere Anlässen

Aber nicht nur für Outdoor-Aktivitäten ist der Dutch Oven ideal. Auch bei besonderen Anlässen kann er zum Einsatz kommen. Wie wäre es beispielsweise mit einem rustikalen Buffet bei einer Gartenparty? Oder einer deftigen Suppe bei einem Winterfest? Mit einem Dutch Oven kannst du große Mengen Essen zubereiten und stilvoll servieren. Und der Anblick eines dampfenden Dutch Ovens ist immer etwas Besonderes, das bei deinen Gästen sicherlich gut ankommen wird.

Tipps für das Outdoor-Kochen

- Wähle einen windgeschützten Ort für dein Feuer. Wind kann die Temperatur im Dutch Oven stark beeinflussen und das Kochen erschweren.

- Nimm immer einen Deckelheber mit. Er ist ein nützliches Werkzeug, um den heißen Deckel sicher und sauber anzuheben.

- Achte auf die Sicherheit. Halte immer ausreichend Abstand zum Feuer und stelle sicher, dass Kinder nicht unbeaufsichtigt in der Nähe sind.

- Plane dein Menü im Voraus. Denke daran, dass das Kochen mit einem Dutch Oven länger dauert als auf einem herkömmlichen Herd. Wähle also Gerichte, die gut vorzubereiten sind und bei denen die Kochzeit zum Teil deiner Outdoor-Aktivität wird.

- **Und am wichtigsten:** Genieße die Erfahrung! Kochen mit dem Dutch Oven ist mehr als nur eine Möglichkeit, Essen zuzubereiten. Es ist eine Möglichkeit, den Moment zu genießen, sich mit der Natur zu verbinden und das einfache Leben zu schätzen.

Fleischgenuss vom Feinsten

Schmackhafter Gulasch im Dutch Oven

Zubereitungszeit: 30 Minuten + 2 Stunden Schmorzeit
Portionen: 2 Personen

Zutaten:

- 500 g Rindergulasch, in mundgerechte Stücke geschnitten
- 2 EL natives Olivenöl extra
- 2 mittelgroße Zwiebeln, gewürfelt
- 2 Knoblauchzehen, fein gehackt
- 1 EL Paprikapulver, edelsüß
- 1 TL Kreuzkümmel, gemahlen
- 500 ml Rinderbrühe
- 2 Karotten, in Scheiben geschnitten
- 2 Kartoffeln, gewürfelt
- Salz und Pfeffer nach Geschmack
- 2 EL Mehl
- 1 EL Tomatenmark
- Einige Zweige frischer Thymian
- Einige Zweige frischer Rosmarin

Zubereitung:

1. Erhitze den Dutch Oven auf ca. 180 Grad. Gib das Olivenöl hinein und brate das Gulasch rundum an, bis es schön gebräunt ist. Entnehme das Fleisch und stelle es beiseite.

2. In demselben Öl brätst du nun die gewürfelten Zwiebeln und den gehackten Knoblauch an, bis sie glasig sind. Gib das Paprikapulver und den Kreuzkümmel hinzu und rühre alles gut um.

3. Jetzt kannst du das Tomatenmark einrühren und kurz anbraten lassen. Streue das Mehl über die Zwiebelmischung und rühre erneut gut um.

4. Nun ist es Zeit, das angebratene Gulasch wieder in den Dutch Oven zu geben. Füge die Rinderbrühe, Karotten, Kartoffeln, Thymian und Rosmarin hinzu und rühre alles gut durch.

5. Würze mit Salz und Pfeffer nach deinem Geschmack. Schließe den Deckel und lasse das Gulasch für etwa 2 Stunden bei 180 Grad schmoren, oder bis das Fleisch zart ist.

6. Überprüfe zwischendurch die Konsistenz und füge bei Bedarf mehr Brühe oder Wasser hinzu.

Süß-sauer glasierte Hühnchenkeulen

Zubereitungszeit: 15 Minuten + 1 Stunde Marinieren + 40 Minuten Kochzeit
Portionen: 2 Personen

Zutaten:

- 4 Hühnchenkeulen, gewaschen und getrocknet
- 2 EL Sojasauce
- 2 EL Honig
- 1 EL Essig
- 1 TL Knoblauch, gehackt
- 1 TL Ingwer, gerieben
- 1 TL Chiliflocken
- 4 Frühlingszwiebeln, in Ringe geschnitten
- 1 grüne Paprika, in Würfel geschnitten
- Salz und Pfeffer nach Geschmack
- 2 EL Öl zum Braten

Zubereitung:

1. Beginne mit der Marinade: Vermische Sojasauce, Honig, Essig, gehackten Knoblauch, geriebenen Ingwer und Chiliflocken in einer Schüssel. Rühre alles gut um, bis eine glatte Mischung entsteht.

2. Lege die Hühnchenkeulen in die Marinade. Stelle sicher, dass sie vollständig bedeckt sind. Lass sie mindestens eine Stunde im Kühlschrank marinieren. Wenn du Zeit hast, lasse sie länger marinieren, um mehr Geschmack zu bekommen.

3. Erhitze deinen Dutch Oven auf etwa 180 Grad. Füge das Öl hinzu und brate die Hühnchenkeulen von beiden Seiten an, bis sie eine schöne braune Farbe bekommen haben. Das sollte etwa 10 Minuten dauern.

4. Füge nun die Frühlingszwiebeln und die grüne Paprika hinzu und brate sie zusammen mit den Hühnchenkeulen für weitere 5 Minuten.

5. Gieße die restliche Marinade über die Hühnchenkeulen. Decke den Dutch Oven ab und lasse alles für etwa 25-30 Minuten köcheln, bis die Hühnchenkeulen gar sind und die Sauce eingedickt ist.

6. Überprüfe die Hühnchenkeulen auf Garheit. Sie sollten innen keinen rosa Fleck mehr haben und außen mit der süß-sauren Sauce glänzen. Falls nötig, kannst du während des Kochens noch etwas Salz und Pfeffer hinzufügen.

Dutch Oven Schweinebraten

Zubereitungszeit: 20 Minuten + 3 Stunden Garzeit
Portionen: 2 Personen

Zutaten:

- 500 g Schweinebraten
- 2 EL natives Olivenöl extra
- Salz und Pfeffer nach Geschmack
- 1 große Zwiebel, gewürfelt
- 2 Karotten, gewürfelt
- 2 Selleriestangen, gewürfelt
- 2 Knoblauchzehen, gehackt
- 250 ml trockener Rotwein
- 250 ml Fleischbrühe
- 1 TL Rosmarin
- 1 TL Thymian

Zubereitung:

1. Beginne damit, den Dutch Oven auf etwa 160 Grad vorzuheizen.

2. Würze den Schweinebraten mit Salz und Pfeffer. Tränke ihn dann in Olivenöl und brate ihn rundherum im Dutch Oven an, bis er schön gebräunt ist. Nimm den Braten aus dem Topf und stelle ihn zur Seite.

3. Gib die Zwiebel, Karotten, Sellerie und Knoblauch in den Dutch Oven und dünste das Gemüse, bis es weich wird.

4. Gib den Rotwein hinzu und lass ihn aufkochen. Löse dabei die Röstaromen vom Boden des Dutch Ovens.

5. Nun gibst du die Fleischbrühe und die Gewürze hinzu. Rühre alles gut um, bis sich alles vermischt hat.

6. Lege den Schweinebraten zurück in den Dutch Oven, so dass er von der Flüssigkeit umgeben ist.

7. Schließe den Deckel und lass den Braten für etwa 3 Stunden schmoren, bis er schön weich und zart ist.

8. Schau zwischendurch immer mal nach, ob genug Flüssigkeit vorhanden ist. Wenn nicht, füge einfach etwas mehr Brühe oder Wasser hinzu.

9. Nimm den Braten aus dem Dutch Oven und lass ihn etwas ruhen, bevor du ihn in Scheiben schneidest.

10. Serviere den Braten warm mit dem Gemüse und der Sauce aus dem Dutch Oven.

Zartes Rindergulasch mit Rotwein

Zubereitungszeit: 30 Minuten + 2 Stunden Schmorzeit
Portionen: 2 Personen

Zutaten:

- 500 g Rindergulasch, in mundgerechte Stücke geschnitten
- 2 EL natives Olivenöl extra
- 1 große Zwiebel, gewürfelt
- 2 Knoblauchzehen, fein gehackt
- 200 ml kräftiger Rotwein
- 400 ml Rinderbrühe
- 2 Karotten, in Scheiben geschnitten
- 2 Selleriestangen, in Stücke geschnitten
- 1 EL Tomatenmark
- 1 TL Paprikapulver, edelsüß
- 1 TL Majoran
- Salz und Pfeffer nach Geschmack
- 1 Lorbeerblatt
- 2 EL Maisstärke
- 50 ml Wasser

Zubereitung:

1. Erhitze zuerst den Dutch Oven auf etwa 180 Grad. Gib das Olivenöl hinzu und warte, bis es heiß ist.

2. Füge das Rindergulasch hinzu und brate es rundherum an, bis es schön braun ist. Nimm das Fleisch heraus und stelle es zur Seite.

3. In demselben Öl brätst du jetzt die Zwiebel und den Knoblauch an, bis sie weich sind.

4. Füge das Tomatenmark, Paprikapulver und Majoran hinzu und rühre gut um, bis alles gut vermischt ist.

5. Gib nun das Fleisch zurück in den Dutch Oven. Füge den Rotwein, die Rinderbrühe, das Lorbeerblatt, die Karotten und Sellerie hinzu. Rühre gut um und lasse es aufkochen.

6. Reduziere die Hitze auf etwa 150 Grad, decke den Dutch Oven ab und lasse das Gulasch 2 Stunden schmoren.

7. Nach 2 Stunden prüfst du, ob das Fleisch zart ist. Wenn ja, rühre die Maisstärke mit dem Wasser an und gib sie in den Dutch Oven. Lasse das Gulasch noch weitere 10-15 Minuten köcheln, bis die Soße eingedickt ist.

8. Schmecke das Gulasch mit Salz und Pfeffer ab und serviere es heiß.

Knuspriges Zitronen-Knoblauch-Hähnchen

Zubereitungszeit: 15 Minuten + 60 Minuten Garzeit
Portionen: 2 Personen

Zutaten:

- 2 Hähnchenbrüste, hautlos und ohne Knochen
- 3 EL natives Olivenöl extra
- 4 Knoblauchzehen, gehackt
- Schale und Saft von 2 Bio-Zitronen

- Salz und Pfeffer
- 2 Zweige Rosmarin, frisch und gehackt
- 1 TL Paprikapulver, edelsüß

Zubereitung:

1. Erhitze deinen Dutch Oven auf 180 Grad.

2. Während der Dutch Oven aufheizt, mische in einer Schüssel das Olivenöl, den gehackten Knoblauch, die Zitronenschale, den Zitronensaft, den gehackten Rosmarin und das Paprikapulver.

3. Salze und pfeffere die Hähnchenbrüste und tränke sie dann gründlich in deiner Zitronen-Knoblauch-Mischung.

4. Sobald der Dutch Oven die gewünschte Temperatur erreicht hat, lege die marinierten Hähnchenbrüste hinein.

5. Decke den Dutch Oven ab und lass das Hähnchen etwa 60 Minuten garen. Schau zwischendurch einmal nach, ob das Hähnchen durch ist. Es sollte schön knusprig und goldbraun sein, das Fleisch innen aber noch saftig.

6. Sobald das Hähnchen fertig ist, nimm es aus dem Dutch Oven und lass es ein paar Minuten ruhen, bevor du es servierst.

Dutch Oven Bolognese

Zubereitungszeit: 30 Minuten + 2 Stunden Schmorzeit
Portionen: 2 Personen

Zutaten:

- 400 g Rinderhackfleisch
- 1 große Zwiebel, fein gewürfelt
- 2 Knoblauchzehen, fein gehackt
- 2 Karotten, gewürfelt
- 2 Selleriestangen, gewürfelt
- 200 ml trockener Rotwein
- 400 g gehackte Tomaten aus der Dose
- 2 EL Tomatenmark
- 2 TL getrockneter Oregano
- Salz und Pfeffer nach Geschmack
- 2 EL natives Olivenöl extra zum Anbraten
- 50 g geriebener Parmesan
- Frische Basilikumblätter zum Garnieren

Zubereitung:

1. Heize deinen Dutch Oven auf etwa 180 Grad vor.

2. Gib das Olivenöl in den Dutch Oven und warte, bis es heiß ist. Füge nun das Rinderhackfleisch hinzu und brate es an, bis es schön braun und krümelig ist.

3. Füge die Zwiebel, Knoblauch, Karotten und Sellerie hinzu. Koche alles zusammen, bis das Gemüse weich wird.

4. Gib den Rotwein in den Dutch Oven und lass alles für ein paar Minuten köcheln, um den Alkohol zu verdampfen.

5. Füge die gehackten Tomaten, das Tomatenmark und den Oregano hinzu. Würze mit Salz und Pfeffer nach Geschmack.

6. Schließe den Deckel des Dutch Ovens und reduziere die Temperatur auf etwa 150 Grad. Lass die Bolognese für mindestens 2 Stunden schmoren. Je länger du sie schmorren lässt, desto besser wird der Geschmack.

7. Kurz vor dem Servieren rührst du den geriebenen Parmesan unter und garnierst die Bolognese mit frischen Basilikumblättern.

Würzige Lammkeule mit Kräuterkruste

Zubereitungszeit: 30 Minuten + 2 Stunden Garzeit
Portionen: 2 Personen

Zutaten:

- 1 Lammkeule, etwa 1 kg, am Knochen, vom Metzger pariert
- 2 EL natives Olivenöl extra
- 2 Knoblauchzehen, geschält und fein gehackt
- 1 TL Kreuzkümmel, gemahlen
- 1 TL Paprikapulver, geräuchert
- Salz und Pfeffer nach Geschmack
- 100 g Semmelbrösel
- 2 EL frische Rosmarinnadeln, fein gehackt
- 2 EL frische Thymianblätter, fein gehackt
- 1 EL Senf
- 50 ml Weißwein

Zubereitung:

1. Zunächst heizt du deinen Dutch Oven vor, indem du ihn auf etwa 180 Grad erhitzen lässt.

2. Während der Dutch Oven vorheizt, bereitest du die Lammkeule vor. Reibe die Lammkeule rundum mit Olivenöl, gehacktem Knoblauch, Kreuzkümmel und geräuchertem Paprikapulver ein. Würze mit Salz und Pfeffer.

3. Sobald der Dutch Oven die richtige Temperatur erreicht hat, legst du die Lammkeule hinein und brätst sie auf jeder Seite etwa 5 Minuten an, bis sie schön gebräunt ist.

4. Während die Lammkeule brät, mischst du in einer Schüssel die Semmelbrösel mit den gehackten Rosmarinnadeln und Thymianblättern. Füge den Senf hinzu und vermische alles gut miteinander.

5. Nachdem die Lammkeule rundum angebraten ist, verteilst du die Kräutermischung gleichmäßig auf der Oberseite der Lammkeule. Drücke die Mischung sanft an, damit sie an der Keule haften bleibt.

6. Gieße den Weißwein in den Dutch Oven und decke ihn ab. Lasse die Lammkeule nun etwa 2 Stunden garen, bis sie zart und saftig ist.

7. Überprüfe während der Garzeit gelegentlich die Temperatur und gieße bei Bedarf noch etwas Weißwein oder Wasser nach, um sicherzustellen, dass die Lammkeule nicht austrocknet.

8. Sobald die Lammkeule gar ist, nimmst du sie aus dem Dutch Oven und lässt sie etwa 10 Minuten ruhen, bevor du sie aufschneidest und servierst.

Herbstlicher Wildschwein-Eintopf

Zubereitungszeit: 30 Minuten + 3 Stunden Garzeit
Portionen: 2 Personen

Zutaten:

- 500 g Wildschwein-Gulasch, gewürfelt
- 2 EL natives Olivenöl extra
- 1 Zwiebel, gewürfelt
- 2 Knoblauchzehen, fein gehackt
- 200 g Kürbis, gewürfelt
- 2 Möhren, gewürfelt
- 1 Lauchstange, in Ringe geschnitten
- 150 g Kartoffeln, gewürfelt
- 1 L Wildfond
- 1 Zweig frischer Thymian
- 1 Zweig frischer Rosmarin
- Salz und Pfeffer nach Geschmack
- 2 Lorbeerblätter

Zubereitung:

1. Erhitze das Olivenöl in deinem Dutch Oven auf mittlerer Flamme.
2. Füge das Wildschwein-Gulasch hinzu und brate es rundherum an, bis es schön gebräunt ist. Dann nimm das Fleisch aus dem Dutch Oven und lege es beiseite.
3. In demselben Dutch Oven die Zwiebeln und den Knoblauch hinzufügen und anbraten, bis sie weich und leicht gebräunt sind.
4. Nun kommen der Kürbis, die Möhren, der Lauch und die Kartoffeln dazu. Alles zusammen anbraten, bis das Gemüse etwas Farbe angenommen hat.
5. Das angebratene Wildschwein-Gulasch wieder in den Dutch Oven geben.
6. Füge nun den Wildfond, Thymian, Rosmarin, Salz, Pfeffer und die Lorbeerblätter hinzu. Rühre alles gut um, so dass die Zutaten gut miteinander vermengt sind.
7. Schließe den Dutch Oven und lass den Eintopf auf niedriger Flamme für etwa 3 Stunden schmoren. Dabei gelegentlich umrühren.
8. Prüfe nach den 3 Stunden, ob das Fleisch zart ist. Falls es noch etwas zäh ist, lass den Eintopf noch etwas länger schmoren.
9. Vor dem Servieren entferne die Lorbeerblätter und die Kräuterzweige.
10. Probiere den Eintopf noch einmal und würze nach Bedarf nach. Fertig ist dein herbstlicher Wildschwein-Eintopf!

Spanischer Chorizo-Eintopf

Zubereitungszeit: 20 Minuten + 60 Minuten Kochzeit
Portionen: 2 Personen

Zutaten:

- 200 g Chorizo, in dünne Scheiben geschnitten
- 1 EL natives Olivenöl extra
- 1 große Zwiebel, gewürfelt
- 2 Knoblauchzehen, fein gehackt
- 1 rote Paprika, gewürfelt
- 1 gelbe Paprika, gewürfelt
- 400 g Dosen-Tomatenstücke
- 500 ml Hühnerbrühe
- 1 TL Paprikapulver, edelsüß
- 1/2 TL Kreuzkümmel
- Salz und Pfeffer nach Geschmack
- 400 g Dosen-Kichererbsen, abgetropft und gespült
- 2 mittelgroße Kartoffeln, gewürfelt
- 1 Handvoll frische Petersilie, grob gehackt

Zubereitung:

1. Erhitze den Dutch Oven auf etwa 200 Grad. Gib das Olivenöl hinzu und lasse es warm werden.

2. Füge die Chorizo-Scheiben hinzu und brate sie an, bis sie knusprig sind. Nimm die Chorizo heraus und lege sie beiseite.

3. In dem verbleibenden Fett und Olivenöl brate die Zwiebel und den Knoblauch an, bis sie weich sind.

4. Füge die Paprika hinzu und koche sie, bis sie weich sind.

5. Gib die Tomatenstücke, die Hühnerbrühe, Paprikapulver, Kreuzkümmel, Salz und Pfeffer in den Dutch Oven. Rühre alles gut durch und bringe es zum Kochen.

6. Wenn der Eintopf kocht, reduziere die Temperatur auf 150 Grad und lasse den Eintopf 30 Minuten köcheln.

7. Füge die Kichererbsen, Kartoffeln und die gebratene Chorizo hinzu und lasse alles weitere 30 Minuten köcheln, bis die Kartoffeln weich sind.

8. Schmecke den Eintopf ab und passe die Gewürze nach Bedarf an. Garniere mit der frisch gehackten Petersilie vor dem Servieren.

BBQ Pulled Pork

Zubereitungszeit: 20 Minuten + 4-5 Stunden Grillzeit
Portionen: 2 Personen

Zutaten:

- 1 kg Schweineschulter, am Stück
- 2 EL natives Olivenöl extra
- 1 EL brauner Zucker
- 1 EL Paprikapulver, edelsüß
- 1 TL Kreuzkümmel, gemahlen
- Salz und Pfeffer nach Geschmack
- 200 ml BBQ-Sauce (Deine Lieblingssauce)
- 1 Zwiebel, grob gehackt
- 2 Knoblauchzehen, gehackt
- 100 ml Apfelsaft
- 2 Brioche Burgerbrötchen zum Servieren

Zubereitung:

1. Reibe die Schweineschulter mit Olivenöl ein. Mische den braunen Zucker, Paprikapulver, Kreuzkümmel, Salz und Pfeffer in einer kleinen Schüssel und reibe diese Gewürzmischung gleichmäßig über das Fleisch.

2. Stelle deinen Dutch Oven auf den Grill und erhitze ihn auf etwa 110 Grad. Gib die Zwiebel und den Knoblauch hinein und leg das Fleisch darauf.

3. Gieße den Apfelsaft über das Fleisch. Decke den Dutch Oven ab und lass das Fleisch langsam garen. Nach etwa 4-5 Stunden sollte das Fleisch so zart sein, dass es leicht mit einer Gabel zerpflückt werden kann.

4. Ziehe das Fleisch auseinander und vermische es in der Pfanne mit der BBQ-Sauce, bis alles gut bedeckt ist. Lasse das Fleisch noch 15 Minuten weiter köcheln, bis die Sauce eingedickt ist.

5. Serviere dein köstliches BBQ Pulled Pork auf getoasteten Brioche Burgerbrötchen. Lecker!

Suppen und Eintöpfe

Heißer Linseneintopf mit Würstchen

Zubereitungszeit: 15 Minuten + 45 Minuten Kochzeit
Portionen: 2 Personen

Zutaten:

- 150 g grüne Linsen, abgespült
- 2 mittelgroße Karotten, gewürfelt
- 1 kleine Zwiebel, gewürfelt
- 2 Knoblauchzehen, fein gehackt
- 2 EL natives Olivenöl extra
- 400 ml Gemüsebrühe
- 1 Lorbeerblatt
- 1 TL Thymian, getrocknet
- 1 TL Paprikapulver, edelsüß
- 1/2 TL schwarzer Pfeffer, gemahlen
- 2 kleine Würstchen (Deiner Wahl), in Scheiben geschnitten
- Salz nach Geschmack
- 1 EL frisch gehackte Petersilie zum Garnieren

Zubereitung:

1. Erhitze den Dutch Oven auf mittlerer Flamme und gib das Olivenöl hinein.
2. Füge die Zwiebel und Karotten hinzu und brate sie für etwa 5 Minuten an, bis sie weich werden.
3. Füge den Knoblauch hinzu und brate ihn für weitere 2 Minuten mit.
4. Nun kommen die Linsen, das Lorbeerblatt, Thymian, Paprikapulver und schwarzer Pfeffer hinzu. Rühre alles gut um.
5. Gib die Gemüsebrühe hinzu und rühre erneut. Stelle sicher, dass alle Zutaten in der Brühe liegen.
6. Decke den Dutch Oven ab und lass den Eintopf bei geringer Hitze etwa 35-40 Minuten köcheln, bis die Linsen weich sind. Rühre ab und zu um und überprüfe die Flüssigkeitsmenge.
7. Während die letzten 10 Minuten der Kochzeit, füge die in Scheiben geschnittenen Würstchen hinzu und lasse sie in der Suppe erwärmen.
8. Probiere den Eintopf und würze ihn gegebenenfalls noch mit Salz.
9. Serviere den heißen Linseneintopf mit frisch gehackter Petersilie garniert.

Klassische Tomatensuppe

Zubereitungszeit: 15 Minuten + 35 Minuten Kochzeit
Portionen: 2 Personen

Zutaten:

- 500 g reife Tomaten, gewaschen und geviertelt
- 1 rote Zwiebel, geschält und grob gewürfelt
- 3 Knoblauchzehen, geschält und fein gehackt
- 1 EL natives Olivenöl extra
- 1 TL Zucker
- 500 ml Gemüsebrühe
- 100 ml Sahne
- Salz und Pfeffer zum Abschmecken
- 5 g frisches Basilikum, gewaschen und grob gehackt

Zubereitung:

1. Erhitze den Dutch Oven auf etwa 180 Grad.

2. Gib das Olivenöl hinein und wenn es heiß ist, füge die Zwiebeln und den Knoblauch hinzu. Lass alles für etwa 5 Minuten anschwitzen, bis die Zwiebeln glasig sind.

3. Füge die Tomaten und den Zucker hinzu und lass alles für etwa 10 Minuten köcheln, bis die Tomaten weich und saftig sind.

4. Gib die Gemüsebrühe hinzu und lass die Suppe für weitere 15 Minuten köcheln.

5. Püriere die Suppe mit einem Pürierstab oder Mixer, bis sie glatt ist.

6. Gib die Sahne dazu und würze mit Salz und Pfeffer. Lass die Suppe für weitere 5 Minuten köcheln.

7. Streue das frische Basilikum über die Suppe und serviere sie heiß.

Kürbissuppe mit Kokosnote

Zubereitungszeit: 10 Minuten + 30 Minuten Kochzeit
Portionen: 2 Personen

Zutaten:

- 500 g Hokkaido-Kürbis, entkernt und gewürfelt
- 1 mittelgroße Zwiebel, fein gehackt
- 2 Knoblauchzehen, fein gehackt
- 400 ml Kokosmilch
- 500 ml Gemüsebrühe
- 1 EL natives Olivenöl extra
- 1 TL Kurkuma
- 1 TL Paprikapulver, edelsüß
- Salz und Pfeffer zum Abschmecken
- Frischer Koriander und Chiliflocken zur Garnierung

Zubereitung:

1. Erhitze den Dutch Oven auf 180 Grad.

2. Gib das Olivenöl hinein und lasse die gehackte Zwiebel und den Knoblauch darin etwa 3 Minuten anbraten, bis sie glasig und duftend sind.

3. Füge den gewürfelten Kürbis hinzu und brate ihn weitere 5 Minuten an.

4. Streue Kurkuma und Paprikapulver über das Gemüse im Topf und rühre gut um, um die Gewürze gleichmäßig zu verteilen.

5. Gieße die Gemüsebrühe und Kokosmilch in den Topf, rühre um und bringe die Suppe zum Kochen. Reduziere dann die Hitze auf 160 Grad und lasse die Suppe 20 Minuten köcheln.

6. Prüfe, ob der Kürbis weich ist, und püriere die Suppe dann mit einem Stabmixer direkt im Topf, bis sie glatt ist.

7. Schmecke die Suppe mit Salz und Pfeffer ab und serviere sie heiß, garniert mit frischem Koriander und einigen Chiliflocken.

Ungarische Gulaschsuppe

Zubereitungszeit: 20 Minuten + 2 Stunden Kochzeit
Portionen: 2 Personen

Zutaten:

- 500 g Rindfleisch, in mundgerechte Stücke geschnitten
- 2 mittelgroße Kartoffeln, gewürfelt
- 2 Karotten, in dünne Scheiben geschnitten
- 1 rote Paprika, in Würfel geschnitten
- 1 Zwiebel, fein gewürfelt
- 2 Knoblauchzehen, fein gehackt
- 400 ml Rinderbrühe
- 200 ml Tomatensaft
- 2 EL Paprikapulver, edelsüß
- 1 TL Kreuzkümmel, gemahlen
- Salz und Pfeffer zum Abschmecken
- 2 EL natives Olivenöl extra
- 1 Lorbeerblatt

Zubereitung:

1. Stelle deinen Dutch Oven auf die Herdplatte und erhitze das Olivenöl darin auf etwa 180 Grad.
2. Gib die Zwiebeln und den Knoblauch hinein und dünste sie, bis sie glasig sind.
3. Füge das Rindfleisch hinzu und brate es an, bis es rundum schön braun ist.
4. Streue das Paprikapulver und den Kreuzkümmel über das Fleisch und rühre gut um, so dass das Fleisch gleichmäßig gewürzt ist.
5. Jetzt kommen die Karotten, Kartoffeln und Paprika hinzu. Gib sie in den Dutch Oven und rühre alles gut durch.
6. Gieße die Rinderbrühe und den Tomatensaft hinein, so dass das Gemüse und Fleisch gut bedeckt ist.
7. Lege das Lorbeerblatt hinein und bringe die Suppe zum Kochen.
8. Reduziere die Hitze auf etwa 150 Grad und lass die Suppe für etwa 2 Stunden köcheln, bis das Fleisch zart ist und die Aromen gut durchgezogen sind.
9. Schmecke die Suppe mit Salz und Pfeffer ab.
10. Nun ist deine ungarische Gulaschsuppe fertig zum Genießen!

Erbsensuppe mit Speck

Zubereitungszeit: 20 Minuten + 1 Stunde Kochzeit
Portionen: 2 Personen

Zutaten:

- 150 g geräucherter Speck, in Würfel geschnitten
- 1 EL Öl
- 1 Zwiebel, gewürfelt
- 2 Knoblauchzehen, gehackt
- 2 Karotten, gewürfelt
- 2 Selleriestangen, gewürfelt
- 500 g grüne Erbsen, tiefgefroren
- 1 Liter Gemüsebrühe
- 2 TL Thymian, getrocknet
- Salz und Pfeffer nach Geschmack
- Frische Petersilie, gehackt, zum Garnieren

Zubereitung:

1. Heize deinen Dutch Oven auf mittlerer Hitze vor.

2. Gib das Öl und den Speck in den Dutch Oven. Lass den Speck etwa 5 Minuten anbraten, bis er knusprig ist. Achte darauf, dass er nicht anbrennt.

3. Füge Zwiebel und Knoblauch hinzu. Lass diese etwa 2-3 Minuten anbraten, bis die Zwiebel glasig ist.

4. Jetzt kommen Karotten und Sellerie ins Spiel. Dünste sie etwa 5 Minuten mit, bis sie etwas weicher geworden sind.

5. Nun fügst du die Erbsen, Gemüsebrühe und Thymian hinzu. Rühre alles gut um, bis alle Zutaten miteinander vermischt sind.

6. Stelle den Dutch Oven auf niedrige Hitze und lass deine Suppe etwa 1 Stunde köcheln. Rühre gelegentlich um, um sicherzugehen, dass nichts anbrennt.

7. Schmecke deine Suppe mit Salz und Pfeffer ab. Fühle dich frei, nach deinem Geschmack nachzuwürzen.

8. Serviere deine Erbsensuppe mit etwas frischer Petersilie zum Garnieren.

Mediterranes Minestrone

Zubereitungszeit: 15 Minuten + 30 Minuten Kochzeit
Portionen: 2 Personen

Zutaten:

- 1 EL natives Olivenöl extra
- 1 Zwiebel, gewürfelt
- 2 Knoblauchzehen, fein gehackt
- 1 rote Paprika, gewürfelt
- 1 grüne Paprika, gewürfelt
- 1 Zucchini, gewürfelt
- 1 Karotte, gewürfelt
- 400 g Tomaten aus der Dose, gewürfelt
- 500 ml Gemüsebrühe
- 1 TL getrockneter Oregano
- 1 TL getrockneter Thymian
- Salz und Pfeffer nach Geschmack
- 50 g kleine Pasta (z.B. Mini Farfalle)
- 200 g weiße Bohnen aus der Dose, abgespült und abgetropft
- 50 g frischer Spinat, grob gehackt
- Parmesan zum Servieren

Zubereitung:

1. Erhitze das Olivenöl in deinem Dutch Oven bei mittlerer Hitze.

2. Füge die Zwiebel und den Knoblauch hinzu und brate sie etwa 2-3 Minuten an, bis sie weich werden.

3. Gib die Paprika, Zucchini und Karotten hinzu und koche sie weitere 5 Minuten, bis sie anfangen zu weich zu werden.

4. Füge die Tomaten, die Gemüsebrühe, Oregano, Thymian sowie Salz und Pfeffer hinzu. Erhöhe die Hitze bis zum Siedepunkt, dann reduziere die Hitze und lass es 20 Minuten köcheln.

5. Gib die Pasta und die weißen Bohnen in den Topf und koche weitere 10 Minuten, bis die Pasta gar ist.

6. Zum Schluss füge den frischen Spinat hinzu und rühre, bis er welkt.

7. Serviere deine Minestrone heiß, garniert mit geriebenem Parmesan.

Kartoffelsuppe mit Majoran

Zubereitungszeit: 20 Minuten + 30 Minuten Garzeit
Portionen: 2 Personen

Zutaten:

- 600 g Kartoffeln, gewaschen und gewürfelt
- 1 Zwiebel, gewürfelt
- 2 Knoblauchzehen, fein gehackt
- 1 EL natives Olivenöl extra
- 750 ml Gemüsebrühe
- 200 ml Sahne
- 1 EL frischer Majoran, gehackt
- Salz und Pfeffer nach Geschmack

Zubereitung:

1. Erhitze den Dutch Oven auf etwa 200 Grad. Gib das Olivenöl hinzu und warte, bis es heiß ist.

2. Füge die Zwiebeln und den Knoblauch hinzu. Lass sie etwa 5 Minuten köcheln, bis sie weich sind.

3. Nun kommen die Kartoffeln dazu. Rühre alles gut durch und lass es weitere 5 Minuten kochen.

4. Gieße die Gemüsebrühe hinein. Warte, bis die Brühe kocht, und reduziere dann die Hitze auf etwa 180 Grad.

5. Lass die Suppe 20 Minuten köcheln, bis die Kartoffeln weich sind. Gelegentlich umrühren.

6. Füge die Sahne hinzu und lass die Suppe noch einmal aufkochen. Dann vom Herd nehmen und etwas abkühlen lassen.

7. Püriere die Suppe mit einem Stabmixer oder in einem Standmixer, bis sie cremig ist. Gib sie zurück in den Dutch Oven.

8. Jetzt den Majoran einrühren und mit Salz und Pfeffer abschmecken.

9. Serviere die Suppe heiß. Ein bisschen frischen Majoran auf die Oberfläche streuen ist eine nette Deko und sorgt für zusätzlichen Geschmack.

Französische Zwiebelsuppe

Zubereitungszeit: 10 Minuten + 30 Minuten Kochzeit
Portionen: 2 Personen

Zutaten:

- 4 mittelgroße Zwiebeln, fein geschnitten
- 2 EL natives Olivenöl extra
- 2 TL brauner Zucker
- 2 Knoblauchzehen, fein gehackt
- 150 ml trockener Weißwein
- 750 ml Gemüsebrühe
- 2 Lorbeerblätter
- 4 Scheiben Baguette, geröstet
- 100 g geriebenen Gruyère-Käse
- Salz und Pfeffer nach Geschmack

Zubereitung:

1. Beginne damit, deinen Dutch Oven auf etwa 180 Grad vorzuheizen.

2. Erhitze das Olivenöl darin und füge die fein geschnittenen Zwiebeln hinzu. Rühre sie gut um, bis sie vollständig mit Öl bedeckt sind. Brate die Zwiebeln etwa 10 Minuten an, bis sie weich sind und anfangen zu karamellisieren.

3. Füge den braunen Zucker und den gehackten Knoblauch hinzu und rühre alles gut um. Koche die Mischung für weitere 5 Minuten.

4. Gieße nun den trockenen Weißwein hinein. Lasse alles 2 Minuten köcheln, um den Alkohol zu reduzieren.

5. Jetzt ist es an der Zeit, die Gemüsebrühe und die Lorbeerblätter hinzuzufügen. Würze die Suppe mit Salz und Pfeffer. Decke den Dutch Oven ab und lasse die Suppe etwa 20 Minuten köcheln.

6. In der Zwischenzeit röste die Baguettescheiben und bestreue sie mit dem geriebenen Gruyère-Käse.

7. Serviere die heiße Suppe in Schüsseln und lege eine Käse-Baguettescheibe obenauf.

Würzige Karotten-Ingwer-Suppe

Zubereitungszeit: 15 Minuten + 30 Minuten Kochzeit
Portionen: 2 Personen

Zutaten:

- 500 g Karotten, geschält und gewürfelt
- 2 EL natives Olivenöl extra
- 1 Zwiebel, gehackt
- 2 Knoblauchzehen, fein gehackt
- 1 EL frischer Ingwer, fein gehackt
- 1 TL Kreuzkümmel
- 1/2 TL Cayennepfeffer
- 1 l Gemüsebrühe
- Salz und Pfeffer nach Geschmack
- Frischer Koriander zum Garnieren

Zubereitung:

1. Zünde deinen Dutch Oven an und stelle ihn auf etwa 180 Grad.

2. Gib das Olivenöl in den Dutch Oven und erhitze es.

3. Füge die Zwiebel hinzu und dünste sie an, bis sie weich und leicht golden ist.

4. Der nächste Schritt besteht darin, den Knoblauch und den Ingwer hinzuzufügen. Rühre das Ganze etwa 1 Minute um, bis es duftet.

5. Jetzt kommen die Karotten, der Kreuzkümmel und der Cayennepfeffer dazu. Mische alles gut durch, damit die Karotten gleichmäßig mit den Gewürzen bedeckt sind.

6. Füge die Gemüsebrühe hinzu, bringe die Suppe zum Kochen und reduziere dann die Hitze. Lass die Suppe etwa 20 Minuten köcheln, bis die Karotten weich sind.

7. Verwende einen Stabmixer, um die Suppe direkt im Dutch Oven zu pürieren. Du kannst sie so fein oder grob pürieren, wie du es magst. Wenn du keinen Stabmixer hast, kannst du die Suppe auch in einen normalen Mixer geben, aber sei vorsichtig, weil sie sehr heiß ist!

8. Schmecke die Suppe mit Salz und Pfeffer ab und lass sie noch ein paar Minuten köcheln.

9. Verteile die Suppe auf zwei Schüsseln und garniere sie mit frischem Koriander.

Herzhafte Wurstsuppe mit Bohnen

Zubereitungszeit: 15 Minuten + 40 Minuten Kochzeit
Portionen: 2 Personen

Zutaten:

- 200 g grobe Bratwurst, aus der Pelle gedrückt und zerbröckelt
- 1 Zwiebel, gewürfelt
- 1 Knoblauchzehe, gehackt
- 1 Karotte, gewürfelt
- 2 EL natives Olivenöl extra
- 400 g Dosenbohnen, abgetropft und abgespült
- 500 ml Hühnerbrühe
- 1 TL Kreuzkümmel
- Salz und Pfeffer nach Geschmack
- 2 EL gehackte Petersilie zum Garnieren

Zubereitung:

1. Erhitze zuerst das Olivenöl in deinem Dutch Oven auf mittlerer Stufe.
2. Füge die Bratwurst hinzu und brate sie etwa 5 Minuten lang an, bis sie durch ist.
3. Nimm die Bratwurst aus dem Dutch Oven und stelle sie beiseite.
4. Jetzt ist es Zeit für die Zwiebel, den Knoblauch und die Karotte. Gib sie in den Dutch Oven und dünste sie 5 Minuten lang, bis sie weich sind.
5. Nun kommen die Bohnen, die Hühnerbrühe und der Kreuzkümmel hinzu. Rühre alles gut um und bringe die Suppe zum Kochen.
6. Reduziere die Hitze auf niedrig und lass die Suppe 20 Minuten lang köcheln.
7. Nach der Kochzeit gibst du die Bratwurst wieder in den Dutch Oven und rührst um, um alles gut zu vermischen. Lass die Suppe weitere 10 Minuten köcheln.
8. Schmecke die Suppe mit Salz und Pfeffer ab und garniere sie mit der gehackten Petersilie.

Fisch und Meeresfrüchte

Mediterraner Lachs mit Dill und Zitrone

Zubereitungszeit: 10 Minuten + 30 Minuten Garzeit
Portionen: 2 Personen

Zutaten:

- 2 Lachsfilets, jeweils etwa 200 g, frisch und ausgelöst
- 2 EL natives Olivenöl extra
- Salz und Pfeffer zum Würzen
- 2 TL frischer Dill, fein gehackt
- Schale und Saft von 1 frischen Bio-Zitrone
- 1 Knoblauchzehe, geschält und gehackt
- 200 g Kirschtomaten, gewaschen und halbiert
- 1 Zwiebel, geschält und in dünne Ringe geschnitten
- 2 Zweige frischer Rosmarin

Zubereitung:

1. Heize deinen Dutch Oven auf 180 Grad vor.

2. Salze und pfeffere die Lachsfilets auf beiden Seiten. Träufle ein wenig Zitronensaft darüber und bestreue sie mit dem Dill.

3. Gib das Olivenöl in den Dutch Oven und füge den gehackten Knoblauch hinzu. Achte darauf, dass der Knoblauch nicht verbrennt.

4. Lege die Lachsfilets auf den Knoblauch in den Dutch Oven. Lasse sie für etwa 10 Minuten auf einer Seite braten.

5. Wende die Lachsfilets und gib die Zwiebelringe, die halbierten Kirschtomaten und die Rosmarinzweige hinzu. Lasse alles zusammen Weitere 15-20 Minuten garen.

6. Überprüfe, ob der Lachs gar ist. Er sollte leicht zart rosa und flockig sein.

7. Serviere den Lachs direkt aus dem Dutch Oven. Gib zum Schluss noch ein wenig Zitronensaft und die abgeriebene Zitronenschale darüber.

Dutch Oven Bouillabaisse

Zubereitungszeit: 15 Minuten + 60 Minuten Garzeit
Portionen: 2 Personen

Zutaten:

- 300 g Seelachs, in Würfel geschnitten
- 200 g Garnelen, geschält und entdarmt
- 1 EL natives Olivenöl extra
- 1 Zwiebel, gewürfelt
- 2 Knoblauchzehen, gehackt
- 1 Fenchelknolle, gewürfelt
- 2 Tomaten, gewürfelt
- 200 ml trockener Weißwein
- 500 ml Fischbrühe
- 1 TL Safranfäden
- 1 Zweig frischer Thymian
- Salz und Pfeffer nach Geschmack
- 2 Scheiben Baguette, geröstet

Zubereitung:

1. Erhitze deinen Dutch Oven auf etwa 180 Grad. Füge das Olivenöl hinzu und lasse es heiß werden.

2. Gib die Zwiebel, den Knoblauch und den Fenchel in den Dutch Oven. Dünste das Gemüse etwa 5 Minuten an, bis es weich ist.

3. Füge nun die Tomaten hinzu und lasse sie 2-3 Minuten mit dem Gemüse köcheln.

4. Gieße den Weißwein in den Dutch Oven und lasse ihn etwa 2 Minuten köcheln, um den Alkohol zu reduzieren.

5. Füge die Fischbrühe, den Safran und den Thymian hinzu. Bringe die Mischung zum Köcheln und reduziere die Hitze auf etwa 150 Grad.

6. Lasse die Bouillabaisse etwa 30 Minuten köcheln.

7. Füge die Seelachs-Würfel und Garnelen hinzu und lasse sie weitere 10-15 Minuten köcheln, bis der Fisch gar ist.

8. Schmecke die Bouillabaisse mit Salz und Pfeffer ab.

9. Serviere die Bouillabaisse mit geröstetem Baguette.

Garnelen in Knoblauchbutter

Zubereitungszeit: 10 Minuten + 20 Minuten Kochzeit
Portionen: 2 Personen

Zutaten:

- 300 g Garnelen, entdarmt und geschält
- 4 Knoblauchzehen, fein gehackt
- 100 g Butter, in kleine Stücke geschnitten
- 1 EL natives Olivenöl extra
- 1 TL frisch gemahlener schwarzer Pfeffer
- 1 TL Salz
- 1 Bund frischer Petersilie, grob gehackt
- 1 Bio-Zitrone, Saft und Schale

Zubereitung:

1. Heize deinen Dutch Oven auf etwa 180 Grad vor.

2. Gib das Olivenöl in den Dutch Oven. Sobald es heiß ist, füge die Knoblauchzehen hinzu und brate sie an, bis sie gerade anfangen zu duften.

3. Füge nun die Butter hinzu. Lass sie schmelzen und vermische Sie mit dem Knoblauch.

4. Jetzt ist der Moment gekommen, die Garnelen hinzuzufügen. Rühre sie gut um, so dass sie mit der Knoblauchbutter bedeckt sind. Lass sie für etwa 2-3 Minuten auf jeder Seite kochen, bis sie eine schöne rosa Farbe bekommen.

5. Nun würze die Garnelen mit Salz und Pfeffer und füge die Zitronenschale hinzu.

6. Nimm den Dutch Oven vom Herd und träufle den Zitronensaft über die Garnelen. Bestreue das Ganze mit der gehackten Petersilie.

Thunfisch-Pastete

Zubereitungszeit: 15 Minuten + 1 Stunde Backzeit
Portionen: 2 Personen

Zutaten:

- 1 Dose Thunfisch, 150 g, abgetropft
- 1 mittelgroße Zwiebel, gewürfelt
- 2 Knoblauchzehen, gehackt
- 2 EL natives Olivenöl extra
- 1 kleines Bund Petersilie, gehackt
- 100 ml Sahne
- 2 Bio-Eier
- Salz und Pfeffer nach Geschmack
- 1 Packung Blätterteig, ausgerollt

Zubereitung:

1. Den Dutch Oven auf etwa 180 Grad vorheizen. Das Olivenöl hinzufügen und die Zwiebel und den Knoblauch darin anbraten, bis sie weich sind.

2. Den Thunfisch zur Zwiebel-Knoblauch-Mischung hinzufügen und alles gut vermischen.

3. Die Petersilie unterrühren und mit Salz und Pfeffer abschmecken.

4. In einer separaten Schüssel die Eier mit der Sahne verquirlen und diese Mischung dann zu der Thunfisch-Zwiebel-Mischung geben.

5. Alles gut vermischen und die Mischung auf den ausgerollten Blätterteig geben.

6. Den Teig zu einer Pastete formen und sicherstellen, dass alle Ränder gut versiegelt sind.

7. Die Pastete in den vorgeheizten Dutch Oven geben und etwa eine Stunde backen, oder bis der Blätterteig goldbraun und knusprig ist.

Kabeljau mit Kräuterkruste

Zubereitungszeit: 15 Minuten + 25 Minuten Backzeit
Portionen: 2 Personen

Zutaten:

- 2 Kabeljaufilets (à 200 g, küchenfertig und entgrätet)
- 100 g Paniermehl
- 1 Bund frische Petersilie, fein gehackt
- 1 Bund frischer Dill, fein gehackt
- 2 EL natives Olivenöl extra
- 2 Knoblauchzehen, fein gehackt
- Salz und Pfeffer nach Geschmack
- Bio-Zitronenscheiben zur Garnierung
- 100 ml Weißwein

Zubereitung:

1. Heize deinen Dutch Oven auf 180 Grad vor.

2. In einer mittelgroßen Schüssel vermischst du das Paniermehl, die gehackte Petersilie und den Dill. Gib den gehackten Knoblauch, das Olivenöl, Salz und Pfeffer hinzu und rühre alles gut durch.

3. Lege die Kabeljaufilets in den Dutch Oven und verteile die Kräutermischung gleichmäßig darauf. Drücke die Mischung leicht an, damit sie gut am Fisch haftet.

4. Gieße vorsichtig den Weißwein in den Dutch Oven, achte dabei darauf, die Kräuterkruste nicht zu durchnässen.

5. Backe den Fisch für 25 Minuten im Dutch Oven, oder bis die Kruste goldbraun und knusprig ist. Die genaue Zeit kann je nach Dicke des Fisches variieren.

6. Serviere den Kabeljau mit einer Scheibe Zitrone zur Garnierung. Ein frischer Salat oder gedämpftes Gemüse sind eine wunderbare Beilage dazu.

Asiatischer Lachs im Bananenblatt

Zubereitungszeit: 10 Minuten + 20 Minuten Kochzeit
Portionen: 2 Personen

Zutaten:

- 2 Stücke Lachsfilet (jeweils etwa 150 g, frisch oder aufgetaut)
- 2 große Bananenblätter, gewaschen und trocken getupft
- 2 EL Sojasauce
- 2 EL Honig, flüssig
- 1 EL frisch gepresster Bio-Limettensaft
- 1 TL fein gehackter Knoblauch
- 1 TL fein gehackter frischer Ingwer
- 1 rote Chili, entkernt und fein gehackt
- 1 Bund frischer Koriander, gewaschen und grob gehackt
- 2 Frühlingszwiebeln, gewaschen und in dünne Ringe geschnitten

Zubereitung:

1. Erhitze deinen Dutch Oven auf etwa 180 Grad und bereite deine Zutaten vor.

2. In einer kleinen Schüssel vermische Sojasauce, Honig, Limettensaft, Knoblauch, Ingwer und Chili zu einer Sauce. Lege die Lachsfilets in die Sauce und lasse sie etwa 5 Minuten marinieren.

3. Breite die Bananenblätter aus und lege jedes Lachsfilet in die Mitte eines Blattes. Verteile die restliche Marinade gleichmäßig über die Fischstücke.

4. Bestreue den Lachs mit dem gehackten Koriander und den Frühlingszwiebelringen. Dann falte die Bananenblätter zu Päckchen zusammen, indem du die Seiten über den Fisch klappst und sie mit Küchengarn zusammenbindest.

5. Lege die Päckchen in den vorgeheizten Dutch Oven. Decke ihn ab und lasse den Fisch etwa 15-20 Minuten garen, bis er durchgekocht und innen noch leicht rosa ist.

6. Nimm die Päckchen aus dem Dutch Oven und öffne sie vorsichtig. Der Duft von gegrilltem Fisch und tropischen Bananenblättern wird dich begeistern!

7. Serviere den Lachs direkt in den Bananenblättern - sie dienen als natürliche Teller und fügen dem Gericht einen Hauch von Exotik hinzu.

Pikante Muschelsuppe

Zubereitungszeit: 15 Minuten + 25 Minuten Kochzeit
Portionen: 2 Personen

Zutaten:

- 500 g Miesmuscheln, gesäubert und geprüft
- 2 EL natives Olivenöl extra
- 1 Zwiebel, gewürfelt
- 2 Knoblauchzehen, fein gehackt
- 1 rote Chilischote, entkernt und fein gehackt
- 1 TL Paprikapulver, edelsüß
- 1 EL Tomatenmark
- 200 ml trockener Weißwein
- 500 ml Fischbrühe
- Salz und Pfeffer
- Frischer Dill zum Garnieren

Zubereitung:

1. Heize den Dutch Oven auf deinem Herd bei mittlerer Hitze vor. Gib das Olivenöl hinein und lass es warm werden.

2. Füge die Zwiebeln, den Knoblauch und die Chilischote hinzu. Koch alles etwa 5 Minuten, bis die Zwiebeln weich sind.

3. Gib das Tomatenmark und Paprikapulver hinzu. Rühre alles gut um, um die Gewürze in das Öl einzuarbeiten und koche das Ganze weitere 2 Minuten.

4. Gieße den Weißwein dazu. Lass ihn ein paar Minuten köcheln, damit der Alkohol verdampft und nur der Geschmack übrig bleibt.

5. Füge nun die Fischbrühe hinzu und bring die Suppe zum Köcheln. Schmecke die Suppe mit Salz und Pfeffer ab.

6. Gib die Muscheln in den Dutch Oven. Decke den Topf ab und lass die Muscheln bei mittlerer Hitze 10 Minuten köcheln. Sie sollten sich öffnen und vollständig garen.

7. Vor dem Servieren garniere die Suppe mit frischem Dill.

Paella mit Meeresfrüchten

Zubereitungszeit: 15 Minuten + 40 Minuten Kochzeit
Portionen: 2 Personen

Zutaten:

- 150 g Arborio-Reis
- 2 EL natives Olivenöl extra
- 1 mittlere Zwiebel, fein gewürfelt
- 2 Knoblauchzehen, fein gehackt
- 1 rote Paprika, in dünne Streifen geschnitten
- 1 Tomate, gewürfelt
- 1 TL Paprikapulver, edelsüß
- 1/2 TL Safranfäden, leicht geröstet und gemahlen
- 500 ml Hühnerbrühe
- 100 g Garnelen, entdarmt und geschält
- 100 g Muscheln, gewaschen und gebürstet
- 2 Stück Seeteufelfilet (ca. 100g), in mundgerechte Stücke geschnitten
- 1 EL Petersilie, fein gehackt
- Salz und Pfeffer zum Abschmecken

Zubereitung:

1. Erhitze deinen Dutch Oven auf mittlerer Stufe. Füge das Olivenöl hinzu und lasse es erwärmen.

2. Füge die Zwiebel und den Knoblauch hinzu, brate sie an, bis sie weich sind.

3. Gib den Reis hinzu und brate ihn für ein paar Minuten an, bis er glasig ist. Dies hilft, den Reis aufzunehmen und seinen Geschmack zu intensivieren.

4. Füge die Paprika, Tomate, Paprikapulver und Safran hinzu und rühre alles gut um.

5. Gieße die Hühnerbrühe in den Dutch Oven und rühre um, um sicherzustellen, dass alle Zutaten gut vermischt sind. Lasse das Ganze 20 Minuten köcheln.

6. Nach 20 Minuten füge die Garnelen, Muscheln und Seeteufel hinzu. Decke den Dutch Oven ab und lasse es weitere 10-15 Minuten köcheln, bis die Meeresfrüchte durchgegart sind und der Reis weich ist.

7. Prüfe den Reis und die Meeresfrüchte. Wenn der Reis noch etwas hart ist oder die Flüssigkeit vollständig absorbiert wurde, füge ein wenig mehr Brühe hinzu und koche weiter, bis der Reis gar ist.

8. Mit Salz und Pfeffer abschmecken und mit der gehackten Petersilie bestreuen.

Forelle in Zitronen-Dill-Sauce

Zubereitungszeit: 10 Minuten + 20 Minuten Kochzeit
Portionen: 2 Personen

Zutaten:

- 2 ganze Forellen, sauber ausgenommen und bereit zum Kochen
- 2 EL natives Olivenöl extra
- Salz und Pfeffer nach Geschmack
- 2 Bio-Zitronen, eine davon halbiert und entkernt, die andere in dünne Scheiben geschnitten
- 2 EL frischer Dill, fein gehackt
- 200 ml trockener Weißwein
- 2 Knoblauchzehen, geschält und fein gehackt
- 50 g Butter, in kleine Würfel geschnitten

Zubereitung:

1. Du heizt deinen Dutch Oven vor auf 180 Grad.

2. Reibe die Forellen mit Olivenöl ein und würze sie innen und außen mit Salz und Pfeffer.

3. Gib die Zitronenhälften und die Hälfte des Dills in die Bauchhöhle der Forellen. Lege die Forellen in den Dutch Oven.

4. Verteile die Zitronenscheiben, den restlichen Dill und den Knoblauch über und um die Forellen. Gieße den Wein vorsichtig dazu.

5. Decke den Dutch Oven ab und koche die Forellen bei 180 Grad für 15 Minuten.

6. Nimm den Deckel ab, verteile die Butterwürfel auf den Forellen und koche sie weitere 5 Minuten ohne Deckel, bis sie gar und die Sauce reduziert ist.

7. Serviere die Forellen heiß, übergossen mit der Zitronen-Dill-Sauce aus dem Dutch Oven.

Krabben-Eintopf „Nordseesturm"

Zubereitungszeit: 10 Minuten + 30 Minuten Kochzeit
Portionen: 2 Personen

Zutaten:

- 200 g Nordseekrabben, geschält und bereit zum Kochen
- 1 große Zwiebel, gewürfelt
- 2 Knoblauchzehen, fein gehackt
- 2 Kartoffeln, geschält und gewürfelt
- 2 EL natives Olivenöl extra
- 500 ml Gemüsebrühe
- 1 EL Tomatenmark
- 1 EL frischer Dill, gehackt
- 1 TL Paprikapulver, edelsüß
- Salz und Pfeffer nach Geschmack
- 100 ml Sahne

Zubereitung:

1. Heize deinen Dutch Oven auf 180 Grad vor. Gib das Olivenöl hinein und lasse es aufwärmen.

2. Gib die gewürfelte Zwiebel und den gehackten Knoblauch hinzu und rühre, bis sie weich und aromatisch sind.

3. Füge nun die Kartoffelwürfel hinzu und rühre, bis sie rundum leicht angebraten sind.

4. Gib das Tomatenmark, Paprikapulver, Salz und Pfeffer hinzu und rühre, bis alles gut vermischt ist.

5. Jetzt die Gemüsebrühe hineingießen und den Eintopf aufkochen lassen.

6. Sobald der Eintopf kocht, reduziere die Hitze auf 150 Grad und lasse alles für etwa 20 Minuten köcheln, bis die Kartoffeln weich sind.

7. Füge die Nordseekrabben hinzu und rühre, bis sie durchgewärmt sind, das dauert etwa 5 Minuten.

8. Zum Schluss die Sahne und den frischen Dill einrühren. Rühre, bis alles gut vermischt und heiß ist.

Herzhaftes Frühstück

Dutch Oven Rührei mit Speck

Zubereitungszeit: 10 Minuten + 20 Minuten Garzeit
Portionen: 2 Personen

Zutaten:

- 6 Bio-Eier, aufgeschlagen
- 100 g Speck, gewürfelt
- 2 Frühlingszwiebeln, in Ringe geschnitten
- 1 rote Paprika, gewürfelt
- 50 g Cheddar-Käse, gerieben
- 50 ml Sahne
- Salz und Pfeffer nach Geschmack
- 1 EL Butter
- Einige Stiele frische Petersilie, gehackt

Zubereitung:

1. Heize deinen Dutch Oven vor auf 180 Grad.
2. Gib die Butter in den Dutch Oven und lasse sie schmelzen.
3. Füge den Speck hinzu und brate ihn, bis er knusprig ist.
4. Füge nun die Paprika und Frühlingszwiebeln hinzu und brate sie kurz mit dem Speck an.
5. In der Zwischenzeit verquirle die Eier mit der Sahne, Salz und Pfeffer in einer Schüssel.
6. Gieße die Eiermischung in den Dutch Oven über das Gemüse und den Speck.
7. Decke den Dutch Oven ab und lasse das Rührei etwa 10-15 Minuten garen, oder bis die Eier gestockt sind.
8. Streue den geriebenen Cheddar über das Rührei und lasse ihn schmelzen.
9. Garniere das Rührei mit der gehackten Petersilie und serviere es direkt aus dem Dutch Oven.

Bohnen in Tomatensauce

Zubereitungszeit: 10 Minuten + 30 Minuten Kochzeit
Portionen: 2 Personen

Zutaten:

- 400 g weiße Bohnen, abgespült und abgetropft
- 200 ml Tomatensaft, frisch oder aus der Flasche
- 2 EL natives Olivenöl extra
- 1 rote Zwiebel, fein gehackt
- 2 Knoblauchzehen, fein gehackt
- 1 rote Paprika, entkernt und gewürfelt
- 1 TL geräuchertes Paprikapulver
- Salz und Pfeffer nach Geschmack
- 1 TL Chiliflocken (optional für Extra-Schärfe)
- Frische Petersilie zum Garnieren, grob gehackt

Zubereitung:

1. Erhitze den Dutch Oven auf 180 Grad. Füge das Olivenöl hinzu und erwärme es.

2. Füge die Zwiebeln und den Knoblauch hinzu und brate sie an, bis sie weich und duftend sind. Das dauert etwa 3-4 Minuten.

3. Gib die Paprika hinzu und brate sie weitere 2-3 Minuten mit den Zwiebeln und dem Knoblauch.

4. Füge nun die abgetropften Bohnen, das geräucherte Paprikapulver, den Tomatensaft, Salz, Pfeffer und optional die Chiliflocken hinzu. Rühre alles gut um, bis die Zutaten gut vermischt sind.

5. Decke den Dutch Oven ab und lasse die Mischung für etwa 20-25 Minuten köcheln. Rühre gelegentlich um und prüfe, ob die Bohnen gut durchgekocht sind und die Sauce eingedickt ist.

6. Nimm den Dutch Oven vom Herd und lasse das Gericht ein paar Minuten abkühlen.

7. Verteile die Bohnen in Tomatensauce auf den Tellern, garniere mit frischer Petersilie und serviere sofort.

Schinken-Käse-Frittata

Zubereitungszeit: 10 Minuten + 20 Minuten Kochzeit
Portionen: 2 Personen

Zutaten:

- 6 Bio-Eier, gut durchgerührt
- 100 g Schinken, in Würfel geschnitten
- 100 g Cheddar-Käse, gerieben
- 1 rote Paprika, gewürfelt
- 1 mittelgroße Zwiebel, gehackt
- 2 Knoblauchzehen, fein gehackt
- 2 EL natives Olivenöl extra
- 1 TL Salz
- 1/2 TL frisch gemahlener schwarzer Pfeffer
- 2 EL frische Petersilie, gehackt
- 1 EL frischer Schnittlauch, gehackt

Zubereitung:

1. Du heizt deinen Dutch Oven auf mittlere Stufe vor. Sobald er heiß ist, gibst du das Olivenöl hinein und lässt es aufheizen.

2. Füge die gehackte Zwiebel und den Knoblauch hinzu. Du kochst sie etwa 3 Minuten lang, bis sie weich und duftend sind.

3. Nun kommt der gewürfelte Schinken dazu. Du brätst ihn 2 bis 3 Minuten mit den Zwiebeln und dem Knoblauch an.

4. Als nächstes gibst du die gewürfelte Paprika in den Dutch Oven und kochst sie etwa 5 Minuten lang mit, bis sie weich ist.

5. Während die Paprika kocht, verquirlst du in einer separaten Schüssel die Eier, Salz und Pfeffer. Gib dann den geriebenen Käse dazu und rühre gut um.

6. Jetzt gießt du die Ei-Käse-Mischung über den Schinken und das Gemüse im Dutch Oven. Du lässt das Ganze ungestört für etwa 10 Minuten bei 175 Grad garen, bis die Eier gestockt sind.

7. Bestreue die Frittata zum Schluss mit der gehackten Petersilie und dem Schnittlauch und serviere sie direkt aus dem Dutch Oven.

Dutch Oven Pfannkuchen

Zubereitungszeit: 10 Minuten + 25 Minuten Backzeit
Portionen: 6 Pfannkuchen

Zutaten:

- 150 g Vollkornmehl
- 2 TL Backpulver
- 1 Prise Salz
- 1 EL Zucker
- 200 ml Buttermilch
- 2 Bio-Eier, verquirlt
- 30 g Butter, geschmolzen, plus ein bisschen mehr zum Einfetten
- 60 g geriebener Gouda
- 100 g gewürfelter Schinken
- 2 Frühlingszwiebeln, fein gehackt

Zubereitung:

1. Nimm zuerst deinen Dutch Oven und stelle sicher, dass er sauber ist und gut eingefettet ist. Stelle ihn dann bei einer Temperatur von etwa 180 Grad in die Glut deines Feuers.

2. Während dein Dutch Oven vorheizt, vermische das Vollkornmehl, das Backpulver, das Salz und den Zucker in einer Schüssel.

3. In einer anderen Schüssel mische die Buttermilch, die verquirlten Eier und die geschmolzene Butter zusammen.

4. Gieße die Buttermilchmischung in die Schüssel mit den trockenen Zutaten und rühre gut um, bis alles gut vermischt ist.

5. Füge den geriebenen Gouda, den gewürfelten Schinken und die fein gehackten Frühlingszwiebeln zur Pfannkuchenmischung hinzu und rühre noch einmal um.

6. Sobald dein Dutch Oven heiß ist, gib einen großen Löffel voll Pfannkuchenteig hinein und verteile ihn gleichmäßig auf dem Boden.

7. Schließe den Deckel und backe den Pfannkuchen etwa 10-12 Minuten, oder bis die Oberseite fest ist und die Unterseite schön goldbraun ist.

8. Wiederhole diesen Vorgang mit dem restlichen Teig. Vergiss nicht, den Dutch Oven zwischen den Pfannkuchen leicht neu einzufetten.

9. Sobald alle Pfannkuchen gebacken sind, serviere sie warm. Sie schmecken besonders gut mit einem Klecks saurer Sahne und etwas frischem Schnittlauch.

Gebackene Eier in Avocado

Zubereitungszeit: 5 Minuten + 15 Minuten Backzeit
Portionen: 2 Personen

Zutaten:

- 2 reife Avocados, halbiert und entkernt
- 4 kleine Bio-Eier, frisch
- 30 g Cheddar-Käse, gerieben
- 30 g Speck, gewürfelt und angebraten
- Salz und Pfeffer nach Geschmack
- 1 EL frischer Schnittlauch, gehackt
- 1 EL natives Olivenöl extra

Zubereitung:

1. Zuerst heizt du deinen Dutch Oven auf etwa 180 Grad vor.

2. Entkerne die Avocados und löffele vorsichtig etwas Fruchtfleisch heraus, um genug Platz für die Eier zu schaffen.

3. Platziere die Avocadohälften im Dutch Oven. Tipp: Wenn die Avocados wackeln, kannst du eine kleine Alufolie darunter legen, um sie zu stabilisieren.

4. Schlage nun vorsichtig ein Ei in jede Avocadohälfte. Wenn das Eiweiß überläuft, ist das in Ordnung. Sei nur vorsichtig, dass das Eigelb nicht zerbricht.

5. Streue den angebratenen Speck und den geriebenen Käse über die Eier.

6. Würze alles mit Salz und Pfeffer nach Geschmack.

7. Decke den Dutch Oven ab und backe die Avocados für etwa 15 Minuten oder bis die Eier nach deinem Geschmack gekocht sind.

8. Nach dem Backen nimmst du die Avocadohälften vorsichtig aus dem Dutch Oven und beträufelst sie mit Olivenöl.

9. Bestreue die Avocados zum Schluss mit dem frischen Schnittlauch.

Dutch Oven French Toast

Zubereitungszeit: 15 Minuten + 30 Minuten Kochzeit
Portionen: 2 Personen

Zutaten:

- 4 Scheiben kräftiges Vollkornbrot, in mundgerechte Würfel geschnitten
- 150 ml Milch
- 50 g Gouda, gerieben
- 2 Bio-Eier
- 1 TL Senf, cremig
- 50 g Räucherspeck, in kleine Würfel geschnitten
- 2 EL Sonnenblumenöl
- Salz und Pfeffer nach Geschmack
- 2 EL Petersilie, fein gehackt
- 1 Knoblauchzehe, gehackt

Zubereitung:

1. Bevor du beginnst, heize deinen Dutch Oven vor, indem du ihn auf mittlerer Hitze auf den Herd oder ins Feuer stellst.

2. Schlage die Eier in eine Schüssel, gib die Milch, den geriebenen Käse und den Senf hinzu. Würze die Mischung mit Salz und Pfeffer und vermenge alles gut.

3. Nimm den Dutch Oven vom Herd und füge das Sonnenblumenöl hinzu. Gib den Räucherspeck und den Knoblauch hinein und rühre, bis der Speck leicht gebräunt und das Aroma des Knoblauchs freigesetzt ist.

4. Füge das gewürfelte Brot hinzu und rühre so, dass das Brot das Öl und den Speck aufnimmt.

5. Gieße die Eier-Milch-Käse-Mischung über das Brot im Dutch Oven. Stelle sicher, dass das Brot vollständig von der Flüssigkeit bedeckt ist.

6. Decke den Dutch Oven ab und lass den French Toast für etwa 20-25 Minuten bei einer Temperatur von etwa 180 Grad kochen, bis die Eier gestockt sind und das Brot oben knusprig ist.

7. Nimm den Deckel ab, streue die gehackte Petersilie über den French Toast und lass ihn noch einmal für etwa 5 Minuten offen im Dutch Oven, um einen knusprigen Rand zu erzeugen.

8. Nimm den Dutch Oven vom Herd und lass den French Toast ein paar Minuten abkühlen, bevor du ihn servierst.

Spinat-Ei-Muffins

Zubereitungszeit: 15 Minuten + 20 Minuten Backzeit
Portionen: 6 Muffins

Zutaten:

- 200 g frischer Spinat, gewaschen und grob gehackt
- 4 Bio-Eier, aufgeschlagen
- 100 g Feta-Käse, zerkrümelt
- 2 EL natives Olivenöl extra
- 1 TL Paprikapulver, edelsüß
- Salz und Pfeffer nach Geschmack
- 1 kleine rote Zwiebel, fein gewürfelt
- 2 Knoblauchzehen, fein gehackt

Zubereitung:

1. Du beginnst damit, den Dutch Oven auf 180 Grad vorzuheizen.

2. Nun erhitzt du das Olivenöl in einer Pfanne und fügst die Zwiebel und den Knoblauch hinzu. Du brätst sie etwa 2-3 Minuten an, bis sie weich und duftend sind.

3. Jetzt fügst du den Spinat hinzu und lässt ihn in der Pfanne zusammenfallen, was ungefähr 1-2 Minuten dauert.

4. Während der Spinat abkühlt, schlägst du die Eier in eine Schüssel und würzt sie mit Salz, Pfeffer und Paprikapulver. Dann rührst du den Feta-Käse unter.

5. Sobald der Spinat abgekühlt ist, fügst du ihn der Eiermischung hinzu und verrührst alles gut.

6. Jetzt teilst du die Eier-Spinat-Mischung gleichmäßig auf sechs Muffinförmchen auf und stellst sie in den vorbereiteten Dutch Oven.

7. Du lässt die Muffins etwa 20 Minuten backen, oder bis sie fest und goldbraun sind. Du kannst einen Zahnstocher in die Mitte stecken, um zu prüfen, ob sie durchgebacken sind - wenn er sauber herauskommt, sind sie fertig.

8. Lass die Muffins ein paar Minuten abkühlen, bevor du sie servierst. Sie schmecken warm oder kalt und können auch gut vorbereitet und aufbewahrt werden.

Leckerer Dutch Oven Kaiserschmarrn

Zubereitungszeit: 15 Minuten + 20 Minuten Kochzeit
Portionen: 2 Personen

Zutaten:

- 100 g Mehl, gesiebt
- 250 ml Milch, Raumtemperatur
- 3 Bio-Eier, getrennt
- 40 g Zucker
- 1 EL Vanillezucker
- 1 Prise Salz
- 50 g Rosinen
- 2 EL Rum
- 2 EL Butter zum Anbraten
- Puderzucker zum Bestäuben

Zubereitung:

1. Zunächst die Rosinen in den Rum legen und einweichen lassen.
2. Währenddessen die Eier trennen. Das Eigelb mit dem Zucker und Vanillezucker schaumig rühren.
3. Das gesiebte Mehl nach und nach unter ständigem Rühren in die Eigelbmasse einarbeiten, bis ein glatter Teig entsteht. Die Milch langsam hinzufügen und weiter rühren, bis der Teig gleichmäßig ist.
4. Nun das Eiweiß mit einer Prise Salz zu steifem Schnee schlagen und vorsichtig unter den Teig heben.
5. Anschließend den Dutch Oven auf etwa 180 Grad vorheizen und die Butter darin schmelzen lassen.
6. Den Teig in den heißen Dutch Oven geben und die eingelegten Rosinen darüber streuen.
7. Den Deckel auf den Dutch Oven setzen und den Kaiserschmarrn für etwa 20 Minuten backen, bis er goldbraun und durchgegart ist.
8. Mit zwei Gabeln den Kaiserschmarrn im Dutch Oven in Stücke zerreißen und noch einige Minuten weiterbraten, bis alle Seiten schön knusprig sind.
9. Den Kaiserschmarrn aus dem Dutch Oven nehmen, mit Puderzucker bestäuben und sofort servieren.

Pfannkuchen mit Blaubeeren und Ahornsirup

Zubereitungszeit: 10 Minuten + 20 Minuten Kochzeit
Portionen: 10 Pfannkuchen

Zutaten:

- 125 g Mehl
- 2 TL Backpulver
- 1 Prise Salz
- 2 EL Zucker
- 2 große Bio-Eier
- 125 ml Milch
- 2 EL Sonnenblumenöl
- 200 g frische Blaubeeren, gewaschen
- 100 ml Ahornsirup, zum Servieren
- 1 EL Butter, zum Braten

Zubereitung:

1. Nimm eine große Schüssel und siebe das Mehl hinein. Füge Backpulver, Salz und Zucker hinzu und vermische alles gut miteinander.

2. Schlage in einer zweiten Schüssel die Eier auf, füge Milch und Sonnenblumenöl hinzu und rühre alles gut um.

3. Gib nun die flüssige Mischung zur Mehlmischung und rühre das Ganze zu einem glatten Teig. Lass den Teig 5 Minuten ruhen.

4. Erhitze deinen Dutch Oven auf 180 Grad. Gib ein kleines Stück Butter hinein und lass es schmelzen.

5. Mit einer Kelle gibst du nun etwas Teig in den Dutch Oven. Achte darauf, dass der Pfannkuchen nicht zu dick wird. Streue einige Blaubeeren auf den Teig und lass ihn etwa 2 Minuten braten, bis die Unterseite goldbraun ist.

6. Mit einem Pfannenwender wendest du den Pfannkuchen vorsichtig und brätst ihn von der anderen Seite nochmals etwa 2 Minuten. Wiederhole diesen Vorgang, bis der Teig aufgebraucht ist.

7. Serviere die Pfannkuchen warm mit Ahornsirup und den restlichen Blaubeeren. Guten Appetit!

Herzhaft gefüllte Frühstücks-Burritos

Zubereitungszeit: 20 Minuten + 10 Minuten Backzeit
Portionen: 4 Burritos

Zutaten:

- 4 Weizentortillas (bereits gekauft)
- 100 g Cheddar-Käse, gerieben
- 200 g gewürfeltes Hühnerbrustfilet
- 100 g schwarze Bohnen, aus der Dose, abgetropft
- 2 Frühlingszwiebeln, fein gehackt
- 1 rote Paprika, entkernt und gewürfelt
- 4 Bio-Eier, verquirlt
- 2 EL natives Olivenöl extra
- Salz und Pfeffer zum Abschmecken

Zubereitung:

1. Heize den Dutch Oven vor auf etwa 180 Grad.

2. In einer Pfanne das Olivenöl erhitzen. Das Hühnerbrustfilet darin anbraten, bis es durch ist. Nimm das Hühnerbrustfilet aus der Pfanne und stelle es beiseite.

3. Nun die Paprika und die Frühlingszwiebeln in die Pfanne geben und anbraten, bis sie weich sind.

4. Füge die schwarzen Bohnen hinzu und brate sie kurz mit den anderen Zutaten.

5. In einer separaten Pfanne die Eier verquirlen und bei mittlerer Hitze stocken lassen. Mit Salz und Pfeffer abschmecken.

6. Jetzt ist es an der Zeit, die Burritos zu füllen. Auf jede Weizentortilla verteilst du zuerst die Eier, dann das Hühnerbrustfilet, die Bohnen-Paprika-Mischung und schließlich den geriebenen Cheddar-Käse.

7. Rolle die Burritos zusammen und lege sie in den Dutch Oven.

8. Backe die Burritos für etwa 10 Minuten, bis der Käse geschmolzen ist und sie leicht gebräunt sind.

Vegane Leckereien

Veganer Linsen-Eintopf

Zubereitungszeit: 15 Minuten + 30 Minuten Kochzeit
Portionen: 2 Personen

Zutaten:

- 200 g grüne Linsen, gründlich gewaschen
- 1 EL natives Olivenöl extra
- 1 Zwiebel, fein gewürfelt
- 2 Knoblauchzehen, gehackt
- 1 Karotte, geschält und gewürfelt
- 1 rote Paprika, entkernt und gewürfelt
- 1 TL Kreuzkümmel
- 1 TL Paprikapulver, edelsüß
- 1/2 TL Cayennepfeffer
- 400 ml Gemüsebrühe
- 400 g Dosen-Tomaten
- Salz und Pfeffer zum Abschmecken
- Einige frische Korianderblätter zum Garnieren (optional)

Zubereitung:

1. Erhitze den Dutch Oven auf etwa 180 Grad. Gib das Olivenöl hinein und lasse es erwärmen.
2. Füge die Zwiebel und den Knoblauch hinzu und dünste sie, bis sie weich und duftend sind.
3. Gib die Karotten und die Paprika in den Topf und rühre um, bis sie gut mit den Zwiebeln und dem Knoblauch vermengt sind.
4. Füge die Linsen hinzu und rühre gut um, bis sie mit dem Gemüse vermengt sind.
5. Streue den Kreuzkümmel, Paprikapulver und Cayennepfeffer über das Gemüse und die Linsen. Rühre um, bis alles gut vermengt ist.
6. Gieße die Gemüsebrühe und die Dosentomaten in den Topf. Rühre um, um sicherzustellen, dass alle Zutaten gut vermengt sind.
7. Decke den Dutch Oven ab und lasse den Eintopf 30 Minuten lang köcheln, bis die Linsen weich sind.
8. Schmecke mit Salz und Pfeffer ab und garniere den Eintopf mit einigen frischen Korianderblättern, falls gewünscht.

Quinoa-Pilz-Pfanne mit Spinat

Zubereitungszeit: 15 Minuten + 25 Minuten Garzeit
Portionen: 2 Personen

Zutaten:

- 120 g Quinoa, gewaschen und abgetropft
- 200 g braune Champignons, geschnitten
- 200 g frischer Spinat, gewaschen und grob gehackt
- 2 EL natives Olivenöl extra
- 1 mittelgroße Zwiebel, gewürfelt
- 2 Knoblauchzehen, fein gehackt
- 300 ml Gemüsebrühe
- 1 TL Paprikapulver, edelsüß
- Salz und schwarzer Pfeffer zum Abschmecken

Zubereitung:

1. Erhitze den Dutch Oven auf mittlerer Stufe auf deinem Herd und füge das Olivenöl hinzu.
2. Sobald das Öl heiß ist, füge die Zwiebel und den Knoblauch hinzu. Koch sie, bis sie weich und duftend sind, etwa 5 Minuten.
3. Nun kommen die geschnittenen Champignons dazu. Brate sie unter Rühren weitere 5 Minuten, bis sie anfangen, ihre Flüssigkeit zu verlieren.
4. Jetzt ist es an der Zeit, das Quinoa beizufügen. Rühre alles gut durch, sodass das Quinoa von allen Seiten mit Öl bedeckt ist.
5. Gib die Gemüsebrühe hinzu und streue das Paprikapulver darüber. Rühre alles noch einmal um, bevor du den Deckel auf den Dutch Oven legst.
6. Lasse das Ganze bei einer Temperatur von etwa 180 Grad für 20 Minuten köcheln. Rühre gelegentlich um, um sicherzustellen, dass nichts anbrennt.
7. Nach den 20 Minuten nimmst du den Deckel ab und fügst den gehackten Spinat hinzu. Rühre ihn vorsichtig unter das Quinoa und die Pilze, bis er zusammengefallen ist.
8. Schmecke das Gericht mit Salz und schwarzem Pfeffer ab und serviere es heiß.

Veganer Shepherd's Pie

Zubereitungszeit: 20 Minuten + 45 Minuten Backzeit
Portionen: 2 Personen

Zutaten:

- **Für das Kartoffelpüree:**
- 600 g Kartoffeln, geschält und in große Stücke geschnitten
- 60 ml Pflanzenmilch
- 2 EL vegane Butter
- Salz und Pfeffer nach Geschmack
- **Für die Füllung:**
- 2 EL natives Olivenöl extra
- 1 mittelgroße Zwiebel, gewürfelt
- 2 Karotten, geschält und gewürfelt
- 2 Knoblauchzehen, fein gehackt
- 200 g grüne Linsen, abgespült und abgetropft
- 400 ml Gemüsebrühe
- 1 TL Rosmarin, gehackt
- 1 TL Thymian, gehackt
- 100 g grüne Erbsen, tiefgekühlt

Zubereitung:

1. Lege die Kartoffeln in einen großen Topf, bedecke sie mit Wasser und lasse sie etwa 20 Minuten kochen, bis sie weich sind. Dann abgießen, Pflanzenmilch, vegane Butter, Salz und Pfeffer hinzufügen und alles gut zerdrücken. Beiseite stellen.

2. Währenddessen das Olivenöl in deinem Dutch Oven erhitzen und Zwiebel, Karotten und Knoblauch darin etwa 5 Minuten anbraten, bis sie weich sind.

3. Füge die Linsen, Gemüsebrühe, Rosmarin und Thymian hinzu. Zum Kochen bringen und dann die Hitze reduzieren und etwa 20 Minuten köcheln lassen, bis die Linsen weich sind. Eventuell mehr Brühe hinzufügen, wenn es zu trocken wird.

4. In der Zwischenzeit den Backofen auf 200 Grad vorheizen.

5. Wenn die Linsen fertig sind, die tiefgekühlten Erbsen unterrühren und die Mischung in die Kartoffelschicht im Dutch Oven geben.

6. Das Kartoffelpüree gleichmäßig auf der Linsenmischung verteilen und den Dutch Oven in den vorgeheizten Backofen stellen. Etwa 25 Minuten backen, bis die Kartoffelkruste goldbraun ist.

Bohnen-Chili mit Süßkartoffeln

Zubereitungszeit: 10 Minuten + 45 Minuten Kochzeit
Portionen: 2 Personen

Zutaten:

- 2 mittelgroße Süßkartoffeln, gewürfelt
- 400 g gemischte Bohnen (z.B. Kidneybohnen und schwarze Bohnen), abgespült und abgetropft
- 1 große rote Paprika, gewürfelt
- 1 Zwiebel, gewürfelt
- 2 Knoblauchzehen, fein gehackt
- 2 EL natives Olivenöl extra
- 400 g gehackte Tomaten aus der Dose
- 1 TL Chilipulver
- 1 TL Kreuzkümmel
- Salz und Pfeffer nach Geschmack
- 500 ml Gemüsebrühe
- Frischer Koriander zum Garnieren

Zubereitung:

1. Du heizt zuerst deinen Dutch Oven auf einer mittleren Flamme vor und gibst das Olivenöl hinein.

2. Nun gibst du die Zwiebeln und den Knoblauch in den Dutch Oven und dünstest sie etwa 5 Minuten, bis sie weich und duftend sind.

3. Füge die gewürfelte Paprika und die Süßkartoffeln hinzu. Brate das Ganze etwa 5 Minuten weiter an, bis das Gemüse leicht angebräunt ist.

4. Nun kommen die Gewürze ins Spiel: Gib Chilipulver und Kreuzkümmel in den Dutch Oven und rühre gut um, damit alles schön verteilt ist.

5. Nun fügst du die Bohnen und gehackten Tomaten hinzu, rührst alles gut durch und füllst mit der Gemüsebrühe auf.

6. Lasse das Chili zugedeckt etwa 30 Minuten auf niedriger Flamme köcheln, bis die Süßkartoffeln weich sind und das Chili eine dicke, saftige Konsistenz hat. Vergiss nicht, ab und zu umzurühren!

7. Zum Schluss schmeckst du das Chili mit Salz und Pfeffer ab und garnierst es mit frischem Koriander.

Tofu-Curry mit Gemüse

Zubereitungszeit: 10 Minuten + 20 Minuten Kochzeit
Portionen: 2 Personen

Zutaten:

- 200 g Tofu, in 1 cm Würfel geschnitten
- 1 EL natives Olivenöl extra
- 1 Zwiebel, gewürfelt
- 2 Knoblauchzehen, fein gehackt
- 2 cm frischer Ingwer, gerieben
- 1 TL Currypulver
- 1/2 TL Kurkuma
- 1/2 TL Paprikapulver, edelsüß
- 200 g Gemüse nach Wahl (z.B. Karotten, Paprika, Zucchini), in kleine Stücke geschnitten
- 400 ml Kokosmilch
- Salz und Pfeffer nach Geschmack
- Frischer Koriander, gehackt, zum Garnieren

Zubereitung:

1. Erhitze deinen Dutch Oven auf mittlere Stufe. Füge das Olivenöl hinzu und lasse es auf 180 Grad erhitzen.

2. Gib den Tofu in den Dutch Oven und brate ihn goldbraun an. Nimm den Tofu heraus und stelle ihn beiseite.

3. Füge Zwiebel, Knoblauch und Ingwer in den Dutch Oven und brate sie, bis sie weich sind und duftig riechen.

4. Füge das Currypulver, Kurkuma und Paprikapulver hinzu und rühre gut um, damit die Gewürze die Zwiebel, Knoblauch und Ingwer überziehen.

5. Füge das Gemüse hinzu und brate es, bis es leicht weich ist.

6. Gib den angebratenen Tofu zurück in den Dutch Oven, gieße die Kokosmilch hinzu und würze mit Salz und Pfeffer. Lass das Curry auf niedriger Stufe 10 Minuten köcheln, bis das Gemüse vollständig gekocht und die Sauce dickflüssig ist.

7. Verteile das Curry auf zwei Teller, garniere mit frischem Koriander und serviere sofort.

Kichererbsen-Curry mit Kokosmilch

Zubereitungszeit: 10 Minuten + 25 Minuten Kochen
Portionen: 2 Personen

Zutaten:

- 1 Dose (400 g) Kichererbsen, abgetropft und abgespült
- 200 ml Kokosmilch, gut geschüttelt
- 2 EL Sonnenblumenöl
- 1 rote Zwiebel, gewürfelt
- 2 Knoblauchzehen, fein gehackt
- 1 Stück (ca. 2 cm) frischer Ingwer, fein gerieben
- 1 EL Currypulver
- 1 TL Kreuzkümmel, gemahlen
- 1 TL Paprikapulver, edelsüß
- 1 große Karotte, in Scheiben geschnitten
- 1 rote Paprika, entkernt und in Streifen geschnitten
- Salz und Pfeffer nach Geschmack
- Frischer Koriander und Bio-Limettenspalten zum Servieren
- 300 g Basmatireis, gekocht, zum Servieren

Zubereitung:

1. Erhitze das Sonnenblumenöl in deinem Dutch Oven auf mittlerer Stufe bis es leicht schimmert.

2. Füge die gewürfelte Zwiebel hinzu und brate sie für etwa 5 Minuten an, bis sie weich und leicht gebräunt ist.

3. Gib den gehackten Knoblauch und geriebenen Ingwer hinzu und brate alles weitere 2 Minuten unter Rühren an.

4. Streue das Currypulver, den Kreuzkümmel und das Paprikapulver über die Zwiebelmischung und rühre gut um, bis alles gleichmäßig bedeckt ist. Lasse die Gewürze eine Minute lang köcheln, um ihre Aromen zu entfalten.

5. Füge die Kichererbsen, Karotten und Paprika hinzu. Rühre alles gut um, damit das Gemüse von den Gewürzen überzogen wird.

6. Gieße die Kokosmilch in den Dutch Oven und rühre um, bis alles gut vermischt ist. Decke den Dutch Oven ab und lasse das Curry 15 Minuten auf niedriger Stufe köcheln.

7. Überprüfe die Garstufe des Gemüses und füge bei Bedarf Salz und Pfeffer hinzu. Lasse das Curry weiter köcheln, bis das Gemüse deine gewünschte Konsistenz erreicht hat.

8. Serviere das Kichererbsen-Curry mit frischem Koriander und Limettenspalten. Dazu passt der gekochte Basmatireis hervorragend.

Vegane Spinat-Lasagne

Zubereitungszeit: 20 Minuten + 40 Minuten Backzeit
Portionen: 2

Zutaten:

- **Für die Lasagneblätter:**
- 160 g Vollkorn-Lasagneblätter, ungekocht
- **Für die Füllung:**
- 500 g frischer Spinat, gewaschen und grob gehackt
- 1 EL natives Olivenöl extra
- 2 Knoblauchzehen, gehackt
- 1 TL Meersalz
- 1 TL schwarzer Pfeffer, gemahlen

- **Für die Bechamelsauce:**
- 2 EL natives Olivenöl extra
- 2 EL Vollkornmehl
- 500 ml ungesüßte Sojamilch
- 1 TL Muskatnuss, gemahlen
- 1 TL Meersalz
- **Für das Topping:**
- 50 g vegane Käsealternative, gerieben

Zubereitung:

1. Erhitze den Dutch Oven auf 180 Grad.

2. Für die Füllung: Erhitze 1 EL Olivenöl in einer Pfanne und füge den gehackten Knoblauch hinzu. Lass es 2-3 Minuten anbraten, bis der Knoblauch duftet. Füge den gehackten Spinat hinzu und würze mit Salz und Pfeffer. Lass den Spinat zusammenfallen und die Flüssigkeit verdampfen, dann beiseite stellen.

3. Für die Bechamelsauce: Erhitze 2 EL Olivenöl in einem Topf. Füge das Vollkornmehl hinzu und rühre es gut um. Dann gieße langsam die Sojamilch dazu, während du stetig rührst, um Klumpen zu vermeiden. Füge Muskat und Salz hinzu. Lass die Sauce auf niedriger Hitze köcheln, bis sie eindickt.

4. Jetzt beginnt das Schichten der Lasagne im Dutch Oven. Beginne mit einer Schicht Bechamelsauce, dann eine Schicht Lasagneblätter, gefolgt von einer Schicht Spinat. Wiederhole diese Schichten, bis alle Zutaten aufgebraucht sind, endend mit einer Schicht Bechamelsauce.

5. Streue den veganen Käse auf die oberste Schicht der Lasagne.

6. Backe die Lasagne im Dutch Oven für etwa 40 Minuten bei 180 Grad, oder bis die Oberseite golden und die Lasagneblätter weich sind.

7. Lass die Lasagne vor dem Servieren ein paar Minuten abkühlen.

Süßkartoffel-Curry mit Spinat

Zubereitungszeit: 20 Minuten + 30 Minuten Kochzeit
Portionen: 2 Personen

Zutaten:

- 2 mittelgroße Süßkartoffeln, geschält und in Würfel geschnitten
- 250 g frischen Spinat, gewaschen und grob gehackt
- 1 Zwiebel, geschält und gewürfelt
- 2 Knoblauchzehen, geschält und fein gehackt
- 1 Stück Ingwer, ca. 2 cm, geschält und fein gehackt
- 1 EL Kokosöl
- 2 TL Currypulver
- 1 TL Kurkuma
- 400 ml Kokosmilch
- 1 EL Sojasauce
- Salz und Pfeffer nach Geschmack

Zubereitung:

1. Erhitze zuerst das Kokosöl im Dutch Oven auf einer mittleren Stufe, bis es schmilzt.

2. Füge die Zwiebel, den Knoblauch und den Ingwer hinzu und brate sie unter ständigem Rühren für etwa 5 Minuten an, bis sie weich und aromatisch sind.

3. Nun gib die Currypulver und Kurkuma dazu und rühre alles gut durch, damit die Gewürze ihren Geschmack entfalten können. Lass die Mischung für etwa 2 Minuten weiter brutzeln.

4. Jetzt ist es an der Zeit, die Süßkartoffelwürfel hinzuzufügen. Vermische sie gut mit den Gewürzen und lass sie für etwa 5 Minuten anbraten, bis sie anfangen, Farbe anzunehmen.

5. Gib die Kokosmilch und Sojasauce in den Dutch Oven und rühre alles gut durch. Setze den Deckel auf und lass das Curry für etwa 15-20 Minuten köcheln, bis die Süßkartoffeln weich sind.

6. Zum Schluss fügst du den Spinat hinzu. Unter ständigem Rühren lässt du ihn zusammenfallen und ins Curry integrieren. Schmecke das Gericht mit Salz und Pfeffer ab.

7. Sobald der Spinat vollständig im Curry aufgenommen wurde, ist dein Süßkartoffel-Curry mit Spinat fertig. Guten Appetit!

Veganer Gemüseauflauf

Zubereitungszeit: 30 Minuten + 1 Stunde Backzeit
Portionen: 2 Personen

Zutaten:

- 1 kleiner Blumenkohl, in Röschen geteilt
- 2 mittelgroße Karotten, gewürfelt
- 1 kleine Zucchini, gewürfelt
- 1 rote Paprika, gewürfelt
- 2 EL natives Olivenöl extra
- Salz und Pfeffer nach Geschmack
- 1 TL Currypulver
- 200 ml Hafercuisine
- 50 g Hefeflocken
- 1 TL Knoblauchpulver
- 2 EL Sojasauce
- 50 g Semmelbrösel

Zubereitung:

1. Beginne damit, deinen Dutch Oven vorzuheizen. Stelle ihn in den Ofen und heize ihn auf 180 Grad vor.

2. Während der Dutch Oven vorheizt, nimm eine große Schüssel und vermische darin den Blumenkohl, die Karotten, die Zucchini und die Paprika mit dem Olivenöl, Salz, Pfeffer und Currypulver. Stelle sicher, dass alles gut vermischt und das Gemüse mit dem Öl und den Gewürzen bedeckt ist.

3. Sobald der Dutch Oven vorgeheizt ist, gib das gewürzte Gemüse hinein und backe es für etwa 20 Minuten. Danach nimmst du den Dutch Oven heraus und rührst das Gemüse einmal durch, damit es gleichmäßig gart.

4. In der Zwischenzeit vermische in einer kleinen Schüssel die Hafercuisine, Hefeflocken, Knoblauchpulver und Sojasauce.

5. Nach den ersten 20 Minuten, gieße die Hafercuisine-Mischung über das Gemüse im Dutch Oven und mische alles gut durch. Dann streue die Semmelbrösel gleichmäßig über den Auflauf.

6. Stelle den Dutch Oven zurück in den Ofen und backe den Auflauf weitere 40 Minuten oder bis die Oberfläche schön gebräunt und knusprig ist.

7. Lass den Auflauf ein paar Minuten abkühlen, bevor du ihn servierst.

Dutch Oven Veggie-Burger

Zubereitungszeit: 30 Minuten + 20 Minuten Backzeit
Portionen: 2 Burger

Zutaten:

- **Für die Burger-Patties:**
- 100 g Quinoa, roh, gut abgespült
- 200 ml Wasser
- 1 EL natives Olivenöl extra
- 1 rote Zwiebel, klein gewürfelt
- 2 Knoblauchzehen, gehackt
- 150 g schwarze Bohnen, aus der Dose, abgetropft und zerdrückt
- 1 TL Kreuzkümmel
- Salz und Pfeffer nach Geschmack
- **Für die Burger:**
- 2 Vollkornbrötchen, aufgeschnitten
- 2 Salatblätter
- 2 Tomatenscheiben
- 2 EL Hummus

Zubereitung:

1. Lege den Dutch Oven auf die Glut und erhitze ihn auf 180 Grad.

2. Gib Quinoa und Wasser in den Dutch Oven und lass es 15 Minuten köcheln, bis das Wasser absorbiert ist. Dann nimm den Topf von der Glut und lasse das Quinoa abkühlen.

3. In der Zwischenzeit, erhitzt du das Olivenöl im Dutch Oven über der Glut. Füge die Zwiebel und den Knoblauch hinzu und dünste sie an, bis sie weich sind.

4. Füge die schwarzen Bohnen, Kreuzkümmel, Salz und Pfeffer hinzu und koche die Mischung für weitere 5 Minuten.

5. Füge das gekochte Quinoa in die Bohnenmischung und mische gut durch, bis du eine formbare Masse hast. Forme aus der Masse zwei Burger-Patties.

6. Erhitze den Dutch Oven wieder auf 180 Grad. Lege die Patties hinein und backe sie für etwa 20 Minuten, oder bis sie fest und leicht gebräunt sind.

7. In der Zwischenzeit bereite die Brötchen vor. Schmiere Hummus auf beide Seiten der Brötchen. Lege ein Salatblatt auf die untere Hälfte jedes Brötchens und darauf jeweils eine Tomatenscheibe.

8. Sobald die Patties fertig sind, legst du sie auf die Tomatenscheiben und deckst sie mit der oberen Hälfte der Brötchen ab.

Vegetarische Köstlichkeiten

Pikanter Gemüse-Couscous

Zubereitungszeit: 15 Minuten + 20 Minuten Kochzeit
Portionen: 2 Personen

Zutaten:

- 150 g Couscous
- 300 ml Gemüsebrühe
- 1 mittelgroße rote Paprika, gewürfelt
- 1 mittelgroße gelbe Zucchini, gewürfelt
- 1 kleine rote Zwiebel, fein gewürfelt
- 2 EL natives Olivenöl extra
- 1 TL Kreuzkümmel
- 1 TL Paprikapulver, edelsüß
- 1 TL Chilipulver (oder nach Geschmack)
- Salz und Pfeffer nach Geschmack
- 2 EL frisch gehackte Petersilie zur Garnierung

Zubereitung:

1. Heize zuerst deinen Dutch Oven auf etwa 200 Grad vor.
2. Während der Dutch Oven aufheizt, würfle Paprika und Zucchini in mundgerechte Stücke, und die Zwiebel in feine Würfel.
3. Gib das Olivenöl in den heißen Dutch Oven und füge die gewürfelte Zwiebel hinzu. Lasse diese für etwa 2-3 Minuten braten, bis sie weich und leicht gebräunt ist.
4. Füge nun die gewürfelte Paprika und Zucchini hinzu und lass das Ganze weitere 5 Minuten braten, bis das Gemüse weich ist.
5. Während das Gemüse brät, gib die Gewürze (Kreuzkümmel, Paprikapulver, Chilipulver, Salz und Pfeffer) hinzu und rühre um, damit sie gleichmäßig verteilt sind.
6. Nun füge den Couscous hinzu und gieße die Gemüsebrühe darüber. Rühre alles gut um, sodass der Couscous vollständig mit Brühe bedeckt ist.
7. Setze den Deckel auf den Dutch Oven und reduziere die Hitze auf 180 Grad. Lass den Couscous etwa 10 Minuten lang quellen, bis er die gesamte Flüssigkeit aufgenommen hat.
8. Öffne den Deckel und rühre den Couscous mit einer Gabel auf, um ihn aufzulockern. Gib bei Bedarf noch ein wenig mehr Salz oder Pfeffer hinzu.
9. Verteile den pikanten Gemüse-Couscous auf zwei Teller und garniere jede Portion mit etwas frisch gehackter Petersilie.

Mediterranes Ratatouille

Zubereitungszeit: 20 Minuten + 40 Minuten Kochzeit
Portionen: 2 Personen

Zutaten:

- 1 mittelgroße Aubergine, in Würfel geschnitten
- 2 mittelgroße Zucchini, in Würfel geschnitten
- 1 rote Paprika, entkernt und in Würfel geschnitten
- 1 gelbe Paprika, entkernt und in Würfel geschnitten
- 1 große Zwiebel, gewürfelt
- 3 Knoblauchzehen, fein gehackt
- 4 Tomaten, in Würfel geschnitten
- 1 EL natives Olivenöl extra
- 1 TL getrockneter Thymian
- 1 TL getrockneter Rosmarin
- Salz und Pfeffer nach Geschmack
- 100 ml trockener Weißwein
- Einige frische Basilikumblätter, gehackt, für die Garnierung

Zubereitung:

1. Erhitze deinen Dutch Oven auf 180 Grad vor.

2. Gib das Olivenöl in den Dutch Oven und sobald es heiß ist, füge die gewürfelte Zwiebel und den gehackten Knoblauch hinzu. Lass es für etwa 5 Minuten köcheln, bis die Zwiebeln glasig sind.

3. Füge die Aubergine, Zucchini und Paprika hinzu und lass es weitere 5 Minuten kochen, bis das Gemüse anfängt, weich zu werden.

4. Füge die gewürfelten Tomaten, den Thymian, den Rosmarin und den Weißwein hinzu. Mit Salz und Pfeffer würzen.

5. Decke den Dutch Oven ab und lass das Ratatouille für etwa 30 Minuten köcheln, bis das Gemüse vollständig weich ist und die Aromen miteinander verschmolzen sind.

6. Passe die Würze nach Bedarf an. Garniere mit frischem Basilikum vor dem Servieren.

Kürbis-Linsen-Curry

Zubereitungszeit: 15 Minuten + 35 Minuten Kochzeit
Portionen: 2 Personen

Zutaten:

- 400 g Hokkaido Kürbis, gewürfelt
- 150 g grüne Linsen, gründlich gewaschen
- 1 EL Sonnenblumenöl
- 1 rote Zwiebel, fein gewürfelt
- 2 Knoblauchzehen, gehackt
- 2 cm frischer Ingwer, gerieben
- 2 EL Currypulver
- 1 TL Kurkuma
- 500 ml Gemüsebrühe
- 200 ml Kokosmilch
- Salz und Pfeffer nach Geschmack
- 2 EL frischer Koriander, gehackt (zum Garnieren)

Zubereitung:

1. Beginne, indem du deinen Dutch Oven auf etwa 180 Grad vorheizt.
2. Gib das Sonnenblumenöl hinein und füge die Zwiebel, den Knoblauch und den Ingwer hinzu. Lass alles für 2-3 Minuten anbraten, bis die Zwiebeln glasig sind.
3. Füge nun den Kürbis und die Linsen hinzu. Verrühre alles gut und lass es für weitere 5 Minuten köcheln, damit die Aromen gut miteinander verbinden.
4. Nun kommt das Currypulver und das Kurkuma dazu. Vermische alles gut und lass es für weitere 2 Minuten kochen.
5. Nun gießt du die Gemüsebrühe und die Kokosmilch dazu. Rühre gut um, um sicherzustellen, dass nichts am Boden klebt.
6. Schließe den Dutch Oven und lass dein Curry für etwa 25 Minuten köcheln. Prüfe, ob der Kürbis und die Linsen weich sind.
7. Würze zum Schluss mit Salz und Pfeffer und streue den frischen Koriander darüber, bevor du servierst.

Gefüllte Paprika mit Quinoa

Zubereitungszeit: 20 Minuten + 45 Minuten Kochzeit
Portionen: 4 gefüllte Paprikahälften

Zutaten:

- 2 mittelgroße Paprika, halbiert und entkernt
- 150 g Quinoa, gewaschen und abgetropft
- 250 ml Gemüsebrühe
- 1 Zwiebel, fein gewürfelt
- 2 Knoblauchzehen, fein gehackt
- 100 g Mais aus der Dose, abgetropft
- 100 g schwarze Bohnen aus der Dose, abgespült und abgetropft
- 1 EL natives Olivenöl extra
- 1 TL Kreuzkümmel, gemahlen
- 1 TL Paprikapulver, geräuchert
- Salz und Pfeffer nach Geschmack
- 100 g Feta-Käse, zerkrümelt
- Frische Petersilie zum Garnieren, fein gehackt

Zubereitung:

1. Beginne, indem du deinen Dutch Oven auf 190 Grad vorheizt.
2. Währenddessen gib das Olivenöl in eine Pfanne und erhitze es bei mittlerer Hitze. Füge die Zwiebel und den Knoblauch hinzu und dünste sie, bis sie weich und duftend sind.
3. Nun gib die Quinoa hinzu und rühre sie gut um, bis sie mit dem Öl überzogen ist. Gieße dann die Gemüsebrühe hinzu und lass die Mischung zum Kochen bringen.
4. Sobald die Brühe kocht, reduziere die Hitze und lass die Quinoa 15 Minuten köcheln, bis sie die Flüssigkeit aufgenommen hat.
5. Füge nun den Mais, die schwarzen Bohnen, den Kreuzkümmel und das geräucherte Paprikapulver hinzu. Mische alles gut durch und lass es weitere 5 Minuten köcheln.
6. Würze die Mischung mit Salz und Pfeffer nach Geschmack.
7. Fülle jede Paprikahälfte mit der Quinoa-Mischung und platziere sie in deinem vorgeheizten Dutch Oven.
8. Streue den zerkrümelten Feta-Käse über die gefüllten Paprika und decke den Dutch Oven mit seinem Deckel ab.
9. Lass die Paprika 25 Minuten garen, bis sie weich und der Käse geschmolzen ist.
10. Zum Schluss garniere die gefüllten Paprika mit der frischen Petersilie und serviere sie heiß.

Marokkanischer Kichererbsen-Eintopf

Zubereitungszeit: 15 Minuten + 45 Minuten Kochzeit
Portionen: 2 Personen

Zutaten:

- 400 g Kichererbsen, über Nacht eingeweicht und abgespült
- 2 EL natives Olivenöl extra
- 1 große Zwiebel, gewürfelt
- 2 Knoblauchzehen, fein gehackt
- 2 Karotten, in Scheiben geschnitten
- 2 rote Paprika, entkernt und gewürfelt

- 1 TL Kreuzkümmel
- 1 TL Kurkuma
- 1 TL Paprikapulver, edelsüß
- 500 ml Gemüsebrühe
- 400 g gehackte Tomaten aus der Dose
- 2 EL frischer Koriander, grob gehackt
- Salz und Pfeffer nach Geschmack

Zubereitung:

1. Erhitze deinen Dutch Oven auf etwa 180 Grad. Gib das Olivenöl hinein und füge die Zwiebel hinzu. Lass sie 5 Minuten anbraten, bis sie weich und leicht gebräunt ist.

2. Füge den Knoblauch, die Karotten und die Paprika hinzu und brate das Ganze weitere 5 Minuten an.

3. Gib nun den Kreuzkümmel, die Kurkuma und Paprikapulver dazu. Rühre alles gut um, damit das Gemüse gleichmäßig gewürzt ist.

4. Jetzt kommen die Kichererbsen hinzu. Gib auch die Gemüsebrühe und die gehackten Tomaten in den Dutch Oven. Rühre alles gut durch.

5. Lass den Eintopf etwa 45 Minuten köcheln. Rühre gelegentlich um, um sicherzugehen, dass nichts anbrennt.

6. Prüfe, ob die Kichererbsen weich sind. Wenn sie noch etwas Biss haben, lass den Eintopf noch ein wenig köcheln.

7. Schmecke den Eintopf mit Salz und Pfeffer ab und rühre den frischen Koriander unter. Dein marokkanischer Kichererbsen-Eintopf ist fertig zum Servieren!

Auberginen-Parmigiana

Zubereitungszeit: 20 Minuten + 40 Minuten Backzeit
Portionen: 2 Personen

Zutaten:

- 2 große Auberginen, in 1 cm dicke Scheiben geschnitten
- 100 g Parmesan, frisch gerieben
- 1 EL natives Olivenöl extra
- 1 Zwiebel, gewürfelt
- 2 Knoblauchzehen, fein gehackt
- 400 g stückige Tomaten aus der Dose
- 1 TL getrockneter Oregano
- 1 EL frisches Basilikum, gehackt
- Salz und Pfeffer nach Geschmack
- 100 g Mozzarella, in Scheiben geschnitten

Zubereitung:

1. Heize den Dutch Oven auf etwa 200 Grad vor.

2. Brate die Auberginenscheiben in etwas Olivenöl auf beiden Seiten leicht an, bis sie weich und leicht gebräunt sind. Lege sie beiseite.

3. Gib dann das restliche Olivenöl in den Dutch Oven und füge die Zwiebel und den Knoblauch hinzu. Schwitze beides an, bis sie weich sind und angenehm duften.

4. Füge die stückigen Tomaten und den getrockneten Oregano hinzu. Lass die Mischung aufkochen und dann bei mittlerer Hitze 10 Minuten köcheln, bis sie eindickt.

5. Schmecke die Tomatensauce mit Salz und Pfeffer ab. Füge das gehackte Basilikum hinzu und rühre gut um.

6. Lege nun eine Schicht Auberginen in den Dutch Oven. Bedecke sie mit der Tomatensauce und streue ein wenig Parmesan darüber. Wiederhole diesen Vorgang, bis alle Zutaten verbraucht sind, und beende mit einer Schicht Mozzarella.

7. Backe die Auberginen-Parmigiana im Dutch Oven für etwa 40 Minuten, oder bis die Oberfläche goldbraun und knusprig ist.

8. Lass die Auberginen-Parmigiana ein paar Minuten ruhen, bevor du sie servierst.

Knusprige Süßkartoffel-Puffer

Zubereitungszeit: 15 Minuten + 30 Minuten Kochen
Portionen: 6 Puffer

Zutaten:

- 2 mittelgroße Süßkartoffeln, geschält und grob gerieben (ca. 500 g)
- 2 Frühlingszwiebeln, fein gehackt
- 2 EL glatte Petersilie, gehackt
- 1 EL frischer Ingwer, fein gerieben
- 60 ml natives Olivenöl extra
- 1 EL Sojasauce
- 2 TL Paprikapulver, edelsüß
- 1 TL Kurkuma, gemahlen
- Salz und Pfeffer nach Geschmack
- 2 EL Vollkornmehl
- 2 Bio-Eier, verquirlt

Zubereitung:

1. Beginne damit, die Süßkartoffeln grob zu reiben. Stelle dann eine mittelgroße Schüssel bereit und vermische die geriebenen Süßkartoffeln, die gehackten Frühlingszwiebeln, Petersilie und den geriebenen Ingwer miteinander.

2. Füge das Vollkornmehl und die verquirlten Eier hinzu. Rühre die Mischung gut durch, bis sie gut miteinander vermischt ist.

3. Füge das Paprikapulver, das Kurkuma, das Salz und den Pfeffer hinzu. Gib nun die Sojasauce und 30 ml des Olivenöls hinzu und rühre alles noch einmal gut durch.

4. Forme nun aus der Masse sechs gleichmäßige Puffer. Stelle sicher, dass sie nicht zu dick sind, damit sie im Dutch Oven gleichmäßig garen.

5. Erhitze den Dutch Oven auf etwa 180 Grad. Gib das restliche Olivenöl hinein und lege vorsichtig die Puffer in den Dutch Oven.

6. Lasse die Puffer etwa 15 Minuten auf einer Seite braten, bis sie goldbraun und knusprig sind. Drehe sie dann um und brate die andere Seite weitere 15 Minuten.

7. Nehme die Puffer aus dem Dutch Oven und lasse sie auf einem Teller abkühlen. Sie sind jetzt bereit zum Genießen!

Herzhaft gefüllter Hokkaido

Zubereitungszeit: 15 Minuten + 40 Minuten Backzeit
Portionen: 2 gefüllte Hokkaidos

Zutaten:

- 2 kleine Hokkaido-Kürbisse, gewaschen und halbiert
- 200 g Quinoa, abgespült
- 2 EL natives Olivenöl extra
- 1 Zwiebel, fein gehackt
- 2 Knoblauchzehen, fein gehackt
- 200 g Champignons, gewaschen und in Scheiben geschnitten
- 1 rote Paprika, gewaschen und gewürfelt
- 100 g Feta-Käse, gewürfelt
- 1 TL Salz
- 1/2 TL Pfeffer
- 2 TL Thymian, frisch oder getrocknet

Zubereitung:

1. Setze deinen Dutch Oven auf eine mittlere Flamme und erhitze das Olivenöl darin. Gib die gehackte Zwiebel und den Knoblauch hinein und brate sie, bis sie weich sind.

2. Füge die Champignons und die Paprika hinzu und brate sie mit, bis sie ebenfalls weich sind. Nun das Quinoa hineingeben und kurz mit anbraten.

3. Mit Wasser ablöschen, bis das Quinoa bedeckt ist. Den Dutch Oven schließen und das Quinoa etwa 15 Minuten köcheln lassen, bis es weich ist.

4. Während das Quinoa kocht, kannst du die Hokkaido-Kürbisse vorbereiten. Schneide die Kürbisse in der Mitte durch und entferne mit einem Löffel die Kerne.

5. Wenn das Quinoa fertig ist, füge den gewürfelten Feta, Salz, Pfeffer und Thymian hinzu. Gut umrühren, bis alles gleichmäßig verteilt ist.

6. Den Backofen auf 200 Grad vorheizen.

7. Die Hokkaido-Hälften in den Dutch Oven legen und die Quinoa-Mischung in die ausgehöhlten Kürbisse füllen.

8. Den Dutch Oven in den vorgeheizten Backofen stellen und die Kürbisse etwa 40 Minuten backen, bis sie weich und die Füllung leicht gebräunt ist.

Leichter Linsen-Spätzle-Auflauf

Zubereitungszeit: 20 Minuten + 25 Minuten Backzeit
Portionen: 2 Personen

Zutaten:

- 150 g rote Linsen, gewaschen und abgetropft
- 200 g Spätzle, gekocht und abgekühlt
- 1 Zwiebel, fein gewürfelt
- 2 Knoblauchzehen, fein gehackt
- 200 g Cherrytomaten, halbiert
- 1 EL natives Olivenöl extra
- 1 TL getrockneter Thymian
- 1 TL getrockneter Oregano
- 1/2 TL Paprikapulver, edelsüß
- 200 ml Gemüsebrühe
- 50 g geriebener Emmentaler
- Salz und Pfeffer nach Geschmack

Zubereitung:

1. Heize den Dutch Oven auf 180 Grad vor.

2. Erhitze das Olivenöl im Dutch Oven und füge die Zwiebel und den Knoblauch hinzu. Brate diese Zutaten bei mittlerer Hitze an, bis sie weich und leicht gebräunt sind.

3. Gib die roten Linsen, den Thymian, den Oregano und das Paprikapulver hinzu. Rühre alles gut um, damit die Gewürze die Linsen gut bedecken.

4. Füge die Gemüsebrühe hinzu und lasse die Mischung für ca. 10 Minuten köcheln, bis die Linsen weich sind.

5. Füge die gekochten Spätzle und die halbierten Cherrytomaten hinzu. Rühre alles gut durch und lasse die Mischung noch einmal 5 Minuten köcheln.

6. Würze mit Salz und Pfeffer nach Geschmack.

7. Bestreue den Auflauf mit dem geriebenen Emmentaler und backe ihn im vorgeheizten Dutch Oven für etwa 25 Minuten, bis der Käse geschmolzen und leicht gebräunt ist.

8. Lass den Auflauf ein paar Minuten abkühlen, bevor du ihn servierst. Guten Appetit!

Dutch Oven Gemüsepizza

Zubereitungszeit: 30 Minuten + 45 Minuten Kochzeit
Portionen: 1 Pizza

Zutaten:

- **Für den Teig:**
- 200 g Weizenmehl, gesiebt
- 125 ml Wasser, lauwarm
- 1 TL Salz
- 1 TL Trockenhefe
- **Für die Tomatensauce:**
- 1 Dose Tomaten, geschält, 400 g
- 1 Knoblauchzehe, gepresst
- 1 EL natives Olivenöl extra
- 1 TL getrocknetes Oregano
- Salz und Pfeffer, nach Geschmack
- **Für den Belag:**
- 1 gelbe Paprika, gewürfelt
- 1 Zucchini, in Scheiben geschnitten
- 1 kleine rote Zwiebel, in dünne Ringe geschnitten
- 100 g Mozzarella, gerieben
- 50 g Parmesan, gerieben
- 1 EL natives Olivenöl extra
- 1 TL getrocknetes Basilikum

Zubereitung:

1. Vermische das Mehl, Salz und die Trockenhefe in einer Schüssel. Füge das lauwarme Wasser hinzu und knete alles zu einem glatten Teig. Lasse den Teig abgedeckt an einem warmen Ort für etwa 20 Minuten gehen.

2. Während der Teig ruht, bereite die Tomatensauce vor. Erhitze das Olivenöl in einer Pfanne und füge den gepressten Knoblauch hinzu. Nach einer Minute gib die Tomaten und das Oregano hinzu. Mit Salz und Pfeffer würzen und bei mittlerer Hitze etwa 15 Minuten köcheln lassen.

3. Jetzt ist es Zeit, den Dutch Oven vorzubereiten. Setze den Dutch Oven auf eine Feuerstelle oder einen Grill und erhitze ihn auf etwa 200 Grad.

4. Rolle den Teig auf einer bemehlten Arbeitsfläche aus, bis er in den Dutch Oven passt. Lege den ausgerollten Teig in den vorgeheizten Dutch Oven.

5. Verbreite die Tomatensauce gleichmäßig auf dem Teig und belege ihn dann mit Paprika, Zucchini und Zwiebelringen. Bestreue das Gemüse mit Mozzarella und Parmesan. Gib zum Schluss das Olivenöl und das Basilikum darüber.

6. Decke den Dutch Oven ab und backe die Pizza bei 200 Grad für etwa 25 Minuten oder bis der Käse schön geschmolzen und goldbraun ist.

Backen im Dutch Oven

Rustikales Bauernbrot

Zubereitungszeit: 20 Minuten + 2 Stunden Ruhezeit + 35-40 Minuten Backzeit
Portionen: 1 großes Brot

Zutaten:

- 500 g Roggenmehl
- 500 g Weizenmehl
- 1 EL Salz
- 1 TL Trockenhefe
- 600 ml warmes Wasser (ca. 37 Grad)
- 2 EL Sonnenblumenkerne
- 2 EL Sesamsamen

Zubereitung:

1. Vermische in einer großen Schüssel das Roggenmehl, das Weizenmehl und das Salz. Mach eine kleine Mulde in die Mitte.
2. Streue die Trockenhefe in das warme Wasser und lass es 5 Minuten stehen, bis es schäumt.
3. Gib die Hefe-Wasser-Mischung in die Mulde des Mehls. Knete mit den Händen oder einem Mixer mit Knethaken, bis sich alle Zutaten zu einem glatten Teig verbinden.
4. Lass den Teig abgedeckt für 2 Stunden ruhen, bis er sich etwa verdoppelt hat.
5. Knete den Teig nochmal durch und forme ein rundes Brot. Bestreue es mit den Sonnenblumenkernen und Sesamsamen.
6. Erhitze den Dutch Oven auf etwa 220 Grad.
7. Lege das Brot in den vorgeheizten Dutch Oven. Backe es mit geschlossenem Deckel für 35-40 Minuten, bis das Brot eine schöne Kruste hat und hohl klingt, wenn man auf den Boden klopft.
8. Lass das Brot vor dem Schneiden noch 10 Minuten abkühlen.

Schokoladen-Brownie-Kuchen

Zubereitungszeit: 15 Minuten + 45 Minuten Backzeit
Portionen: 1 Kuchen

Zutaten:

- 100 g dunkle Schokolade, zerkleinert
- 70 g Butter, in kleine Stücke schneiden
- 50 g Zucker
- 2 Bio-Eier
- 1 TL Vanilleextrakt
- 40 g Mehl
- 15 g Backkakao
- 1 TL Backpulver
- Eine Prise Salz
- 25 g Walnüsse, grob gehackt

Zubereitung:

1. Als Erstes nimmst du deinen Dutch Oven und erhitzt ihn auf mittlere Temperatur, also auf etwa 180 Grad.

2. Nun nimmst du die dunkle Schokolade, die Butter und den Zucker, gibst sie zusammen in eine hitzebeständige Schüssel und platzierst diese in den Dutch Oven. Warte, bis die Zutaten geschmolzen sind und rühre sie dann zu einer gleichmäßigen Masse zusammen.

3. In der Zwischenzeit verquirlst du die Eier und den Vanilleextrakt in einer separaten Schüssel.

4. Sobald die Schokoladenmischung geschmolzen ist, nimmst du sie aus dem Dutch Oven und lässt sie kurz abkühlen. Dann gibst du die Eier und den Vanilleextrakt dazu und rührst alles gut durch.

5. Jetzt mischst du das Mehl, den Backkakao, das Backpulver und das Salz in einer weiteren Schüssel zusammen und gibst diese trockenen Zutaten nach und nach in die feuchte Mischung. Rühre alles so lange, bis ein glatter Teig entsteht.

6. Zuletzt fügst du die gehackten Walnüsse hinzu und rührst noch einmal alles gut durch.

7. Nun gibst du den Teig in den Dutch Oven und stellst ihn wieder auf die mittlere Temperatur ein. Nach etwa 30 bis 35 Minuten sollte der Kuchen fertig gebacken sein. Du kannst das mit einem Holzstäbchen testen, indem du es in die Mitte des Kuchens steckst. Wenn kein Teig daran klebt, ist der Kuchen fertig.

8. Lass den Schokoladen-Brownie-Kuchen ein paar Minuten im ausgeschalteten Dutch Oven abkühlen, bevor du ihn servierst. Genieße diesen himmlischen Kuchen, der außen knusprig und innen saftig ist!

Saftiger Apfelkuchen

Zubereitungszeit: 30 Minuten + 2 Stunden Backzeit
Portionen: 1 Kuchen (ca. 20 cm Durchmesser)

Zutaten:

- 200 g Mehl, gesiebt
- 100 g Zucker
- 1 EL Backpulver
- 1 Prise Salz
- 100 ml Sonnenblumenöl
- 150 ml Apfelsaft, frisch gepresst
- 2 mittelgroße Äpfel, geschält, entkernt und in dünne Scheiben geschnitten
- 1 TL Zimt
- 50 g gehackte Walnüsse

Zubereitung:

1. Du beginnst, indem du deinen Dutch Oven vorbereitest. Heize den Dutch Oven auf etwa 180 Grad vor. Sorge für genug Glut unten und oben, um eine gleichmäßige Hitze zu erzeugen.

2. In einer großen Schüssel mischst du das gesiebte Mehl, den Zucker, das Backpulver und die Prise Salz.

3. Füge nun das Sonnenblumenöl und den frisch gepressten Apfelsaft hinzu. Rühre alles gut um, bis du einen glatten Teig hast.

4. Füge die dünnen Apfelscheiben und den Zimt hinzu. Mische alles noch einmal gründlich durch.

5. Gieße den Teig in den vorgeheizten Dutch Oven. Streue die gehackten Walnüsse über den Teig.

6. Schließe den Deckel des Dutch Ovens und lass den Kuchen für etwa 2 Stunden backen. Prüfe nach 1,5 Stunden mit einem Zahnstocher, ob der Kuchen durchgebacken ist. Wenn der Zahnstocher sauber herauskommt, ist der Kuchen fertig.

7. Lasse den Kuchen im Dutch Oven abkühlen, bevor du ihn servierst.

Fluffige Zimtschnecken

Zubereitungszeit: 30 Minuten + 2 Stunden Ruhezeit + 35 Minuten Backzeit
Portionen: 6 Zimtschnecken

Zutaten:

- **Für den Teig:**
- 200 g Weizenmehl, gesiebt
- 2 EL Zucker
- 1/4 TL Salz
- 1 TL Trockenhefe
- 125 ml warme Milch
- 30 g Butter, geschmolzen

- **Für die Füllung:**
- 50 g brauner Zucker
- 2 TL gemahlener Zimt
- 25 g Butter, weich
- **Für die Glasur:**
- 50 g Puderzucker
- 2 EL warme Milch

Zubereitung:

1. Mische zuerst in einer großen Schüssel das Mehl, Zucker, Salz und die Trockenhefe. Gib dann die warme Milch und die geschmolzene Butter dazu. Verarbeite alles zu einem glatten Teig.

2. Decke den Teig ab und lass ihn an einem warmen Ort für etwa 2 Stunden aufgehen, bis er sich verdoppelt hat.

3. Für die Füllung mische den braunen Zucker und Zimt in einer kleinen Schüssel. Roll den aufgegangenen Teig auf einer bemehlten Oberfläche zu einem Rechteck aus und verteile die weiche Butter gleichmäßig darüber. Streue nun die Zucker-Zimt-Mischung darüber.

4. Rolle den Teig auf und schneide ihn in 6 gleich große Stücke. Lege diese mit der Schnittfläche nach oben in den vorbereiteten Dutch Oven.

5. Decke den Dutch Oven ab und lass die Schnecken noch einmal 30 Minuten ruhen. In dieser Zeit erhitzt du deinen Grill oder das Feuer auf etwa 190 Grad.

6. Setze den Dutch Oven ins Feuer und backe die Schnecken etwa 35 Minuten lang, bis sie goldbraun und durchgebacken sind.

7. Während die Schnecken backen, bereite die Glasur vor. Vermische den Puderzucker und die warme Milch in einer kleinen Schüssel, bis eine glatte Masse entsteht.

8. Nimm die Zimtschnecken aus dem Dutch Oven und lass sie etwas abkühlen. Gieße dann die Glasur über die noch warmen Schnecken. Jetzt sind sie bereit zum Genießen!

Erdbeer-Rhabarber-Crumble

Zubereitungszeit: 20 Minuten + 30 Minuten Backzeit
Portionen: 2 Personen

Zutaten:

- 200 g Erdbeeren, gewaschen und geviertelt
- 200 g Rhabarber, gewaschen und in 2 cm Stücke geschnitten
- 75 g Zucker
- 100 g Butter, kalt und in kleine Würfel geschnitten
- 125 g Mehl
- 1 EL Vanillezucker
- 1 TL Zimt
- 2 EL Honig

Zubereitung:

1. Heize zuerst den Dutch Oven auf ca. 180 Grad vor. Für das Vorheizen empfehle ich, Kohlen auf und unter dem Dutch Oven zu platzieren.

2. Während der Dutch Oven vorheizt, vermische die Erdbeeren, Rhabarber und 25 g Zucker in einer Schüssel.

3. In einer separaten Schüssel kombiniere Mehl, restlichen Zucker (50 g), Vanillezucker und Zimt. Füge die kalte Butter hinzu und verarbeite die Mischung mit den Fingerspitzen zu Streuseln.

4. Verteile die Erdbeer-Rhabarber-Mischung auf dem Boden des vorgeheizten Dutch Oven.

5. Streue die Streusel gleichmäßig über die Erdbeer-Rhabarber-Mischung.

6. Backe den Crumble ca. 30 Minuten bei 180 Grad im Dutch Oven, oder bis die Streusel goldbraun sind und die Füllung blubbert.

7. Nimm den Dutch Oven vom Feuer und lass den Crumble ein paar Minuten abkühlen. Träufele vor dem Servieren Honig über den Crumble.

Knuspriger Flammkuchen

Zubereitungszeit: 15 Minuten + 25 Minuten Backzeit
Portionen: 2 große Flammkuchen

Zutaten:

- 250 g Weizenmehl, gesiebt
- 1 TL Salz
- 100 ml Wasser
- 1 EL natives Olivenöl extra
- 200 ml Crème Fraîche
- 1 große Zwiebel, fein gewürfelt
- 100 g Räucherspeck, in dünne Streifen geschnitten
- Salz und Pfeffer nach Geschmack
- Eine Handvoll frischer Schnittlauch, fein gehackt

Zubereitung:

1. Beginne damit, das Mehl und Salz in einer großen Schüssel zu mischen. Gib Wasser und Olivenöl dazu und knete das Ganze zu einem glatten Teig. Lasse den Teig für etwa 10 Minuten ruhen.

2. Während der Teig ruht, kannst du den Dutch Oven vorbereiten. Stelle sicher, dass er sauber und trocken ist. Erhitze ihn auf etwa 200 Grad.

3. Rolle den Teig auf einer bemehlten Fläche so dünn wie möglich aus. Der Teig sollte groß genug sein, um den Boden des Dutch Ovens zu bedecken.

4. Sobald der Dutch Oven heiß ist, legst du den ausgerollten Teig hinein. Achte darauf, dass der Teig den ganzen Boden bedeckt.

5. Verteile nun gleichmäßig die Crème Fraîche über den Teig. Streue die gewürfelten Zwiebeln und den Speck darüber. Würze das Ganze mit Salz und Pfeffer.

6. Setze den Deckel auf den Dutch Oven und backe den Flammkuchen für etwa 20-25 Minuten bei 200 Grad. Der Flammkuchen ist fertig, wenn der Rand knusprig und der Belag heiß ist.

7. Hole den Flammkuchen aus dem Dutch Oven und streue den gehackten Schnittlauch darüber. Schneide den Flammkuchen in Stücke und serviere ihn sofort.

Herzhafter Zwiebelkuchen

Zubereitungszeit: 20 Minuten + 60 Minuten Backzeit
Portionen: 2 Personen

Zutaten:

- 2 große Zwiebeln, in dünne Scheiben geschnitten
- 150 g Speckwürfel
- 2 EL natives Olivenöl extra
- 200 g Mehl
- 1/2 TL Salz
- 50 g Butter, kalt und in kleine Stücke geschnitten
- 60 ml kaltes Wasser
- 3 Bio-Eier
- 200 ml Sahne
- Salz und Pfeffer nach Geschmack
- 1 TL Muskatnuss
- 100 g geriebener Käse (z.B. Emmentaler oder Gouda)

Zubereitung:

1. Heize den Dutch Oven auf etwa 180 Grad vor.

2. In einer Pfanne das Olivenöl erhitzen und die Zwiebelscheiben darin anbraten, bis sie weich und leicht gebräunt sind. Füge die Speckwürfel hinzu und brate sie mit den Zwiebeln an. Beiseite stellen und abkühlen lassen.

3. Für den Teig mische das Mehl und das Salz in einer Schüssel. Füge die Butter hinzu und knete sie mit den Fingerspitzen in das Mehl, bis die Mischung wie grober Sand aussieht. Wasser hinzufügen und zu einem Teig verarbeiten. Den Teig auf einer bemehlten Oberfläche ausrollen und in den Dutch Oven legen.

4. In einer separaten Schüssel die Eier verquirlen, Sahne, Salz, Pfeffer und Muskatnuss hinzufügen. Die Zwiebel- und Speckmischung gleichmäßig auf dem Teig verteilen. Die Eiermischung darüber gießen und mit geriebenem Käse bestreuen.

5. Den Kuchen im vorgeheizten Dutch Oven für etwa 60 Minuten backen, oder bis die Oberfläche goldbraun ist und die Füllung fest geworden ist.

6. Lasse den Zwiebelkuchen ein wenig abkühlen, bevor du ihn in Stücke schneidest und servierst. Guten Appetit!

Fruchtiger Pfirsich-Cobbler

Zubereitungszeit: 15 Minuten + 40 Minuten Backzeit
Portionen: 2 Personen

Zutaten:

- 4 reife Pfirsiche, entsteint und in dünne Spalten geschnitten
- 70 g weißer Zucker, zum Süßen der Pfirsiche
- 1 EL Bio-Zitronensaft, frisch gepresst
- 85 g Weizenmehl
- 30 g brauner Zucker
- 1 TL Backpulver
- 1/4 TL Salz
- 60 ml kalte Milch
- 45 g Butter, geschmolzen

Zubereitung:

1. Heize den Dutch Oven vor auf 180 Grad.

2. Verteile die Pfirsichspalten in dem vorgeheizten Dutch Oven. Verrühre sie mit dem weißen Zucker und dem Zitronensaft. Stelle den Dutch Oven beiseite.

3. In einer separaten Schüssel kombiniere das Mehl, den braunen Zucker, das Backpulver und das Salz. Gib die Milch hinzu und verrühre alles zu einem glatten Teig.

4. Löffle den Teig gleichmäßig über die Pfirsiche im Dutch Oven.

5. Träufle die geschmolzene Butter über den Teig.

6. Schließe den Dutch Oven und backe den Cobbler für ungefähr 40 Minuten oder bis der Teig goldbraun ist und die Pfirsiche blubbern.

Dutch Oven Pizza

Zubereitungszeit: 15 Minuten + 25 Minuten Backzeit
Portionen: 2 mittelgroße Pizzen

Zutaten:

- 300 g Pizzateig, im Kühlschrank aufgehen lassen
- 200 ml Tomatensauce, fertig gekauft oder selbstgemacht
- 200 g Mozzarella, in Scheiben geschnitten
- 100 g frische Champignons, in Scheiben geschnitten
- 1 rote Paprika, in dünne Streifen geschnitten
- 1 kleine Zwiebel, fein gewürfelt
- 50 g Salami, in dünne Scheiben geschnitten
- 1 EL natives Olivenöl extra
- 1 TL getrockneter Oregano
- Salz und Pfeffer nach Geschmack

Zubereitung:

1. Heize deinen Dutch Oven vor, indem du ihn auf die Glut legst und zusätzlich glühende Kohlen auf den Deckel legst. Der Dutch Oven sollte eine Temperatur von etwa 200 Grad erreichen.

2. Während dein Dutch Oven aufheizt, rolle den Pizzateig auf einer bemehlten Fläche aus. Er sollte etwa so groß sein, dass er in deinen Dutch Oven passt.

3. Sobald der Dutch Oven aufgeheizt ist, gib das Olivenöl hinein und lege den Pizzateig hinein.

4. Verbreite die Tomatensauce gleichmäßig über den Teig. Lasse dabei einen kleinen Rand frei.

5. Verteile die Mozzarellascheiben, die Champignons, Paprika, Zwiebel und Salami über die Tomatensauce.

6. Würze deine Pizza mit Salz, Pfeffer und Oregano.

7. Setze den Deckel auf den Dutch Oven und backe die Pizza für etwa 20-25 Minuten oder bis der Käse geschmolzen und der Rand knusprig ist.

8. Nimm die Pizza mit Vorsicht aus dem Dutch Oven und lass sie kurz abkühlen, bevor du sie in Stücke schneidest und servierst.

Kürbisbrot mit Walnüssen

Zubereitungszeit: 20 Minuten + 1 Stunde Ruhezeit + 40 Minuten Backzeit
Portionen: 1 Brot

Zutaten:

- 300 g Kürbisfleisch, gewürfelt und gekocht
- 400 g Weizenmehl
- 100 g Roggenmehl
- 7 g Trockenhefe
- 1 TL Salz
- 1 EL Zucker
- 50 g Walnüsse, grob gehackt
- 200 ml warmes Wasser
- Ein paar Walnusshälften zum Dekorieren

Zubereitung:

1. Mache einen Vorteig. Mische 200 g Weizenmehl, die Hefe, den Zucker und 100 ml des warmen Wassers in einer großen Schüssel. Decke die Schüssel ab und lasse sie 15 Minuten ruhen.

2. Während der Teig ruht, püriere das gekochte Kürbisfleisch mit einem Stabmixer oder in einem Mixer zu einem glatten Püree.

3. Nach der Ruhezeit füge das Kürbispüree, das restliche Mehl, die gehackten Walnüsse, das Salz und das restliche Wasser zum Vorteig hinzu. Knete alles zu einem glatten Teig.

4. Lasse den Teig abgedeckt an einem warmen Ort für etwa 45 Minuten ruhen, bis er sich in seiner Größe verdoppelt hat.

5. Wärme den Dutch Oven vor auf 200 Grad.

6. Forme den aufgegangenen Teig zu einem Brotlaib und lege ihn in den heißen Dutch Oven. Dekoriere die Oberseite des Brotes mit einigen Walnusshälften.

7. Backe das Brot bei 200 Grad für etwa 40 Minuten. Das Brot ist fertig, wenn es eine schöne braune Kruste hat und beim Klopfen auf den Boden hohl klingt.

8. Lasse das Brot auf einem Gitter vollständig auskühlen, bevor du es aufschneidest.

Feurige Tex-Mex-Rezepte

Dutch Oven Chilli Con Carne

Zubereitungszeit: 20 Minuten + 2 Stunden Kochzeit
Portionen: 2 Personen

Zutaten:

- 300 g Rinderhack, in groben Stücken
- 1 große Zwiebel, fein gehackt
- 2 Knoblauchzehen, fein gehackt
- 1 Paprika, gewürfelt
- 1 kleine Chilischote, fein gehackt
- 400 g Dosen-Tomaten, grob gehackt
- 200 g Kidneybohnen, abgespült und abgetropft
- 2 TL Kreuzkümmel, gemahlen
- 1 TL Paprikapulver, edelsüß
- Salz und Pfeffer nach Geschmack
- 2 EL Sonnenblumenöl
- 100 ml Wasser
- Frischer Koriander, grob gehackt (optional)

Zubereitung:

1. Zuerst erhitzt du den Dutch Oven auf etwa 180 Grad. Gib das Sonnenblumenöl hinein und brate das Rinderhack darin an, bis es schön braun und krümelig ist.

2. Als nächstes gibst du die Zwiebel, den Knoblauch und die Paprika hinzu und brätst alles für weitere 5 Minuten an.

3. Jetzt kommen die Gewürze dazu. Du gibst den Kreuzkümmel, das Paprikapulver und die fein gehackte Chilischote in den Dutch Oven und rührst alles gut durch, damit die Gewürze sich mit dem Fleisch verbinden können.

4. Nun kannst du die Dosen-Tomaten und das Wasser hinzufügen. Alles gut umrühren und dann den Deckel auf den Dutch Oven setzen. Lasse dein Chili für etwa 2 Stunden bei 180 Grad schmoren. Vergiss nicht, ab und zu umzurühren.

5. Nach dieser Zeit gibst du die Kidneybohnen dazu und lässt das Ganze nochmals 15 Minuten kochen.

6. Schmecke dein Chili Con Carne mit Salz und Pfeffer ab. Wenn du magst, kannst du jetzt noch etwas frischen Koriander darüber streuen.

Geschmorte Chicken Enchiladas

Zubereitungszeit: 20 Minuten + 1 Stunde Schmoren
Portionen: 4 Enchiladas

Zutaten:

- 2 Hühnerbrüste, gekocht und zerkleinert
- 4 große Weizentortillas
- 1 EL natives Olivenöl extra
- 1 Zwiebel, fein gewürfelt
- 2 Knoblauchzehen, fein gehackt
- 1 rote Paprika, gewürfelt
- 1 grüne Paprika, gewürfelt
- 200 g Tomaten aus der Dose, gewürfelt
- 2 EL Tomatenmark
- 1 TL Kreuzkümmel
- 1 TL Paprikapulver, edelsüß
- 1/2 TL Chiliflocken
- Salz und Pfeffer nach Geschmack
- 200 g geriebener Käse, zum Beispiel Cheddar
- 150 ml Schlagsahne
- 1 Bund frischer Koriander, gehackt
- 1 Bio-Limette, Saft und Schale

Zubereitung:

1. Erhitze zuerst das Olivenöl in deinem Dutch Oven auf mittlerer Stufe. Füge die Zwiebel und den Knoblauch hinzu und dünste sie, bis sie weich und duftend sind.

2. Gib die gewürfelten Paprika dazu und brate sie 5 Minuten mit.

3. Nun kommt das Tomatenmark, die Tomaten aus der Dose, Kreuzkümmel, Paprikapulver und Chiliflocken dazu. Würze alles mit Salz und Pfeffer. Lasse diese Sauce etwa 10 Minuten köcheln.

4. Jetzt füge das gekochte, zerkleinerte Huhn hinzu und vermische es gut mit der Sauce.

5. Lege nun die Tortillas aus und verteile die Hühnchen-Sauce-Mischung gleichmäßig darauf. Bestreue jede Enchilada mit einer Handvoll geriebenem Käse und rolle sie dann auf. Leg die gefüllten Enchiladas in den Dutch Oven.

6. Gieße die Sahne über die Enchiladas und streue den restlichen Käse oben drauf. Setze den Deckel auf und lass die Enchiladas bei 180 Grad für etwa 1 Stunde schmoren.

7. Serviere die geschmorten Chicken Enchiladas mit frisch gehacktem Koriander und einem Spritzer Limettensaft und etwas Limettenschale. Guten Appetit!

Gebackene Cheddar-Jalapenos

Zubereitungszeit: 15 Minuten + 20 Minuten Backzeit
Portionen: 6 gefüllte Jalapenos

Zutaten:

- 6 frische Jalapenos, halbiert und entkernt
- 150 g Cheddar-Käse, gerieben
- 75 g Frischkäse, zimmerwarm
- 50 g Frühlingszwiebeln, fein gehackt
- 2 EL natives Olivenöl extra
- 1 TL Knoblauchpulver
- 1/2 TL Salz
- 1/2 TL Pfeffer
- 6 Scheiben knuspriger Speck, klein gewürfelt

Zubereitung:

1. Heize deinen Dutch Oven auf mittlerer Stufe vor, bis er eine Temperatur von etwa 190 Grad erreicht hat.

2. Während der Dutch Oven vorheizt, vermische in einer mittelgroßen Schüssel den geriebenen Cheddar-Käse, Frischkäse, Frühlingszwiebeln, Knoblauchpulver, Salz und Pfeffer. Rühre alles gut durch, bis eine gleichmäßige Masse entsteht.

3. Fülle jede Jalapeno-Hälfte mit der Käsemischung. Drücke die Mischung leicht an, um sicherzustellen, dass sie gut in den Jalapenos haftet.

4. Erhitze das Olivenöl in einer Pfanne und brate den Speck darin knusprig. Lasse den Speck auf Küchenpapier abtropfen, um überschüssiges Fett zu entfernen.

5. Belege jede mit Käse gefüllte Jalapeno mit den Speckwürfeln.

6. Platziere die gefüllten Jalapenos vorsichtig in den vorgeheizten Dutch Oven. Decke den Dutch Oven ab und backe die Jalapenos für etwa 20 Minuten oder bis der Käse geschmolzen und goldbraun ist.

7. Nimm den Dutch Oven vom Herd und lasse die gebackenen Cheddar-Jalapenos ein paar Minuten abkühlen, bevor du sie servierst. Genieße diese köstliche, würzige Leckerei!

Scharfer Cowboy-Eintopf

Zubereitungszeit: 15 Minuten + 45 Minuten Kochzeit
Portionen: 2 Personen

Zutaten:

- 200 g Rindfleisch, gewürfelt
- 1 rote Paprika, gewürfelt
- 1 gelbe Zwiebel, fein gehackt
- 2 Knoblauchzehen, fein gehackt
- 1 kleine rote Chilischote, fein gehackt
- 1 Dose Kidneybohnen (400 g), abgetropft und gewaschen
- 1 Dose Tomatenstücke (400 g)
- 1 TL Kreuzkümmel
- 1 TL Paprikapulver, edelsüß
- 1/2 TL Cayennepfeffer
- 500 ml Rinderbrühe
- 2 EL natives Olivenöl extra
- Salz und Pfeffer zum Abschmecken

Zubereitung:

1. Erhitze zuerst den Dutch Oven auf 200 Grad. Füge das Olivenöl hinzu und lasse es warm werden.

2. Gib das Rindfleisch in den Dutch Oven und brate es, bis es auf allen Seiten braun ist. Entferne das Fleisch und stelle es beiseite.

3. Reduziere die Hitze auf 180 Grad. Füge Zwiebeln, Knoblauch und rote Paprika hinzu und brate sie, bis sie weich sind.

4. Gib die rote Chilischote, Kreuzkümmel, Paprikapulver und Cayennepfeffer in den Dutch Oven und brate sie kurz mit den Gemüsestücken an.

5. Füge jetzt die Tomatenstücke, Kidneybohnen, das angebratene Rindfleisch und die Rinderbrühe hinzu. Rühre alles gut durch, um die Gewürze zu verteilen.

6. Decke den Dutch Oven ab und lasse den Eintopf für etwa 30 Minuten bei 180 Grad schmoren. Rühre gelegentlich um und schmecke den Eintopf ab, wenn nötig, füge Salz und Pfeffer hinzu.

7. Nach der Garzeit kannst du den scharfen Cowboy-Eintopf servieren.

Tex-Mex Chili Mac

Zubereitungszeit: 20 Minuten + 25 Minuten Kochzeit
Portionen: 2 Personen

Zutaten:

- 150 g Makkaroni, ungekocht
- 300 g Rinderhackfleisch, roh
- 1 rote Paprika, gewürfelt
- 1 mittelgroße Zwiebel, gewürfelt
- 2 Knoblauchzehen, gehackt
- 400 ml Dose gehackte Tomaten
- 200 ml Rinderbrühe
- 1 TL Chilipulver
- 1/2 TL Kreuzkümmel
- 1/2 TL Paprikapulver, edelsüß
- Salz und Pfeffer nach Geschmack
- 100 g geriebener Cheddar-Käse
- 1 EL natives Olivenöl extra
- Frischer Koriander, grob gehackt, für die Garnierung

Zubereitung:

1. Erhitze deinen Dutch Oven auf dem Herd bei mittlerer Hitze. Gib das Olivenöl hinein und warte, bis es heiß ist.

2. Brate das Rinderhackfleisch in dem heißen Olivenöl an, bis es braun und krümelig ist. Dann entferne es mit einem Schaumlöffel und stelle es beiseite.

3. Füge die gewürfelte Zwiebel, den gehackten Knoblauch und die gewürfelte Paprika in den Dutch Oven. Koch diese Zutaten, bis sie weich sind.

4. Gib das angebratene Hackfleisch wieder in den Dutch Oven hinzu. Füge die gehackten Tomaten, Rinderbrühe, Chilipulver, Kreuzkümmel, Paprikapulver, Salz und Pfeffer hinzu und rühre alles gut um.

5. Füge die ungekochten Makkaroni hinzu und rühre erneut um, bis sie vollständig mit der Sauce bedeckt sind.

6. Decke den Dutch Oven ab und lasse alles bei 180 Grad für etwa 20 Minuten köcheln, bis die Makkaroni weich sind und die Flüssigkeit absorbiert haben.

7. Streue den geriebenen Cheddar über das Chili Mac. Decke den Dutch Oven erneut ab und lasse den Käse schmelzen.

8. Vor dem Servieren garniere dein Chili Mac mit dem grob gehackten Koriander.

Gebratene Fajitas mit Hühnchen

Zubereitungszeit: 15 Minuten + 30 Minuten Kochzeit
Portionen: 4 Fajitas

Zutaten:

- 300 g Hühnerbrustfilet, in Streifen geschnitten
- 1 große rote Paprika, entkernt und in Streifen geschnitten
- 1 große gelbe Paprika, entkernt und in Streifen geschnitten
- 1 mittelgroße Zwiebel, geschält und in dünne Ringe geschnitten
- 2 Knoblauchzehen, gehackt
- 3 EL natives Olivenöl extra
- 2 EL Bio-Limettensaft
- 1 TL Kreuzkümmel
- 1 TL Paprikapulver, edelsüß
- Salz und Pfeffer nach Geschmack
- 4 Weizenmehltortillas
- **Für die Garnierung:**
- Frische Korianderblätter, gehackt
- 1 reife Avocado, gewürfelt
- 2 EL saure Sahne

Zubereitung:

1. Erhitze deinen Dutch Oven auf 180 Grad. Gib das Olivenöl hinein und lass es heiß werden.

2. Würze die Hühnerbruststreifen mit Salz, Pfeffer, Kreuzkümmel und Paprikapulver. Gib sie in den heißen Dutch Oven und brate sie etwa 5 Minuten lang, bis sie durchgebraten und leicht gebräunt sind. Nimm das Fleisch aus dem Dutch Oven und stelle es beiseite.

3. Gib die Zwiebelringe und den gehackten Knoblauch in den Dutch Oven und brate sie etwa 3 Minuten lang, bis sie weich sind und anfangen, zu bräunen.

4. Füge die Paprika hinzu und brate sie weitere 5 Minuten, bis sie weich sind.

5. Gib das Fleisch zurück in den Dutch Oven, füge den Limettensaft hinzu und rühre gut um, um alles zu vermischen. Lass alles noch 2-3 Minuten köcheln.

6. Währenddessen erwärmst du die Tortillas kurz in einer Pfanne oder im Ofen.

7. Zum Servieren belegst du jede Tortilla mit der Hühnchen-Paprika-Mischung, bestreust sie mit Koriander, Avocado und einem Klecks saurer Sahne.

Dutch Oven Nachos

Zubereitungszeit: 15 Minuten + 25 Minuten Kochzeit
Portionen: 2 Personen

Zutaten:

- 200 g Tortilla-Chips, leicht zerbrochen
- 150 g Hackfleisch vom Rind, frisch und kühl
- 1 mittelgroße rote Zwiebel, gewürfelt
- 2 Knoblauchzehen, gehackt
- 1 rote Paprika, gewürfelt
- 1 Jalapeño, entkernt und in dünne Ringe geschnitten
- 200 g Cheddar-Käse, gerieben
- 100 ml Salsa, fertig gekauft
- 1 TL Kreuzkümmel, gemahlen
- Salz und Pfeffer nach Geschmack
- 1 EL Sonnenblumenöl
- Frischer Koriander, grob gehackt (zum Servieren)

Zubereitung:

1. Erhitze deinen Dutch Oven auf etwa 190 Grad vor. Gib das Sonnenblumenöl hinein und lass es erwärmen.

2. Füge das Hackfleisch hinzu und brate es an, bis es schön braun und knusprig ist. Gib die Zwiebeln, den Knoblauch und die rote Paprika dazu. Würze mit Kreuzkümmel, Salz und Pfeffer.

3. Lege die Tortilla-Chips auf den Boden des Dutch Oven, über das Gemüse und das Hackfleisch. Sorge dafür, dass sie gleichmäßig verteilt sind.

4. Verteile die Salsa gleichmäßig über die Chips und streue dann den geriebenen Cheddar darüber.

5. Lege die Jalapeño-Ringe auf den Käse und schließe den Dutch Oven.

6. Lass die Nachos für etwa 15 Minuten backen, oder bis der Käse geschmolzen und leicht gebräunt ist.

7. Nimm den Dutch Oven aus der Hitze und lass die Nachos ein paar Minuten abkühlen, bevor du sie servierst. Bestreue sie zum Schluss mit dem frisch gehackten Koriander.

Südwestlicher Kartoffelsalat

Zubereitungszeit: 15 Minuten + 25 Minuten
Portionen: 2 Personen

Zutaten:

- 500 g kleine Kartoffeln, halbiert
- 2 EL natives Olivenöl extra
- 1/2 TL Paprikapulver, edelsüß
- 1/2 TL Kreuzkümmel
- Salz und Pfeffer nach Geschmack
- 1 rote Paprika, gewürfelt
- 1 Jalapeño, entkernt und fein gehackt
- 1 kleine rote Zwiebel, gewürfelt
- 2 EL Koriander, gehackt
- 2 EL Bio-Limettensaft
- 1 Avocado, gewürfelt
- 75 g Mais, abgetropft

Zubereitung:

1. Heize deinen Dutch Oven vor auf etwa 180 Grad.

2. Mische in einer großen Schüssel die Kartoffeln, das Olivenöl, Paprikapulver, Kreuzkümmel, Salz und Pfeffer. Gib diese Mischung in den vorgeheizten Dutch Oven und decke ihn mit dem Deckel ab.

3. Lasse die Kartoffeln etwa 20 Minuten garen, bis sie weich und leicht gebräunt sind. Rühre ab und zu um, um ein Anbrennen zu verhindern.

4. Während die Kartoffeln garen, bereite die restlichen Zutaten vor. Vermische in einer anderen Schüssel die rote Paprika, Jalapeño, rote Zwiebel, Koriander, Limettensaft, Avocado und Mais.

5. Wenn die Kartoffeln gar sind, nimm den Dutch Oven vom Feuer und lasse die Kartoffeln etwas abkühlen.

6. Füge die Gemüsemischung zu den Kartoffeln hinzu und mische alles gut durch.

7. Schmecke den Salat mit Salz und Pfeffer ab und serviere ihn warm oder kalt.

Tex-Mex Queso Fundido

Zubereitungszeit: 10 Minuten + 15 Minuten Backzeit
Portionen: 2 Personen

Zutaten:

- 200 g Chorizo, in kleine Würfel geschnitten
- 1 große rote Paprika, entkernt und gewürfelt
- 1 große Zwiebel, geschält und gewürfelt
- 2 Knoblauchzehen, geschält und fein gehackt
- 200 g Cheddar-Käse, gerieben
- 200 g Monterey-Jack-Käse, gerieben
- 2 EL natives Olivenöl extra
- 1 TL Chiliflocken
- 2 EL gehackte frische Korianderblätter
- 1 Bio-Limette, Saft und Abrieb

Zubereitung:

1. Heize den Ofen auf 200 Grad vor.

2. Erhitze das Olivenöl in deinem Dutch Oven über mittlerer Hitze. Füge die Chorizo hinzu und brate sie etwa 5 Minuten an, bis sie gut gebräunt und knusprig ist. Mit einem Löffel die Chorizo aus dem Dutch Oven nehmen und beiseite stellen.

3. In demselben Dutch Oven, die Zwiebeln und Paprika hinzufügen. Etwa 5 Minuten anbraten, bis sie weich sind. Knoblauch hinzufügen und eine weitere Minute braten, bis er duftet.

4. Die Chorizo zurück in den Dutch Oven geben und gut mit dem Gemüse vermischen.

5. Den Cheddar und Monterey Jack Käse gleichmäßig über die Chorizo und das Gemüse streuen.

6. Den Dutch Oven in den vorgeheizten Ofen stellen und 15 Minuten backen, bis der Käse geschmolzen und leicht gebräunt ist.

7. Den Dutch Oven aus dem Ofen nehmen und sofort mit Chiliflocken, Koriander, Limettensaft und -abrieb garnieren.

Süß-Scharfe BBQ-Rippchen

Zubereitungszeit: 20 Minuten + 2 Stunden Kochzeit
Portionen: 2 Personen

Zutaten:

- 600 g Schweinerippchen, in Stücke geschnitten
- 2 EL natives Olivenöl extra
- 1 rote Zwiebel, gewürfelt
- 2 Knoblauchzehen, fein gehackt
- 250 ml BBQ-Sauce
- 2 EL Honig
- 1 EL brauner Zucker
- 2 TL Chiliflocken
- 2 EL Apfelessig
- 250 ml Hühnerbrühe
- Salz und Pfeffer nach Geschmack
- 2 EL frischer Koriander, gehackt, für die Garnierung

Zubereitung:

1. Heize deinen Dutch Oven auf etwa 180 Grad vor.

2. Reibe die Rippchen mit Salz und Pfeffer ein.

3. Erhitze das Olivenöl im Dutch Oven und brate die Rippchen darin rundherum an, bis sie schön braun sind. Entferne die Rippchen und lege sie beiseite.

4. In demselben Dutch Oven füge die Zwiebel und den Knoblauch hinzu und brate sie an, bis sie weich sind.

5. Füge nun die BBQ-Sauce, Honig, braunen Zucker, Chiliflocken und Apfelessig hinzu. Rühre alles gut um und lasse es kurz aufkochen.

6. Lege die Rippchen zurück in den Dutch Oven. Füge die Hühnerbrühe hinzu und sorge dafür, dass alle Rippchen bedeckt sind.

7. Decke den Dutch Oven ab und lasse die Rippchen für etwa 2 Stunden schmoren, bis sie zart und saftig sind. Wende sie gelegentlich.

8. Serviere die Rippchen mit der Sauce aus dem Dutch Oven und bestreue sie mit dem gehackten Koriander.

Verführerische Desserts

Schokoladenfondant mit flüssigem Kern

Zubereitungszeit: 15 Minuten + 10 Minuten Garzeit + 5 Minuten Ruhezeit
Portionen: 2 Schokoladenfondants

Zutaten:

- 100 g Zartbitterschokolade, gehackt
- 85 g Butter, plus ein wenig mehr zum Einfetten der Förmchen
- 75 g Puderzucker, gesiebt
- 2 Bio-Eier, Raumtemperatur
- 2 Eigelb, Raumtemperatur
- 1 TL Vanilleextrakt
- 45 g Mehl, gesiebt
- 1 EL Kakaopulver, plus ein wenig mehr zum Bestäuben der Förmchen

Zubereitung:

1. Heize deinen Dutch Oven vor auf etwa 190 Grad. Befeuchte zwei ofenfeste Förmchen leicht mit Wasser und bestäube sie dann mit etwas Kakaopulver.

2. Stelle eine hitzebeständige Schüssel über einen Topf mit simmerndem Wasser. Gib die gehackte Schokolade und die Butter hinein und lasse sie schmelzen. Rühre gelegentlich um, bis die Mischung glatt ist.

3. Nimm die Schüssel vom Herd und rühre den Puderzucker ein. Füge dann die Eier, Eigelb und Vanille hinzu und schlage alles zusammen, bis es gut vermischt ist.

4. Füge das gesiebte Mehl hinzu und rühre es vorsichtig unter, bis keine Klumpen mehr zu sehen sind.

5. Verteile die Schokoladenmischung gleichmäßig auf die vorbereiteten Förmchen. Stelle die Förmchen in den vorgeheizten Dutch Oven.

6. Backe die Schokoladenfondants etwa 10 Minuten lang. Der Rand sollte fest sein, aber das Zentrum sollte noch weich sein. Lass die Fondants nach dem Backen etwa 5 Minuten ruhen, bevor du sie servierst.

Apfel-Zimt-Crumble

Zubereitungszeit: 15 Minuten + 35 Minuten Backzeit
Portionen: 2 Dessertschalen

Zutaten:

- 2 mittelgroße Äpfel, geschält und gewürfelt
- 1 EL Zucker
- 1 TL Zimt
- 100 g Weizenmehl
- 60 g brauner Zucker
- 60 g Haferflocken
- 75 g kalte Butter, gewürfelt
- Eine Prise Salz

Zubereitung:

1. Heize deinen Dutch Oven vor auf 180 Grad.

2. In einer Schüssel mischst du die gewürfelten Äpfel, Zucker und Zimt. Verteile diese Mischung gleichmäßig auf dem Boden des Dutch Ovens.

3. In einer anderen Schüssel kombinierst du das Mehl, den braunen Zucker, die Haferflocken und das Salz. Gib dann die Butter dazu und verreibe sie mit den trockenen Zutaten, bis eine krümelige Textur entsteht. Diesen „Crumble" verteilst du über die Äpfel im Dutch Oven.

4. Setze den Deckel auf den Dutch Oven und backe den Apfel-Zimt-Crumble für etwa 35 Minuten, bis die Krümel goldbraun und knusprig sind und die Äpfel weich und saftig.

Dutch Oven Brioche-Brot-Pudding

Zubereitungszeit: 20 Minuten + 40 Minuten Backzeit
Portionen: 2 Personen

Zutaten:

- 200 g Brioche-Brot, in Würfel geschnitten
- 250 ml Vollmilch
- 2 große Bio-Eier
- 50 g Zucker
- 1 TL Vanilleextrakt
- Eine Prise Salz
- 50 g dunkle Schokolade, grob gehackt
- 20 g Butter, zum Einfetten des Dutch Ovens

Zubereitung:

1. Beginne damit, deinen Dutch Oven gut mit der Butter einzufetten. Das verhindert, dass der Pudding beim Backen kleben bleibt und gibt ihm einen schönen, butterigen Geschmack.

2. Lege die Brioche-Würfel in den eingefetteten Dutch Oven. Sorge dafür, dass sie gleichmäßig verteilt sind.

3. In einer mittelgroßen Schüssel vermische die Milch, Eier, Zucker, Vanilleextrakt und Salz. Schlage diese Mischung gut, bis sie vollständig vermischt ist.

4. Gieße die Milch-Ei-Mischung über die Brioche-Würfel im Dutch Oven, sodass alle Würfel bedeckt sind. Lass das Ganze für etwa 10 Minuten stehen, damit die Brioche-Würfel die Flüssigkeit aufsaugen können.

5. Streue die gehackte Schokolade gleichmäßig über die in Flüssigkeit getauchten Brioche-Würfel.

6. Platziere den Dutch Oven in einen vorgeheizten Ofen und backe bei 180 Grad für etwa 40 Minuten, oder bis der Pudding fest ist und die Oberfläche goldbraun aussieht.

7. Nimm den Dutch Oven aus dem Ofen und lass den Pudding ein paar Minuten abkühlen, bevor du ihn servierst. Genieße diesen köstlichen, warmen Brioche-Brot-Pudding direkt aus dem Dutch Oven!

Gegrillte Ananas mit Honig-Zimt-Glasur

Zubereitungszeit: 15 Minuten + 15 Minuten Grillzeit
Portionen: 2 Personen

Zutaten:

- 1 große Ananas, geschält, entkernt und in 2 cm dicke Scheiben geschnitten
- 100 ml Honig
- 1 TL gemahlener Zimt
- 1 Prise Salz
- 1 Bio-Limette, halbiert
- 2 EL Kokosöl, geschmolzen
- 2 EL dunkler Rum (optional)
- 4 Minzblätter, für die Dekoration

Zubereitung:

1. Beginne mit der Vorbereitung deiner Ananas. Stelle sicher, dass du sie gut geschält und entkernt hast. Schneide sie danach in schöne dicke Scheiben und stelle sie beiseite.

2. Nun, lasse uns diese köstliche Glasur vorbereiten. Mische in einer kleinen Schüssel den Honig, den gemahlenen Zimt und eine Prise Salz. Schneide die Limette in zwei Hälften und drücke den Saft einer Hälfte in die Schüssel. Die andere Hälfte bewahren wir für später auf. Füge das geschmolzene Kokosöl und, wenn du möchtest, den dunklen Rum hinzu. Gut vermischen!

3. Jetzt wird es Zeit, den Dutch Oven zu erhitzen. Erhitze ihn auf etwa 190 Grad. Wenn er heiß genug ist, pinsle die Ananasscheiben auf beiden Seiten mit deiner Honig-Zimt-Glasur ein und lege sie in den Dutch Oven.

4. Lasse die Ananasscheiben für etwa 7 Minuten grillen, dann wende sie vorsichtig um und grilliere sie für weitere 7 Minuten. Achte darauf, dass sie nicht anbrennen.

5. Sind sie schön karamellisiert und duftend, nimm sie aus dem Dutch Oven. Drücke die restliche Limette über die gegrillten Ananasscheiben und verteile eventuell übrig gebliebene Glasur darauf.

6. Als letztes kommt die Dekoration. Zupfe ein paar frische Minzblätter und streue sie über die Ananasscheiben.

7. Serviere deine gegrillten Ananasscheiben sofort und genieße diese süße, klebrige Köstlichkeit!

Bananen-Schokoladen-Brot

Zubereitungszeit: 15 Minuten + 35 Minuten Backzeit + 10 Minuten Abkühlzeit
Portionen: 1 Brot

Zutaten:

- 2 reife Bananen, geschält und zermatscht
- 75 g dunkle Schokolade, grob gehackt
- 100 g Zucker
- 125 ml Sonnenblumenöl
- 2 Bio-Eier, aufgeschlagen
- 200 g Mehl
- 1 TL Backpulver
- 1 Prise Salz

Zubereitung:

1. Heize deinen Dutch Oven auf 180 Grad vor.

2. Zermatsche die Bananen in einer großen Schüssel. Gib den Zucker, das Sonnenblumenöl und die aufgeschlagenen Eier dazu und verrühre alles gut miteinander.

3. In einer separaten Schüssel vermischst du das Mehl mit dem Backpulver und einer Prise Salz.

4. Gib die Mehlmischung zur Bananenmischung und rühre alles kurz durch, bis die trockenen Zutaten feucht sind.

5. Füge die grob gehackte Schokolade hinzu und rühre sie vorsichtig unter die Mischung.

6. Gieße den Teig in den vorgeheizten Dutch Oven und verteile ihn gleichmäßig.

7. Decke den Dutch Oven ab und backe das Brot für etwa 35 Minuten, oder bis ein Zahnstocher, den du in die Mitte des Brotes steckst, sauber herauskommt.

8. Nimm das Brot aus dem Dutch Oven und lass es etwa 10 Minuten abkühlen, bevor du es aus der Form löst.

9. Lass das Brot auf einem Gitter komplett auskühlen, bevor du es in Scheiben schneidest und servierst.

Schokoladenkuchen mit flüssiger Mitte

Zubereitungszeit: 15 Minuten + 20 Minuten Backzeit
Portionen: 2 Kuchen

Zutaten:

- 120 g dunkle Schokolade, zerbrochen
- 100 g Butter, in Stücke geschnitten
- 70 g Puderzucker, gesiebt
- 2 Bio-Eier
- 30 g Mehl, gesiebt
- 1 Prise Salz
- 2 TL Kakaopulver (optional, zum Bestäuben)

Zubereitung:

1. Beginne damit, den Dutch Oven auf 200 Grad vorzuheizen.

2. Während der Dutch Oven vorheizt, kannst du die Butter und die Schokolade in einer hitzebeständigen Schüssel über einem Topf mit leicht köchelndem Wasser schmelzen. Achte darauf, dass der Boden der Schüssel das Wasser nicht berührt. Rühre ab und zu um, bis alles schön geschmolzen und glatt ist.

3. Als nächstes gibst du den gesiebten Puderzucker in die geschmolzene Schokolade und Butter und verrührst alles gut.

4. Nun kommen die Eier dazu. Schlage sie in die Schüssel und rühre kräftig, bis sie vollständig in die Schokoladenmischung eingearbeitet sind.

5. Jetzt ist es Zeit für das gesiebte Mehl und die Prise Salz. Füge beides zur Schokoladen-Ei-Mischung hinzu und verrühre alles noch einmal gründlich, bis ein glatter Teig entsteht.

6. Gieße den Teig in zwei ofenfeste Förmchen oder kleine Auflaufformen. Wenn du magst, kannst du die Förmchen vorher mit etwas Kakaopulver bestäuben, das gibt einen zusätzlichen Schoko-Kick.

7. Nun stellst du die Förmchen in den vorgeheizten Dutch Oven und lässt die Kuchen für etwa 20 Minuten backen. Sie sollten außen fest, aber innen noch schön flüssig sein.

8. Nimm die Förmchen vorsichtig aus dem Dutch Oven (sie sind sehr heiß!) und lasse sie ein paar Minuten abkühlen, bevor du sie servierst. Genieße den Schokoladenkuchen am besten warm.

Gebackene Äpfel mit Walnussfüllung

Zubereitungszeit: 10 Minuten + 30 Minuten Backzeit
Portionen: 2 gebackene Äpfel

Zutaten:

- 2 große Äpfel, gewaschen und entkernt
- 30 g Walnüsse, gehackt
- 30 g brauner Zucker
- 1/2 TL Zimt
- 1/2 TL Muskatnuss
- 1 EL Ahornsirup
- 15 g Butter, in kleinen Würfeln
- 100 ml Apfelsaft

Zubereitung:

1. Du heizt deinen Dutch Oven auf 180 Grad vor.

2. Während der Dutch Oven vorheizt, nimmst du die Äpfel und entfernst vorsichtig den Kern, so dass eine kleine Höhle entsteht.

3. In einer kleinen Schüssel mischst du die gehackten Walnüsse, braunen Zucker, Zimt und Muskatnuss zusammen.

4. Nun füllst du diese Mischung in die Höhlen der Äpfel. Versuche, so viel wie möglich hineinzubekommen, und drücke sie leicht hinein.

5. Über der Füllung verteilst du nun die Würfel der Butter und träufelst den Ahornsirup darüber.

6. Setze die gefüllten Äpfel in den vorgeheizten Dutch Oven und gieße den Apfelsaft vorsichtig hinein.

7. Decke den Dutch Oven ab und lass die Äpfel etwa 30 Minuten backen, bis sie weich und die Füllung goldbraun ist.

Heißer Kirschkuchen mit Streuseln

Zubereitungszeit: 30 Minuten + 45 Minuten Backzeit
Portionen: 1 kleiner Kuchen

Zutaten:

- 150 g entsteinte frische Kirschen, halbiert
- 100 g Weizenmehl
- 50 g Vollkornmehl
- 1/2 TL Backpulver
- 1 Prise Salz
- 50 g Zucker
- 60 ml Sonnenblumenöl
- 80 ml Milch
- 1 Bio-Ei
- **Für die Streusel:**
- 40 g Butter, kalt und in kleine Stücke geschnitten
- 30 g Zucker
- 50 g Weizenmehl

Zubereitung:

1. Beginne mit dem Vorheizen deines Dutch Ovens auf etwa 180 Grad.

2. Mische in einer Schüssel das Weizenmehl, Vollkornmehl, Backpulver, Salz und Zucker.

3. In einer anderen Schüssel verrühre das Sonnenblumenöl, Milch und das Ei. Gib diese Mischung zu den trockenen Zutaten und rühre sie zu einem glatten Teig zusammen.

4. Füge nun die Kirschen zum Teig hinzu und rühre vorsichtig, um sie gleichmäßig zu verteilen.

5. In einer weiteren kleinen Schüssel bereitest du die Streusel vor. Vermische dazu die kalte Butter mit Zucker und Mehl. Verknete die Zutaten mit den Fingern zu krümeligen Streuseln.

6. Gib den Teig in den vorgeheizten Dutch Oven und streue die Streusel gleichmäßig darauf.

7. Backe den Kuchen für etwa 45 Minuten, oder bis er goldbraun und durchgebacken ist. Du kannst die Garzeit mit einem Holzstäbchen prüfen. Es sollte sauber herauskommen, wenn du es in die Mitte des Kuchens steckst.

8. Lass den Kuchen im Dutch Oven für etwa 10 Minuten abkühlen, bevor du ihn servierst. Er schmeckt besonders gut warm.

Dutch Oven Zitronen-Käsekuchen

Zubereitungszeit: 20 Minuten + 30 Minuten Backzeit + 1 Stunde Abkühlzeit
Portionen: 1 Käsekuchen

Zutaten:

- **Für den Boden:**
- 150 g Vollkornkekse, fein zerkrümelt
- 75 g Butter, geschmolzen
- **Für die Füllung:**
- 200 g Frischkäse, Raumtemperatur
- 50 g Zucker
- 1 EL Mehl

- 2 Bio-Eier, Raumtemperatur
- Saft und abgeriebene Schale
  von 1 Bio-Zitrone
- 50 ml Sahne
- **Für den Belag:**
- 2 EL Bio-Zitronenmarmelade,
  leicht erwärmt
- 2 Bio-Zitronenscheiben für die
  Dekoration

Zubereitung:

1. Erwärme den Dutch Oven vor auf 180 Grad. Lege ihn mit Backpapier aus und setze beiseite.

2. Kombiniere die zerkrümelten Vollkornkekse mit der geschmolzenen Butter. Drücke die Mischung auf den Boden des vorbereiteten Dutch Ovens. Stelle ihn für 10 Minuten in den Kühlschrank.

3. In der Zwischenzeit rühre den Frischkäse, den Zucker und das Mehl zusammen in einer Schüssel, bis die Mischung glatt ist. Füge dann die Eier hinzu, eins nach dem anderen, und rühre nach jedem gut um.

4. Füge den Zitronensaft, die abgeriebene Schale und die Sahne hinzu. Rühre, bis alles gut vermischt ist.

5. Gieße die Füllung über den vorbereiteten Boden im Dutch Oven. Backe für etwa 30 Minuten, oder bis die Mitte fest ist.

6. Nimm den Käsekuchen aus dem Dutch Oven und lasse ihn eine Stunde ab- kühlen.

7. Bestreiche den Käsekuchen mit der erwärmten Zitronenmarmelade und de- koriere mit den Zitronenscheiben.

Beeren-Cobbler mit Streuseln

Zubereitungszeit: 15 Minuten + 25 Minuten Backzeit
Portionen: 2 Personen

Zutaten:

- **Für den Beeren-Cobbler:**
- 250 g gemischte Beeren, frisch und gewaschen
- 30 g Zucker
- 1 EL Maisstärke
- 1 EL Bio-Zitronensaft

- **Für die Streusel:**
- 100 g Weizenmehl
- 60 g brauner Zucker
- 1 TL Zimt
- 60 g kalte Butter, gewürfelt
- Eine Prise Salz

Zubereitung:

1. Heize deinen Dutch Oven auf 180 Grad vor.
2. In einer Schüssel vermischst du die Beeren, Zucker, Maisstärke und Zitronensaft. Lass die Mischung kurz ziehen, damit die Beeren Saft ziehen können.
3. Für die Streusel vermischst du das Weizenmehl, den braunen Zucker, Zimt und Salz in einer anderen Schüssel. Füge die kalte Butter hinzu und verarbeite alles zu Streuseln. Mit den Fingerspitzen arbeiten, bis eine krümelige Konsistenz entsteht.
4. Gib nun die Beerenmischung in den Dutch Oven. Streue die Streusel gleichmäßig darüber.
5. Decke den Dutch Oven ab und backe den Cobbler für 25 Minuten bei 180 Grad. Nach der Backzeit sollte der Cobbler leicht blubbern und die Streusel goldbraun sein.
6. Lass den Beeren-Cobbler etwas abkühlen und serviere ihn warm. Perfekt dazu passt eine Kugel Vanilleeis oder frisch geschlagene Sahne.

Köstliche Beilagen

Dutch Oven Kartoffelgratin

Zubereitungszeit: 20 Minuten + 50 Minuten Kochzeit
Portionen: 2 Personen

Zutaten:

- 600 g festkochende Kartoffeln, gewaschen und in dünne Scheiben geschnitten
- 200 ml Sahne
- 100 g geriebener Emmentaler Käse
- 1 mittlere Zwiebel, fein gewürfelt
- 2 Knoblauchzehen, gepresst
- Salz und Pfeffer nach Geschmack
- 1 TL getrockneter Thymian
- 2 EL natives Olivenöl extra

Zubereitung:

1. Heize deinen Dutch Oven auf etwa 180 Grad vor. Es ist hilfreich, wenn du ihn etwas vorwärmst, damit die Zutaten gleichmäßig garen.

2. Während der Dutch Oven aufwärmt, kannst du die Kartoffelscheiben, Zwiebeln und den Knoblauch zusammen in einer großen Schüssel vermischen. Gib das Olivenöl, Salz, Pfeffer und den Thymian dazu und vermische alles gut, damit die Kartoffeln schön gewürzt sind.

3. Jetzt ist es Zeit, das Gratin im Dutch Oven zu schichten. Beginne mit einer Schicht der Kartoffelmischung, gieße etwas Sahne darüber und streue einen Teil des Käses darüber. Wiederhole dies, bis alle Zutaten aufgebraucht sind, und beende mit einer Schicht Käse obendrauf.

4. Decke den Dutch Oven ab und lasse das Gratin bei 180 Grad etwa 40 Minuten kochen. Wenn die Kartoffeln weich sind, kannst du den Deckel entfernen und das Gratin weitere 10 Minuten backen, bis der Käse oben goldbraun und knusprig ist.

5. Lass das Gratin einige Minuten abkühlen, bevor du es servierst. Aber pass auf, es wird heiß sein!

Knoblauch-Brot

Zubereitungszeit: 15 Minuten + 25 Minuten Backzeit
Portionen: 1 Brot

Zutaten:

- 1 Baguette, bereits gebacken
- 3 Knoblauchzehen, fein gehackt
- 60 g Butter, geschmolzen
- 30 g frische Petersilie, fein gehackt
- 2 EL natives Olivenöl extra
- 1 TL Meersalz
- 1/2 TL frisch gemahlener schwarzer Pfeffer

Zubereitung:

1. Heize zuerst deinen Dutch Oven auf 190 Grad vor.

2. Nimm das Baguette und schneide es quer ein, aber nicht ganz durch, sodass es am Boden noch zusammenhängt. Die Einschnitte sollten etwa 2 cm Abstand haben.

3. In einer Schüssel mische die fein gehackten Knoblauchzehen, geschmolzene Butter, fein gehackte Petersilie, Olivenöl, Salz und Pfeffer zusammen. Rühre alles gut um, bis es gut vermischt ist.

4. Nun verteile die Knoblauchbutter-Mischung in den Einschnitten des Brotes. Achte darauf, dass alle Bereiche gut bedeckt sind, um das maximale Aroma zu erreichen.

5. Lege das Baguette vorsichtig in den vorgeheizten Dutch Oven und decke es ab.

6. Lass das Brot 20 Minuten lang backen. Danach entferne den Deckel und lass es weitere 5 Minuten backen, bis die Oberfläche schön goldbraun und knusprig ist.

7. Nimm das Brot aus dem Dutch Oven und lass es ein paar Minuten abkühlen, bevor du es servierst.

Süßkartoffel-Pommes

Zubereitungszeit: 10 Minuten + 35 Minuten Garzeit
Portionen: 2 Personen

Zutaten:

- 2 mittelgroße Süßkartoffeln, geschält und in Stifte geschnitten
- 2 EL natives Olivenöl extra
- 1 TL Paprikapulver, edelsüß
- 1 TL Knoblauchpulver
- 1/2 TL Meersalz
- 1/2 TL Pfeffer
- Frischer Thymian, zum Garnieren

Zubereitung:

1. Heize deinen Dutch Oven auf etwa 200 Grad vor. Die Wärmequelle kann entweder ein Grill, ein Herd oder ein offenes Feuer sein - achte nur darauf, dass es gleichmäßig heiß wird.

2. Während der Dutch Oven vorheizt, bereite die Süßkartoffeln vor. Schäle sie und schneide sie in Stifte, etwa so groß wie herkömmliche Pommes Frites.

3. Mische in einer großen Schüssel das Olivenöl, Paprikapulver, Knoblauchpulver, Salz und Pfeffer. Füge die geschnittenen Süßkartoffeln hinzu und vermische alles gut, so dass die Pommes gleichmäßig mit der Gewürz-Öl-Mischung bedeckt sind.

4. Lege die gewürzten Süßkartoffelstifte in den vorgeheizten Dutch Oven und achte darauf, dass sie nicht übereinander liegen.

5. Decke den Dutch Oven ab und lasse die Pommes für etwa 35 Minuten garen. Rühre sie gelegentlich um, damit sie gleichmäßig garen und knusprig werden.

6. Überprüfe die Pommes nach 35 Minuten. Sie sollten weich sein und eine schöne goldbraune Farbe haben. Wenn sie noch nicht perfekt sind, gare sie noch ein paar Minuten weiter.

7. Nimm den Dutch Oven vom Feuer und lasse die Pommes etwas abkühlen. Bestreue sie vor dem Servieren mit ein wenig frischem Thymian für eine zusätzliche Geschmacksnote.

Geschmorte grüne Bohnen mit Speck

Zubereitungszeit: 15 Minuten + 30 Minuten Garzeit
Portionen: 2 Personen

Zutaten:

- 300 g grüne Bohnen, frisch und gewaschen
- 100 g Speck, in kleine Würfel geschnitten
- 1 mittelgroße Zwiebel, geschält und gewürfelt
- 2 Knoblauchzehen, geschält und fein gehackt
- 1 EL natives Olivenöl extra
- 1 TL frischer Rosmarin, fein gehackt
- 250 ml Gemüsebrühe
- Salz und Pfeffer nach Geschmack

Zubereitung:

1. Erhitze den Dutch Oven auf einer mittleren Stufe des Herdes und gib das Olivenöl hinein.

2. Füge den gewürfelten Speck hinzu und brate ihn an, bis er leicht knusprig ist.

3. Füge nun die gewürfelte Zwiebel und den gehackten Knoblauch hinzu und dünste alles, bis die Zwiebeln glasig sind.

4. Die grünen Bohnen kommen jetzt in den Dutch Oven. Mische alles gut durch, damit die Bohnen die Aromen von Speck, Zwiebel und Knoblauch aufnehmen können.

5. Streue den gehackten Rosmarin über die Bohnen und würze mit Salz und Pfeffer.

6. Gieße nun die Gemüsebrühe hinzu. Decke den Dutch Oven mit dem Deckel ab und reduziere die Hitze auf eine niedrige Stufe.

7. Lasse die Bohnen bei etwa 100 Grad für etwa 30 Minuten schmoren. Prüfe zwischendurch, ob noch genügend Flüssigkeit vorhanden ist. Falls nötig, gieße etwas mehr Brühe nach.

8. Prüfe nach der Garzeit, ob die Bohnen die gewünschte Konsistenz erreicht haben. Sie sollten weich, aber noch bissfest sein.

Karamellisierte Zwiebeln

Zubereitungszeit: 10 Minuten + 40 Minuten Kochzeit
Portionen: 2 Personen

Zutaten:

- 4 große Zwiebeln, geschält und in dünne Scheiben geschnitten
- 2 EL natives Olivenöl extra
- 1 EL Butter
- 2 EL brauner Zucker
- 60 ml Rotwein
- Salz und Pfeffer nach Geschmack

Zubereitung:

1. Heize deinen Dutch Oven auf mittlere Hitze vor, gib dann das Olivenöl und die Butter hinein. Lass beides schmelzen und sich gut vermischen.

2. Füge nun die Zwiebeln hinzu. Rühre sie gut um, damit sie sich gleichmäßig in der Butter und dem Öl verteilen und bedeckt sind. Lass die Zwiebeln bei mittlerer Hitze etwa 20 Minuten köcheln, bis sie weich werden.

3. Streue jetzt den braunen Zucker über die Zwiebeln und mische alles gut durch. Das Karamellisieren der Zwiebeln beginnt, sobald der Zucker schmilzt und sich mit den Zwiebeln vermischt. Dieser Schritt sollte etwa 10 Minuten dauern.

4. Nachdem die Zwiebeln schön karamellisiert sind, füge den Rotwein hinzu. Lass den Wein etwa 10 Minuten lang köcheln, bis er reduziert und von den Zwiebeln aufgenommen wurde.

5. Schmecke die karamellisierten Zwiebeln mit Salz und Pfeffer ab. Wenn sie dir schmecken, sind sie fertig zum Servieren!

Gebratener Rosenkohl mit Honig-Senf-Glasur

Zubereitungszeit: 15 Minuten + 20 Minuten Kochzeit
Portionen: 2 Personen

Zutaten:

- 500 g Rosenkohl, frisch und gewaschen, untere Enden abgeschnitten und halbiert
- 2 EL natives Olivenöl extra
- Salz und Pfeffer nach Geschmack
- 2 EL Honig
- 1 EL scharfer Senf
- 2 Knoblauchzehen, fein gehackt
- 1 EL frischer Thymian, fein gehackt

Zubereitung:

1. Erhitze deinen Dutch Oven auf etwa 200 Grad.

2. In der Zwischenzeit vermische in einer Schüssel den Rosenkohl, das Olivenöl, Salz und Pfeffer. Gib das Gemisch in den vorgeheizten Dutch Oven.

3. Lasse den Rosenkohl 15 Minuten braten, bis er leicht gebräunt und halbgar ist.

4. Währenddessen bereite die Honig-Senf-Glasur vor. In einer kleinen Schüssel vermische den Honig, den Senf, den gehackten Knoblauch und den frischen Thymian.

5. Nach 15 Minuten nimm den Dutch Oven vom Feuer und verteile die Honig-Senf-Glasur gleichmäßig über den Rosenkohl. Rühre alles gut durch, damit der Rosenkohl vollständig mit der Glasur bedeckt ist.

6. Setze den Dutch Oven zurück auf das Feuer und lass alles weitere 5 Minuten kochen, bis der Rosenkohl zart und karamellisiert ist.

Gegrillter Maiskolben mit Kräuterbutter

Zubereitungszeit: 15 Minuten + 25 Minuten Grillzeit
Portionen: 2 Maiskolben

Zutaten:

- 2 ganze Maiskolben, die Blätter und Haare entfernt
- 100 g ungesalzene Butter, weich
- 2 EL frisch gehackte Petersilie
- 1 EL frisch gehackter Dill
- 1 EL frisch gehackter Schnittlauch
- 1 TL Meersalz
- 1/2 TL frisch gemahlener schwarzer Pfeffer

Zubereitung:

1. Zunächst heizt du deinen Dutch Oven auf etwa 200 Grad vor. Sorge dafür, dass die Kohlen sowohl unter als auch auf dem Deckel liegen, um eine gleichmäßige Hitze zu erzielen.

2. Während der Dutch Oven vorheizt, bereitest du die Kräuterbutter vor. Dazu mischst du die weiche Butter mit den frisch gehackten Kräutern, dem Salz und dem Pfeffer in einer kleinen Schüssel. Rühre alles gut um, bis die Zutaten gut vermischt sind.

3. Nun nimmst du die Maiskolben und bestreichst sie rundum gleichmäßig mit der Kräuterbutter. Du kannst dabei einen Backpinsel verwenden, um sicherzugehen, dass die Butter gut verteilt wird.

4. Lege die Maiskolben in den vorgeheizten Dutch Oven und schließe den Deckel. Lasse sie etwa 25 Minuten grillen, bis der Mais weich ist und schöne Grillspuren hat. Wende sie dabei alle 10 Minuten, damit sie gleichmäßig garen.

5. Nimm die Maiskolben aus dem Dutch Oven und lasse sie ein paar Minuten abkühlen, bevor du sie servierst. Vielleicht möchtest du noch ein bisschen von der übrigen Kräuterbutter auf die heißen Maiskolben geben - die Butter wird schmelzen und eine leckere Sauce bilden.

Gebackene Pilze mit Knoblauch und Thymian

Zubereitungszeit: 10 Minuten + 35 Minuten Backzeit
Portionen: 2 Personen

Zutaten:

- 400 g gemischte Pilze, sauber gebürstet und halbiert
- 3 Knoblauchzehen, fein gehackt
- 4 EL natives Olivenöl extra
- 2 TL frischer Thymian, gehackt
- Salz und Pfeffer nach Geschmack
- Einige Spritzer Bio-Zitronensaft
- 30 g Parmesan, fein gerieben

Zubereitung:

1. Zuerst heizt du deinen Dutch Oven auf etwa 190 Grad vor.

2. Während der Dutch Oven aufheizt, nimmst du die Pilze, den gehackten Knoblauch, das Olivenöl und den frischen Thymian und vermischst alles in einer großen Schüssel. Achte darauf, dass die Pilze gut mit dem Öl und den Gewürzen bedeckt sind.

3. Sobald der Dutch Oven die richtige Temperatur erreicht hat, gibst du die Pilzmischung hinein. Achte darauf, dass die Pilze gleichmäßig verteilt sind.

4. Jetzt backst du die Pilze im Dutch Oven für etwa 20 Minuten. Nach dieser Zeit rührst du die Pilze um und lässt sie weitere 10 bis 15 Minuten backen, bis sie goldbraun und duftend sind.

5. Zum Schluss nimmst du den Dutch Oven aus der Hitze, beträufelst die Pilze mit einigen Spritzern Zitronensaft und bestreust sie mit dem fein geriebenen Parmesan. Lass den Käse noch einige Minuten in der Resthitze schmelzen.

Dutch Oven Polenta

Zubereitungszeit: 10 Minuten + 30 Minuten Kochzeit
Portionen: 2 Personen

Zutaten:

- 80 g Polenta, grob gemahlen
- 500 ml Gemüsebrühe
- 1 kleine Zwiebel, gewürfelt
- 2 Knoblauchzehen, gehackt
- 50 g Parmesan, gerieben
- 2 EL natives Olivenöl extra
- 1 TL Salz
- 1/2 TL Pfeffer
- Frische Kräuter (z.B. Petersilie, Thymian), gehackt, zum Garnieren

Zubereitung:

1. Heize deinen Dutch Oven auf 180 Grad vor.

2. Gib das Olivenöl in den Dutch Oven und füge die gewürfelte Zwiebel und den gehackten Knoblauch hinzu. Lass sie etwa 5 Minuten anbraten, bis sie weich und duftend sind.

3. Füge die Gemüsebrühe hinzu und erhöhe die Temperatur, bis sie anfängt zu kochen.

4. Sobald die Brühe kocht, reduziere die Hitze und gib die Polenta, Salz und Pfeffer hinzu. Rühre kontinuierlich um, um sicherzustellen, dass sich keine Klumpen bilden.

5. Decke den Dutch Oven ab und lass die Polenta etwa 20-25 Minuten köcheln, bis sie dick und cremig ist. Rühre gelegentlich um, um sicherzustellen, dass sie nicht am Boden kleben bleibt.

6. Sobald die Polenta die gewünschte Konsistenz erreicht hat, füge den geriebenen Parmesan hinzu und rühre, bis er geschmolzen und gut in die Polenta eingearbeitet ist.

7. Serviere die Polenta heiß, garniert mit den frischen, gehackten Kräutern deiner Wahl.

Kartoffelklöße mit Petersilie

Zubereitungszeit: 30 Minuten + 45 Minuten Kochzeit
Portionen: 8 Kartoffelklöße

Zutaten:

- 500 g mehlige Kartoffeln, geschält und halbiert
- 2 EL Kartoffelstärke
- 1 Bio-Ei, verquirlt
- 1 TL Salz
- 1/2 TL gemahlener weißer Pfeffer
- 1 Bund frische Petersilie, fein gehackt
- 1 EL Rapsöl
- 200 ml Wasser

Zubereitung:

1. Gieße das Rapsöl in deinen Dutch Oven und erhitze ihn auf 180 Grad.

2. Füge die Kartoffelhälften hinzu und brate sie etwa 15 Minuten an, bis sie weich und leicht gebräunt sind.

3. Gieße das Wasser hinein und schließe den Deckel. Lass die Kartoffeln 20 Minuten bei geschlossenem Deckel kochen, bis sie komplett weich sind.

4. Nehme die gekochten Kartoffeln heraus und zerdrücke sie in einer Schüssel, bis ein glatter Brei entsteht.

5. Mische die Kartoffelstärke, das verquirlte Ei, das Salz und den Pfeffer unter den Kartoffelbrei. Knete den Teig gut durch, bis alle Zutaten gleichmäßig verteilt sind.

6. Forme aus dem Teig 8 gleich große Kugeln und rolle sie in der gehackten Petersilie, bis sie rundum bedeckt sind.

7. Lege die Klöße zurück in den Dutch Oven und backe sie weitere 20 Minuten bei 180 Grad, bis sie goldbraun und knusprig sind.

8. Nimm die Klöße heraus und lasse sie etwas abkühlen, bevor du sie servierst.

Schlusswort

Liebe Leserin, lieber Leser,

nun sind wir am Ende unserer gemeinsamen Reise angekommen. Es war mir eine Freude, dir die vielfältigen Facetten des Dutch Oven Kochens näherzubringen und meine Erfahrungen und Tipps mit dir zu teilen. Ich hoffe, dass du eine Fülle von neuen Ideen, Inspirationen und praktischen Tipps mitnehmen konntest, die du in deiner eigenen Küche anwenden wirst.

Vor dir liegen noch viele köstliche Stunden mit dem Dutch Oven. Lass dich von den Rezepten in diesem Kochbuch inspirieren und trau dich, eigene Kreationen zu entwickeln. Und denke daran, dass jede Mahlzeit, die du mit Liebe und Leidenschaft zubereitest, ein Genuss für die Sinne ist.

Es mag Zeiten geben, in denen du auf Herausforderungen stößt oder das Ergebnis nicht ganz deinen Erwartungen entspricht. In solchen Momenten ermutige ich dich, nicht aufzugeben. Erinnere dich daran, dass Übung den Meister macht. Mit jedem Gericht, das du zubereitest, wirst du mehr Vertrauen in deine Fähigkeiten gewinnen und mehr Freude an diesem wunderbaren Hobby finden.

Viel Vergnügen und guten Appetit wünscht dir,

Jan Schmidt

Impressum

Copyright © 2024 – Jan Schmidt
Verlagslabel: Feuerküche Verlag

Dieses Buch wurde mit der Unterstützung von KI erstellt.

ISBN Taschenbuch: 978-3-384-21152-1
ISBN Hardcover: 978-3-384-21153-8
ISBN E-Book: 978-3-384-21154-5

Druck und Distribution im Auftrag des Autors/der Autorin:
tredition GmbH, Heinz-Beusen-Stieg 5, 22926 Ahrensburg, Deutschland